企业内部管理与风险控制实战

屠建清◎著

THE INTERNAL MANAGEMENT AND

RISK CONTROL

PRACTICE FOR ENTERPRISE

人民邮电出版社

北京

图书在版编目（CIP）数据

企业内部管理与风险控制实战 / 屠建清著. -- 北京：
人民邮电出版社，2020.8
ISBN 978-7-115-54017-1

Ⅰ．①企… Ⅱ．①屠… Ⅲ．①企业内部管理－风险管
理－研究 Ⅳ．①F272.35

中国版本图书馆CIP数据核字(2020)第083603号

内 容 提 要

企业内部风险无时不有、无处不在，是企业生存发展的一大危害。企业应正确地识别、分析、评估和控制风险，并针对不同性质的风险实施不同的应对策略。

本书分为16章，从多个方面出发，针对企业内部控制、风险管理给出了实用的方法。本书能让读者把握企业管理者必备的十大实施理念；充分了解企业内部控制的特征、缺陷和风险产生的原因；掌握企业运营的主要环节的风险识别、风险分析、风险评价的方法和风险应对策略的实施技能，以及风险管理持续改进的方法。

本书适合企业管理者、企业创始人、创业者等读者阅读使用。

◆ 著 屠建清
责任编辑 李士振
责任印制 周昇亮

◆ 人民邮电出版社出版发行 北京市丰台区成寿寺路 11 号
邮编 100164 电子邮件 315@ptpress.com.cn
网址 https://www.ptpress.com.cn
北京七彩京通数码快印有限公司印刷

◆ 开本：720×960 1/16
印张：22.25 2020 年 8 月第 1 版
字数：386 千字 2025 年 3 月北京第 21 次印刷

定价：88.00 元

读者服务热线：(010)81055296 印装质量热线：(010)81055316
反盗版热线：(010)81055315

前言

人工智能、云计算、大数据、区块链等新技术的发展，使企业之间的竞争更加激烈。加上企业发展进入精细化阶段，粗放式经营已经不再适应时代需要。因此，企业要想生存下去，要想在国内、国际市场竞争中赢得一席之地，就必须加强内部控制（简称企业内控）和风险管理，懂得以精细化的思维来经营企业。

企业的内部控制，涉及多个方面，如组织架构、发展战略、人力资源、资金活动、企业采购、企业资产、企业销售、企业工程项目、企业担保、企业业务外包、企业财务、企业全面预算、企业合同、企业内部信息传递、企业产品研发、企业风险评估与控制等。这些方面的每个环节都关系着企业的生死存亡，如果控制不当，就可能毁掉企业。

本书正是基于这样的考虑，从企业内控和风险管理的角度出发，分16个大的板块，详细讲述了企业运营过程中的各种问题以及应对策略与解决方法。本书内容基于本书作者在培训过程中所积累的大量经验、方案与案例，实操性较强。本书作者专注于企业运营方面的培训多年，拥有丰富的经验，其方法针对性强，能让企业经营者一看就懂，并能灵活运用。

本书具有以下特点。

1.实操经验，全面展现。本书作者从事相关培训数十年，培训过的学员不计其数，因此积累了极为丰富的实操经验。对于读者所需要的知识与方法，本书中均有提供。

2.图文结合，内容易学、易懂。本书内容深入浅出，配有丰富的图、表，文字与图、表相搭配，阅读体验良好。特别是流程图等，将企业内控的流程等清晰完整地展现给读者，从而方便读者学习和阅读。

3.逻辑清晰，案例丰富。本书列举了诸多案例，供读者边看边学。

本书内容专业，方法实操，适合企业创始人、创业者、企业经营者与管理者阅读使用，本书能成为这些读者的案头宝典。此外，本书还适合企业运营方面的讲师与研习者、相关领域的研究者与爱好者使用，企业的发展是一个复杂而极具专业性的过程，只有通过不断的学习，才能控制风险，持续发展。

编者

目录

第1章 企业组织架构内控管理

第 2 章　企业发展战略内控管理

第 3 章　企业人力资源与文化内控管理

第4章　企业资金活动内控管理

第 5 章　企业采购业务内控管理

第 6 章　企业资产内控管理

第 7 章　企业销售业务内控管理

第 8 章　企业工程项目内控管理

第 9 章　企业担保业务内控管理

第10章 企业业务外包内控管理

第11章 企业财务报告内控管理

第 12 章　企业全面预算内控管理

第 16 章   风险评估概述及常用方法与操作实战

第 1 章

企业组织架构内控管理

　　组织架构（Organizational Structure）就是指一个组织整体的结构。基于企业管理要求、管理模式、业务特征等因素的影响，组织架构能解决企业资源组织、业务开展、管理落实等方面的诸多问题，是企业流程运转、部门设置及职能规划的最基本的结构依据。

1.1 组织架构指引

财政部曾于 2010 年发布了《企业内部控制应用指引第 1 号——组织架构》，发布该指引的目的正是优化企业的治理结构、管理体制和运行机制。

国家高度重视的组织架构指引，究竟具有怎样的现实意义和长远意义？其主要内容又是什么？本节将对其进行详细介绍。

1.1.1 组织架构指引的现实意义和长远意义

组织架构是指企业按照国家有关法律法规、股东（大）会决议、企业章程，结合本企业实际，明确董事会、监事会、经理层和企业内部各层级机构设置、职责权限、人员编制、工作程序和相关要求的制度安排。

当今时代，任何企业要实现发展战略，都必须将组织架构的建立和完善作为首要工作。无论该企业是处于新创、存续状态，还是处于重组、改制状态，建立和完善组织架构都是企业运营的核心环节，否则，企业发展就只能成为一种空想。

很多企业将"做大做强"定义为拥有一定的人员规模、业务规模或利润规模，这几乎已经成为一种约定俗成的定义，但其实却是一种误解。什么样的企业才算是"大企业"？这个问题的落脚点仍然是企业的组织架构。

例如，某企业凭借稳定发展的主营业务成功上市，但这块业务带来的现金流却未被用于主营业务的再发展，而是被用来大规模探索新业务。面对陌生的、多变的市场环境，该企业为了支持新业务的发展，几乎每年都会对组织架构进行调整，更是频繁更换各部门的高管，甚至出现首席运营官（Chief Opering Officer，COO）出走、团队整体重组的事件。

这样的企业虽然拥有庞大的员工规模，其业务体量也不可谓不大，但它称得上"大企业"吗？

组织架构的建立和完善，很多时候被看作一项"务虚"的工作。但事实上，组织架构指引的现实意义和长远意义却不容忽视。否则，企业就很容易陷入发展陷阱，难以真正走向成熟和稳定。

1. 推动现代企业制度的建立

拥有完善的制度是企业成功的关键要素。这里的制度，正是指现代企业制度，它是一种以市场经济为基础，以完善的企业法人制度为主体，以有限责任制度为保证，以公司制企业为主要形式，以产权清晰、权责明确、政企分开、管理科学为条件的新型企业制度。

由此可见，现代企业制度的核心仍然是组织架构。任何实行现代企业制度的企业，都应当具备科学完善的组织架构；而要建立现代企业制度，也必然需要从组织架构的建立开始。

无论是发达国家的企业，还是我国的现代企业，这些企业的实践都证明了组织架构设计才是永恒的主题。

2. 有效防范和化解舞弊风险

企业在经营发展过程中难免会遇到串谋舞弊这一"毒瘤"，而这也是企业实施内部控制的难点之一。

要切实有效地防范和化解舞弊风险，其根本方法正是通过建立科学完善的组织架构来建立健全企业防舞弊机制。

3. 支撑企业强化内部控制建设

组织架构是企业内部环境的有机组成部分。作为企业运营管理的依据和平台，组织架构不仅有助于企业实施控制活动、促进信息沟通，也有助于企业开展风险评估、加强内部监督。

一个科学高效、分工制衡的组织架构，是企业强化内部控制建设的重要支撑，能够使企业自上而下地识别风险，从而采取相应的控制措施来防范和化解风险。

与此同时，基于完善的组织架构，信息得以在企业内部各层级之间、企业与外部利益相关者之间及时、准确、顺畅地传递，这同样能够提升企业日常监督和专项监督的力度和效能。

1.1.2　组织架构指引的主要内容

组织架构指引着力解决企业组织架构设计和运行的相关问题，其核心是如何加强组织架构方面的风险管控。

一份完整的组织架构指引，其内容应当包括：制定指引的必要性和依据，组织架构的本质，如何设计和运行组织架构，以及设计和运行组织架构过程中应关注的主要风险等。

通过明确这些内容，组织架构指引能够引导企业正确认识组织架构的本质，走出组织架构的认知误区。

1. 组织架构的认知误区

即使是在将组织架构当作实务来对待时，很多企业仍然容易陷入组织架构的认知误区。

（1）必然存在一个最终答案。企业必须抛弃的一个认知误区就是：组织架构"存在最终答案"。其实，从企业组织发展的历史来看，组织架构的形式始终处于发展当中，先后出现了直线制、矩阵制、事业部制等多种组织架构形式。时至今日，互联网企业又对注重弹性、分权的扁平化组织架构推崇备至。

那么，在如此多的组织架构形式中，是否存在一个"最终答案"呢？

答案当然是否定的。对任何企业而言，只有能使人取得杰出绩效并做出贡献的组织架构，才是真正的好的架构。

（2）以工作为中心，还是以人为中心？这是企业在设计组织架构时常常纠结的问题，但其实这是一个没有实际意义的问题。

在企业运营过程中，组织架构的设计当然应该以工作为中心，但工作任务的安排不但要适合人，还要满足企业发展的需要。

因此，组织架构的设计必须综合考虑工作与人的因素，让工作任务的安排符合企业发展的需求，而企业员工也能适应工作任务的安排。

（3）科层式组织，还是自由式组织？当今企业大多推崇流程再造、组织重构，尽可能满足客户需求。这也使得科层式组织与自由式组织成为组织架构设计的矛盾点。

在很多企业看来，科层式组织对权责、关系的规定明确，因而不依赖员工个人的自我约束；而自由式组织则更富有弹性，但却对员工提出了更高的要求。

然而，无论在何种组织架构下，企业都需要形成一定的等级层次，因为只有当企业存在能做决定的决策者时，企业才能避免陷入无休止的自由讨论。与此同时，在创新成为企业核心竞争力的当下，企业也需要营造一定的自由氛围，以激励员工充分发挥创造力，为企业发展做出贡献。

2. 组织架构的本质

要理解组织架构的主要内容，企业就必须先明确组织架构的本质。对此，企业可以从治理结构和内部结构两个层面来理解。

（1）治理结构。治理结构是企业在治理层面的组织架构，是企业与外部主体发生各种经济关系的组织基础。治理结构主要关注法律层面，服务于企业的发展战略，是指企业根据相关法律法规，设置不同层次、不同功能的法律实体及相关的法人治理结构，从而使企业能够在法律许可的框架下拥有权利、履行义务。因此，治理结构也是各利益相关方基本权益的保障。

（2）内部结构。内部结构是企业在内部机构层面的组织架构，是企业推动内部决策、计划、执行、监督、评价的组织基础。内部结构主要关注管理层面，服务于资产、信息、效率等控制目标，是指企业根据发展战略、业务需要和控制要求，设置不同层次的管理人员及由专业人员组成的管理团队，从而使企业成员能够针对各项业务行使权力、承担责任。内部结构是企业顺利开展业务、实现发展战略的支撑。

3. 组织架构的设计和运行的风险

组织架构是企业实现发展战略的组织基础，但在组织架构的设计和运行中，同样存在诸多风险。组织架构指引则从治理结构、内部结构两个层面对相关风险进行了阐述。

（1）治理结构的风险。从治理结构层面来看，其主要风险就是：企业因为治理结构形同虚设，所以缺乏科学决策、良性运行机制和执行力，从而最终走向失败。其具体表现主要有以下 10 点。

①股东大会是否规范而有效地召开，股东是否可以通过股东大会来行使自己的权利。

②企业与控股股东是否在资产、财务、人员等方面实现相互独立，企业与控股股东的关联交易是否贯彻平等、公开、自愿的原则。

③企业对与控股股东相关的信息是否根据规定及时、完整地进行披露。

④企业是否对中小股东的权益采取了必要的保护措施，使中小股东能够和大股东以同等条件参加股东大会，获得与大股东一致的信息，并行使相应的权利。

⑤董事会是否独立于经理层和大股东，董事会及其审计委员会中是否有适当数量的独立董事存在且能有效发挥作用。

⑥董事对于自身的权力和责任是否有明确的认知，并且有足够的知识、经验和时间来勤勉、诚信、尽责地履行职责。

⑦董事会是否能够保证企业实施有效的内部控制，审批企业发展战略和重大决策并定期检查、评价其执行情况，明确设立企业可接受的风险承受度，并督促经理层对内部控制的有效性进行监督和评价。

⑧监事会的构成是否能够保证其独立性，监事能力是否与相关领域相匹配。

⑨监事会是否能够规范而有效地运行，监督董事会、经理层正确履行职责并纠正损害企业利益的行为。

⑩对经理层的权力是否存在必要的监督和约束机制。

（2）内部结构的风险。从内部结构层面来看，其主要风险则是：内部机构设计不科学、权责分配不合理，企业因此出现机构重叠、职能交叉或缺失、推诿扯皮等现象，企业运行效率也会处于较低水平。其具体表现主要有以下 8 点。

①企业内部组织机构是否是根据经营业务的性质，并按照适当集中或分散的管理方式而设置的。

②企业是否对内部组织机构设置、各职能部门的职责权限、组织的运行流程等有明确的书面说明和规定，是否存在关键职能缺位或职能交叉的现象。

③企业内部组织机构是否支持发展战略的实施，并根据环境变化及时做出调整。

④企业内部组织机构的设计与运行是否适应信息沟通的要求，有利于信息的上传、下达和在各层级、各业务活动间传递，有利于为员工提供履行职权所需的信息。

⑤关键岗位员工是否对自身权责有明确的认识，有足够的胜任能力去履行权责，是否建立了关键岗位员工轮换制度和强制休假制度。

⑥企业是否对董事、监事、高级管理人员及全体员工的权限有明确的制度规定，对授权情况是否有正式的记录。

⑦企业是否对岗位职责进行了恰当的描述和说明，是否存在不相容职务未分离的情况。

⑧企业是否对权限的设置和履行情况进行了审核和监督，对于越权或权限缺位的行为是否及时予以纠正和处理。

1.2 组织架构的设计

组织架构的设计是企业在初创时就必须考虑的问题，即使是在企业运作过程中，企业也应考虑如何健全机制以确保组织架构有效运行。为此，企业必须明确组织架构的设计原则和流程，做好企业治理结构和内部结构的设计，并需考虑"三重一大"的特殊情况。

1.2.1 组织架构设计原则

组织架构的形式处于不断创新、不断发展的过程中，其设计原则也因此而不断变化。长期以来，西方管理学家提出过多种组织架构设计原则，例如，厄威克归纳了古典管理学的相关理论并提出了 8 条指导原则，孔茨提出了健全组织工作的 15 条基本原则。我国企业在组织架构的变革与实践中，同样总结并提出了适应我国国情的组织架构设计原则。

具体而言，企业在组织架构设计中应当遵循的基本原则有 5 条。

1. 任务与目标原则

企业设计组织架构的根本目的是完成企业的战略任务和达成业务目标。因此，任务与目标原则是组织架构设计的最基本原则，这是组织架构全部设计工作的起点。

企业必须要明确：任务、目标与组织架构之间的关系是目的与手段的关系。衡量组织架构是否有效的关键要素，就是该组织架构能否推动企业完成战略任务和达成业务目标。

延伸来说，当企业的任务、目标发生重大变化时，企业必然需要调整组织架构，以适应任务、目标的变化。例如，当企业从内向型转变为外向型时，就需要增加相应的系统、部门，并对原有组织架构进行有效精简。

2. 专业分工和协作原则

现代企业运营管理的工作量极大，且对专业性的要求极高。因此，为了提高企业管理的质量和效率，专业分工和协作也将成为必然。

组织架构的设计，正是指企业通过设置不同的专业部门，使各部门在合理分工中加强协作与配合，以确保各项任务、目标的顺利完成。

在专业分工和协作原则下，企业通常采取系统管理的方式，分别将职能相近或关系密切的部门归类为各个管理子系统，并由副总经理、部门经理等管理者负责管理，从而在企业内部创造协调的环境。必要时，企业也可设立必要的委员会进行协调。

3. 有效管理幅度原则

受限于精力、知识、经验等各要素，每位管理者能够有效管理的直接下属存在一定的限制，这就是有效管理幅度的概念。同样，每位管理者的有效管理幅度也有区别。企业在设计组织架构时必须充分考虑有效管理幅度的问题。

一般而言，有效管理幅度的大小与管理层次的高低呈反比例关系。因此，常见的组织架构都呈金字塔形式，或呈多个金字塔组合而成的形式，如图 1.2-1 所示。

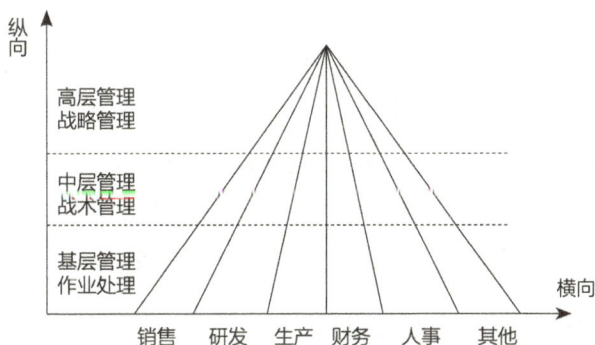

图 1.2-1　管理幅度与管理层次

4. 集权与分权相结合原则

企业在对任务、职能进行分配时，要赋予各层级员工相应的权力。整体而言，组织架构设计既要满足必要的权力集中原则，又要满足必要的权力分散原则。

集权是组织大规模生产的客观要求。只有在统一的领导和指挥下，人力、物力、财力才能得到合理的分配和使用，进而推动企业任务与目标的完成。

分权则是提高主动性的必要条件。合理分权不仅能让基层员工根据实际情况快速反应、做出决策，也能让高层管理者从繁杂的日常事务中脱身。

集权与分权是相辅相成的，企业在对权力进行分配时，需要考虑企业规模、业务特点、专业性质、人员素质等各种要素。

5. 稳定性和适应性相结合原则

现代市场竞争环境的变化愈发剧烈，而要有效应对这种环境变化及相应的任务变化，企业的组织架构一方面要能够在多变环境中稳定运转，另一方面也要能够适时做出相应的变更。这就要求组织架构的设计遵循稳定性和适应性相结合的原则。

为此，企业应建立明确的管理系统和权责关系，制定相应的规章制度，并形成自动调节机制，借助适应性较强的组织架构形式和管理措施，使组织架构具有一定的弹性和适应性，从而在变化的环境中建立竞争优势。

1.2.2　组织架构设计流程

组织架构设计是企业总体设计的重要组成部分，也是企业管理的基本前提。组织架构设计是一项操作性较强的工作，涉及企业环境、企业规模、战略目标、信息沟通等多种要素，又对企业的长远发展具有深刻意义。

为了确保组织架构的可行性和有效性，企业在设计组织架构时也要遵循相应的设计流程，从而确保组织架构满足企业发展的需求。

1. 组织架构设计流程与风险控制

在组织架构设计的不同环节，其主要的业务风险各不相同。在组织架构设计的过程中，企业不仅要遵循相应的设计流程，还要做好相应的风险控制，表1.2-1所示为组织架构设计流程与风险控制。

表 1.2-1　组织架构设计流程与风险控制

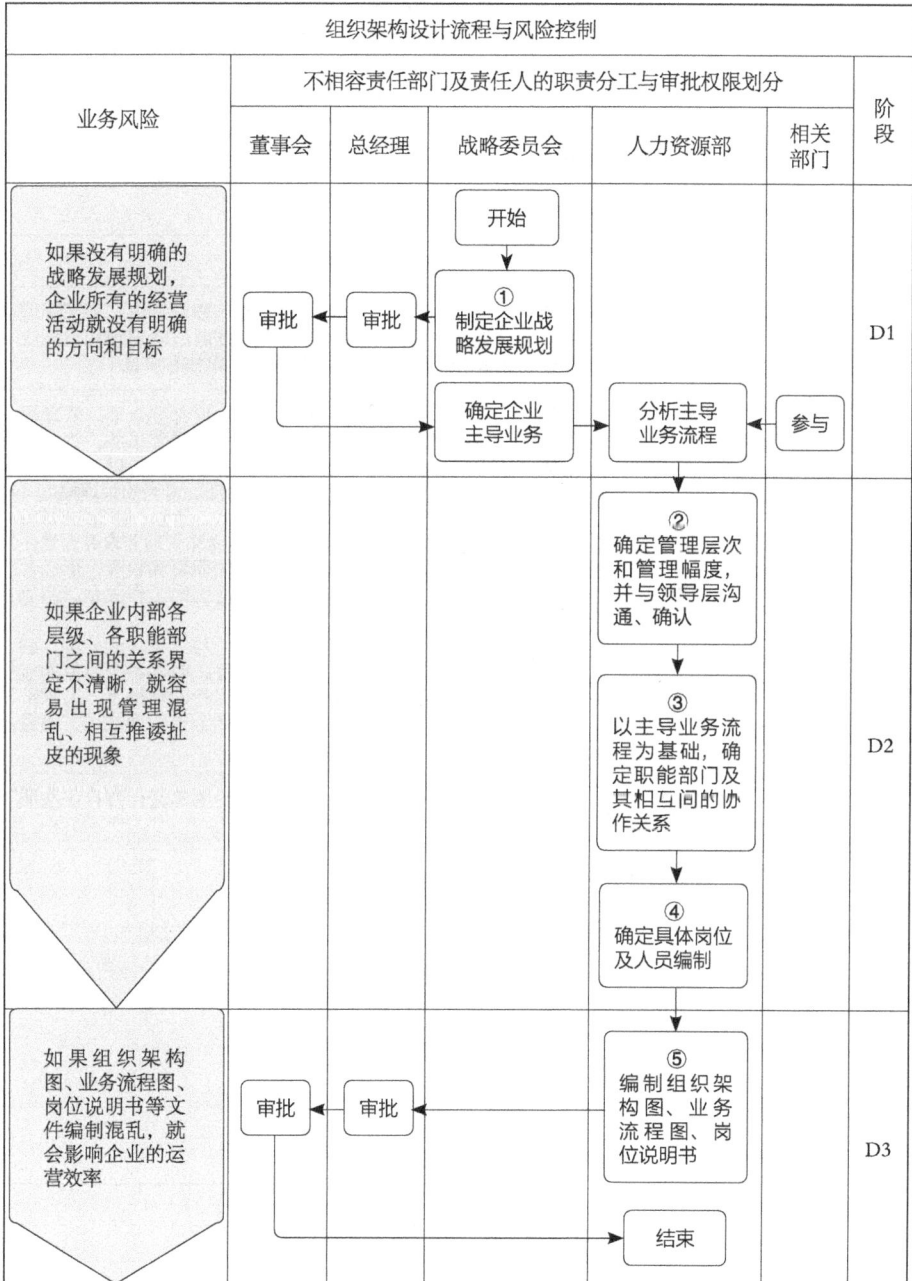

组织架构设计流程与风险控制						
业务风险	不相容责任部门及责任人的职责分工与审批权限划分					阶段
	董事会	总经理	战略委员会	人力资源部	相关部门	
如果没有明确的战略发展规划，企业所有的经营活动就没有明确的方向和目标	审批	审批	开始 ① 制定企业战略发展规划 确定企业主导业务	分析主导业务流程	参与	D1
如果企业内部各层级、各职能部门之间的关系界定不清晰，就容易出现管理混乱、相互推诿扯皮的现象				② 确定管理层次和管理幅度，并与领导层沟通、确认 ③ 以主导业务流程为基础，确定职能部门及其相互间的协作关系 ④ 确定具体岗位及人员编制		D2
如果组织架构图、业务流程图、岗位说明书等文件编制混乱，就会影响企业的运营效率	审批	审批		⑤ 编制组织架构图、业务流程图、岗位说明书 结束		D3

2. 组织架构设计流程控制

为了使组织架构设计切实遵循既定流程进行，企业还要做好设计流程的控制工作。具体而言，组织架构设计流程的控制事项如表 1.2-2 所示。

表 1.2-2　组织架构设计流程控制

组织架构设计流程控制		
控制事项		详细描述及说明
阶段控制	D1	1. 战略委员会在制定企业发展战略时，要考虑内、外部环境对企业发展战略的影响与制约；企业发展战略规划和目标应经过企业董事会和总经理的集体讨论、审核和审批
	D2	2. 每一个部门、每一位管理者的管理幅度都要合理。管理幅度太大，可能导致管理人员无暇顾及一些重要事务；管理幅度太小，可能导致管理者不能完全发挥作用。所以，人力资源部在设计组织架构的时候，要确定合理、恰当的管理幅度 3. 人力资源部应当按照科学、精简、高效、透明、制衡的原则，综合考虑企业性质、发展战略、文化理念和管理要求等因素，合理设置内部职能机构，明确各机构的职责和权限，形成各司其职、各负其责、相互制约、相互协调的工作关系，避免职能交叉、缺失或权责过于集中 4. 人力资源部应当对各机构的职能进行科学合理的分解，确定具体岗位的名称、职责和工作要求等，明确各个岗位的权限和相互关系；在确保实现企业战略目标的前提下，力求部门数量最少、人员编制最精简，以达到节省沟通成本、缩短业务流程、提高运营效率的目的
	D3	5. 组织架构图、业务流程图和岗位说明书等文件资料应按照统一的规范编写
相关规范	应建规范	■组织架构设计规范 ■岗位说明书编写规范
	参照规范	■企业内部控制应用指引 ■《中华人民共和国公司法》
文件资料	■组织架构图 ■业务流程图 ■岗位说明书	
责任部门及责任人	■战略委员会、人力资源部、相关部门 ■总经理、副总经理、人力资源总监	

1.2.3　企业治理结构的设计

治理结构的设计主要涉及股东（大）会、董事会、监事会、经理层等企业中高层管理人员，主要关注法律层面的设计。因此，企业在治理结构的设计过程中应当根据相关法律，遵循决策、执行、监督相互独立、相互制衡、权责明确的原则，明确董事会、监事会、经理层的职责权限、任职条件、议事规则和工作程序等。

如果企业在设立之初就存在治理结构方面的缺陷，其必将在长远发展中受到严重损害。

例如，部分上市公司的审计委员会表面上符合相关法律法规的要求，但委员会成员却难以胜任工作，甚至不愿履行职责，从而使审计委员会形同虚设，各类舞弊风险也因此难以有效防范。

部分公司的监事会成员则与董事长存在某种私人关系，因而无法秉公做好监督工作，从而使得公司股东，尤其是小股东的权益受到损害。

有些公司的董事长甚至都只是"挂名"，而其真正的"董事长"却担任着总经理的职务。

…………

凡此种种，都是企业在设计治理结构时常会出现的问题，而这些问题同样会在企业发展中引发相应的风险。因此，无论企业规模如何、是否上市，企业在设计治理结构时，都应按照合法合规的程序组建合格的董事会、监事会、经理层，确保其人员结构、能力素养都能满足职责要求。

与此同时，上市公司和国有独资企业作为特殊的企业组织形式，对于其治理结构的设计也有特殊的要求。

1. 上市公司治理结构的设计

上市公司的一个突出特征就是"公众性"，其经营状况会直接影响公众的利益。因此，上市公司治理结构的设计同样需要反映这一特征。

具体而言，其特殊要求主要体现在 3 个方面。

（1）独立董事制度。根据证监会于 2001 年颁布的《关于在上市公司建立独立董事制度的指导意见》，上市公司应当建立独立董事制度。上市公司独立董事是指不在公司担任除董事外的其他职务，并与其所受聘的上市公司及主要股东不存在可能妨碍其进行独立客观判断的关系的董事。

上市公司独立董事应当按照相关法律法规、证监会的指导意见和公司章程的要求，认真履行职责，维护公司整体利益，尤其要关注中小股东的合法权益不受侵害。独立董事应当独立履行职责。

按照规定，独立董事原则上最多在 5 家上市公司兼任独立董事，且有足够的时间和精力有效履行独立董事的职责；在 2003 年 6 月 30 日前，上市公司董事会成员中独立董事的占比最低为 1/3，且至少有一位独立董事为会计专业人士（具有高级职称或注册会计师资格）。

（2）董事会专门委员会。为加强董事会对经理层的监督和控制，上市公司董事会应当设立审计委员会，并可根据需要设立薪酬与考核等相关专门委员会。审计委员会、薪酬与考核委员会等主要由独立董事构成，并由独立董事担任召集人。

在各类专门委员会中，审计委员会在健全企业内部控制体系的过程中的作用尤其重要。审计委员会代表董事会对经理层进行监督，其监督侧重点是经理层提供的财务报告、内部控制评价报告等；同时，审计委员会也负责指导和监督企业内、外部审计工作。因此，为了加强审计委员会的独立性和专业性，审计委员会的召集人应当为会计专业人士。

（3）董事会秘书。董事会秘书作为上市公司的高级管理人员，也是上市公司治理结构的重要组成部分。董事会秘书直接对董事会负责，一般由董事长提名，但由董事会负责任免。

董事会秘书在上市公司中扮演着重要角色，不仅负责股东大会和董事会会议的筹备，还负责文件保管、资料管理以及信息披露等事务。

2. 国有独资企业治理结构的设计

国有独资企业是我国国有企业的新型公司制组织形式，其治理结构也应充分反映国有独资企业的特色。

具体而言，其特殊要求主要体现在 4 个方面。

（1）国有资产监督管理机构。国有独资企业不设立股东（大）会，其股东（大）会职权由国有资产监督管理机构代行。

国有资产监督管理机构可以授权国有独资企业董事会行使股东（大）会的部分职权。但公司的合并、分立、解散、增加或减少注册资本、发行公司债券等事项，则必须由国有资产监督管理机构决定。

（2）国有独资企业董事会。国有独资企业董事会成员应由国有资产监督管理机构委派；但作为国有独资企业董事会的特殊成员，职工代表则由职工代表大会选举产生。

其中，国有独资企业董事长、副董事长则由国有资产监督管理机构从董事会成员中指定产生。

（3）国有独资企业监事会。国有独资企业监事会成员的产生与国有独资企业董事会相同。监事会成员由国有资产监督管理机构委派，但职工代表则由职工代表大会选举产生。

其中，国有独资企业监事会主席则由国有资产监督管理机构从监事会成员中指定产生。

（4）外部董事。国有独资企业的外部董事类似于上市公司的独立董事，不得在企业内担任除董事外的其他职务，这对规范国有独资企业治理结构、防范重大风险具有重要意义。外部董事由国有资产监督管理机构提名推荐。

1.2.4 企业内部结构的设计

内部结构的设计是组织架构设计的关键环节，但却没有一份"指导意见"作为指引。合理设计企业内部结构，能够有效控制和协调企业内部权责、资源和职能，并确保信息渠道通畅，从而有助于企业建立起组织文化和管理制度，以推动企业目标与任务的完成。

然而，由于各个企业的业务特点和内部控制要求不同，所以关于企业内部结构的设计问题，并没有一个通用的标准答案。

根据长期的实践与总结发现，企业内部结构的设计应当从 3 个层面出发。

1. 合理设置内部职能机构

在设置内部职能机构时，企业应当遵循科学、精简、高效、透明、制衡的原则，结合企业性质、战略目标、管理任务、文化理念等要素，确定必需的职能机构，并明确各机构的职责权限。

与此同时，企业要避免职能交叉、缺失，或权责过于集中，以免出现机构重叠、推诿扯皮或无法有效制衡的现象。

只有建立这样的工作机制，各职能机构才能各司其职、各负其责，在相互制约与相互协调中推动企业的发展。

2. 有效分解内部机构职能

在合理设置内部职能机构之后，企业还需解决内部机构的职能分解问题，如具体岗位的名称、职责、工作要求等，以及各个岗位的权限和相互关系。

为了实现内部机构职能的有效分解，企业需要遵循不相容职务相互分离原则。例如仓库的钱、账、物分管，就是不相容职务相互分离原则的体现。

不相容职务相互分离的核心就是"内部牵制"，即避免单个人或部门可以完成全部经济业务，确保单个人或部门必须与其他人或部门相互联系、相互协作，从而实现相互监督和相互制约。

部分企业如果因组织人员较少或业务简单，无法对不相容职务进行分离处理，则需制定切实可行的替代措施。

3. 建立健全内部管理制度

要使内部机构有序运转起来，企业就需要建立健全内部管理制度，并制定组织结构图、业务流程图、岗位说明书和权限指引等制度文件，使员工了解和掌握组织架构设计和权责分配情况，以正确履行职责。

在内部结构的设计中，尤其重要的是权限指引和授权机制的制定。权限指引能让员工知道如何行使权力并承担责任，这也是事后考核评价的基础；授权机制则明确了做出各项决策和完成各项业务所必需的权限，以及相应的授权方式。

内部结构的有序运转，正是依赖于各级管理层的有效授权，否则，企业就可能出现基层管理无权执行、中层管理越权决策的问题。根据授权对象和形式的不同，授权可以分为常规授权和特别授权。

（1）常规授权一般针对企业经营管理的日常工作，通常具有程序性、重复性的特征。因此，此类授权可直接由岗位说明书明确规定，企业也可制定专门的权限指引。

（2）特别授权一般针对企业经营管理的突发事件，如法律纠纷、专项调查等，此时通常需要员工做出某项重大决策或临时代理上级处理工作。此类权限一般由董事会特别授予，如经理层获董事会许可，也可授予内部员工此类权限。

1.2.5 对"三重一大"的特殊考虑

在企业经营事务中，无论是上市公司、国有独资企业，还是其他企业发生的重大经济案件，大多都会牵扯到"三重一大"问题，因此，组织架构的设计也需对此进行特殊考虑。

所谓"三重一大"，就是重大事项决策、重要干部任免、重要项目安排、大额资金的使用。

根据组织架构指引的要求，企业的"三重一大"问题，都应按照规定的权限和程序实行集体决策审批或联签制度。任何人都不能单独对"三重一大"问题进行决策或擅自更改集体决策的意见。

集体决策审批或联签制度，使"三重一大"问题的决策过程更加完善，能够有效避免"一言堂""一支笔"的现象，同时，这种制度也是防范舞弊风险的重要机制。

1.3 组织架构的运行

根据组织架构的设计规范，在组织架构的运行过程中，企业仍需对现有治理结构和内部结构进行全面梳理，确保其设计和运行机制符合现代企业制度的要求，并且适合企业的战略目标和经营模式。

如发现现有组织架构存在缺陷，企业同样需要及时对其做出调整。

1.3.1 组织架构的全面梳理

笔者曾对某集团的组织架构进行调研，该集团业务范围涉及房产、物流、广告、科技等多个领域，采用的是相对扁平化的组织架构，其管理形式则是"总经理负责、副总经理分管并汇报"。

因此，该集团的组织管理和职位关系呈并列形式，且拥有近20个平行部门。这就意味着，该企业的高层管理者的注意力十分容易被分散，而且无法突出管理过程中的核心环节的重要性。

通过梳理发现，该企业的一级机构之间需要更多的相互监督和制约；二级机构之间则存在信息无法有效传递的问题，决策层可能会因为收到大量的复杂信息而无法做出高效决策；三级机构之间的协调成本则会进一步增加。

从该集团的组织架构可以看出，该集团虽然在长期的发展中已经成长为横跨多个领域的"大公司"，但其组织架构却未曾经过调整。扁平化的组织架构确实有助于组织运营效率的提高，但简单的扁平化组织架构也会导致该集团出现并行部门过多、管理层精力分散的问题。

因此，该集团要做的就是对组织架构进行全面梳理，将简单的扁平化组织架构调整为网络型组织架构，并建立战略、资产、人事等管理中心，构成全面管理的企业决策委员会，实现垂直分工与水平分工的合理协调。

随着市场变化和企业发展，企业的战略任务和业务目标也会发生变化，此时，企业必须及时对组织架构进行全面梳理，并做出相应的调整和优化，以使组织架构始终处于高效运行状态。

一般而言，组织架构的全面梳理，同样需要从治理结构和内部结构两个角度出发。

1. 治理结构的全面梳理

治理结构的全面梳理，主要关注董事会、监事会、经理层等高级管理层，可以从 4 个方面入手。

（1）任职资格和履职情况。针对任职资格的全面梳理，主要关注行为能力、道德诚信、经营素质、任职程序等方面。

针对履职情况的全面梳理，则以合规、业绩、忠实、勤勉等要素为重心。

（2）董事会运行效果。对于董事会的运行效果，其梳理重点主要有 3 点。

①是否定期或不定期召集股东大会并向股东大会报告。

②是否严格认真地执行了股东大会的所有决议。

③是否合理地聘任或解聘经理及其他高级管理人员等。

（3）监事会运行效果。对于监事会的运行效果，其梳理重点主要有 2 点。

①是否按照规定对董事及其他高级管理人员的行为进行监督。

②在发现董事及其他高级管理人员违反相关法律法规或损害公司利益时，是否能够对其提出罢免建议或制止并纠正其行为等。

（4）经理层运行效果。对于经理层的运行效果，其梳理重点主要有 3 点。

①是否认真有效地组织执行董事会决议。

②是否认真有效地组织实施董事会制订的年度生产经营计划和投资方案。

③是否能够完成董事会确定的生产经营计划和绩效目标等。

2. 内部结构的全面梳理

内部结构的全面梳理，主要关注内部机构的设置和运行情况，可以从合理性和高效性 2 个方面入手。

（1）设置的合理性。从设置的合理性角度进行梳理，企业应重点关注 4 项内容。

①内部机构设置是否适应企业内外部环境的变化。

②是否以发展目标为导向。

③是否满足专业化分工和协作的要求，有助于企业提高劳动生产率。

④是否明确界定各机构和岗位的权力和责任，不存在权责交叉、重叠的现象，

不存在只有权力而没有相对应的责任的情况等。

（2）运行的高效性。从运行的高效性角度来看，企业需要从3个角度出发。

①是否针对市场环境的变化而及时对内部各机构的职责分工做出调整。特别是当企业面临重要事件或重大危机时，各机构间表现出的职责分工的协调性，可以较好地检验内部机构运行的效率。

②内部机构权力制衡的效率评估的评估重点主要包括3点。

a.机构权力是否过大并存在监督漏洞。

b.机构权力是否被架空。

c.机构内部或各机构之间是否存在权力失衡等情况。

③内部机构运行是否有利于保证信息的及时、顺畅流通，从而使各机构间能够快速沟通。

在评估内部机构运行中的信息沟通效率时，一般主要关注以下3点。

a.信息在内部机构间的流通是否顺畅，是否存在信息阻塞的情况。

b.信息在现有组织架构下的流通是否及时，是否存在信息滞后的情况。

c.信息在组织架构中的流通是否有助于提高沟通效率，是否存在沟通舍近求远的情况。

1.3.2　组织架构调整流程

组织架构的设计没有一个"绝对正确"的最终答案。随着企业内外部环境的变化和企业目标的改变，企业的组织架构也需要不断调整。因此，在组织架构的运行过程中，当企业通过全面梳理发现现有组织架构存在缺陷时，就应当及时对其进行调整。

具体而言，组织架构调整流程与组织架构设计流程相似，同样可以借助两张表格来理解，如表1.3-1和表1.3-2所示。

表 1.3-1　组织架构调整流程与风险控制

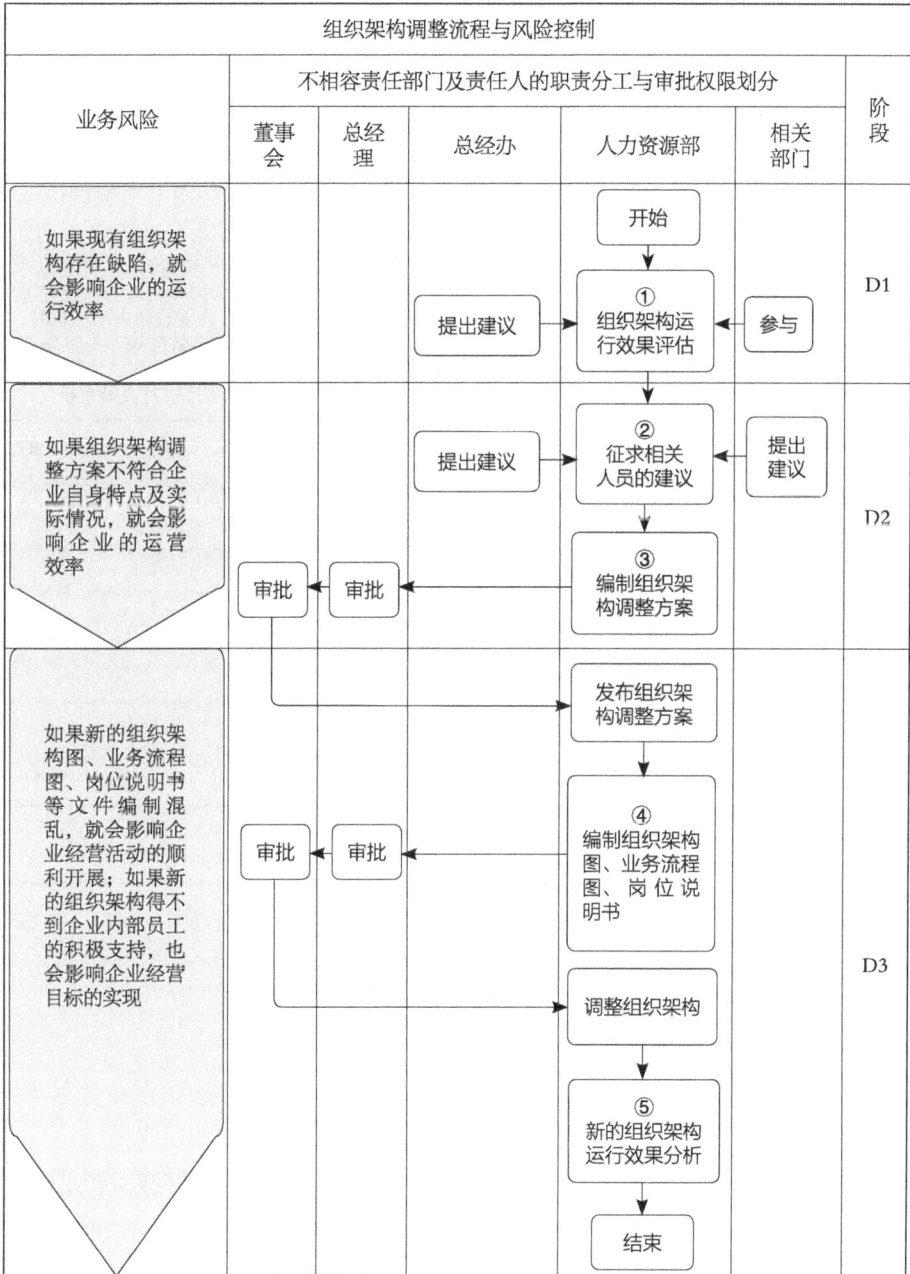

组织架构调整流程与风险控制						
业务风险	不相容责任部门及责任人的职责分工与审批权限划分					阶段
	董事会	总经理	总经办	人力资源部	相关部门	
如果现有组织架构存在缺陷，就会影响企业的运行效率			提出建议	开始 → ① 组织架构运行效果评估	参与	D1
如果组织架构调整方案不符合企业自身特点及实际情况，就会影响企业的运营效率	审批	审批	提出建议	② 征求相关人员的建议 → ③ 编制组织架构调整方案	提出建议	D2
如果新的组织架构图、业务流程图、岗位说明书等文件编制混乱，就会影响企业经营活动的顺利开展；如果新的组织架构得不到企业内部员工的积极支持，也会影响企业经营目标的实现	审批	审批		发布组织架构调整方案 → ④ 编制组织架构图、业务流程图、岗位说明书 → 调整组织架构 → ⑤ 新的组织架构运行效果分析 → 结束		D3

表 1.3-2　组织架构调整流程控制

组织架构调整流程控制		
控制事项		详细描述及说明
阶段控制	D1	1.人力资源部应当定期对组织架构设计与运行的效率及效果进行全面评估。组织架构运行效果评估的内容主要包括现有组织架构是否有利于企业战略目标的实现、是否与企业内部主导业务流程相符、是否满足企业内部高效管理的要求
	D2	2.在调整组织架构之前应广泛征求高级管理人员和其他员工的意见 3.企业应根据组织架构设计规范对现有治理结构和内部机构设置进行全面梳理，确保其符合现代企业制度的要求。企业设置内部机构时，应当重点关注内部机构设置的合理性和运行的高效性等，一旦发现内部机构设置和运行中存在职能交叉或运行低效现象时，应及时解决。企业的组织架构调整方案应按规定权限和程序进行决策审批
	D3	4.组织架构图、业务流程图和岗位说明书等文件资料应按照统一的规范编写 5.新的组织架构运行时，应及时查找运行中存在的问题和缺陷，以便进一步改进和优化
相关规范	应建规范	■ 组织架构设计规范 ■ 岗位说明书编写规范
	参照规范	■ 企业内部控制应用指引 ■《中华人民共和国公司法》
文件资料		■ 组织架构图 ■ 业务流程图 ■ 岗位说明书
责任部门及责任人		■ 人力资源部、相关部门 ■ 总经理、人力资源部经理、相关部门负责人

1.4　子公司管控

当企业发展为集团公司时，面对下属的众多子公司，企业同样需要足够重视组织架构，并建立科学的投资管控制度，以确保企业能对子公司进行有效管理，尤其是对子公司重大投资的重点管理。

1.4.1　子公司内部审计流程

集团公司对子公司的管理，主要体现在管控部门的设置、管控流程设计等方面。而在实际管理中，集团文化的传播同样会对子公司的管控造成深远影响。

子公司管控涉及的内容纷繁复杂，很多集团公司都曾为此感到困扰。

集团公司可能遇到的部分问题如下。

①集团总部的角色定位问题，包括权力如何分配、利益如何分配。

②集团总部对子公司的利益分配问题。

③集团内部的资源整合问题。

④集团内部的信息沟通问题。

⑤集团如何激励子公司发展。

⑥集团如何实现持续性增长。

⑦如何避免"大企业病"。

…………

要想有效解决这些问题，就需要集团公司从授权、监管、文化等多个层面着手，但其首要的落脚点正是组织架构，更进一步说，就是内部审计管理。

内部审计是一种独立、客观的确认和咨询活动，旨在增加组织的价值和改善组织的运营。它通过应用系统的、规范的方法，评价并改善风险管理、控制及治理过程的效果，帮助组织实现其目标。［《国际内部审计专业实务框架》（2011）］

子公司内部审计能够使集团公司内部形成有效的相互牵制和相互监督，以确保子公司管控机制的有效运行。具体而言，子公司内部审计流程如表 1.4-1 所示。

表 1.4-1　子公司内部审计流程

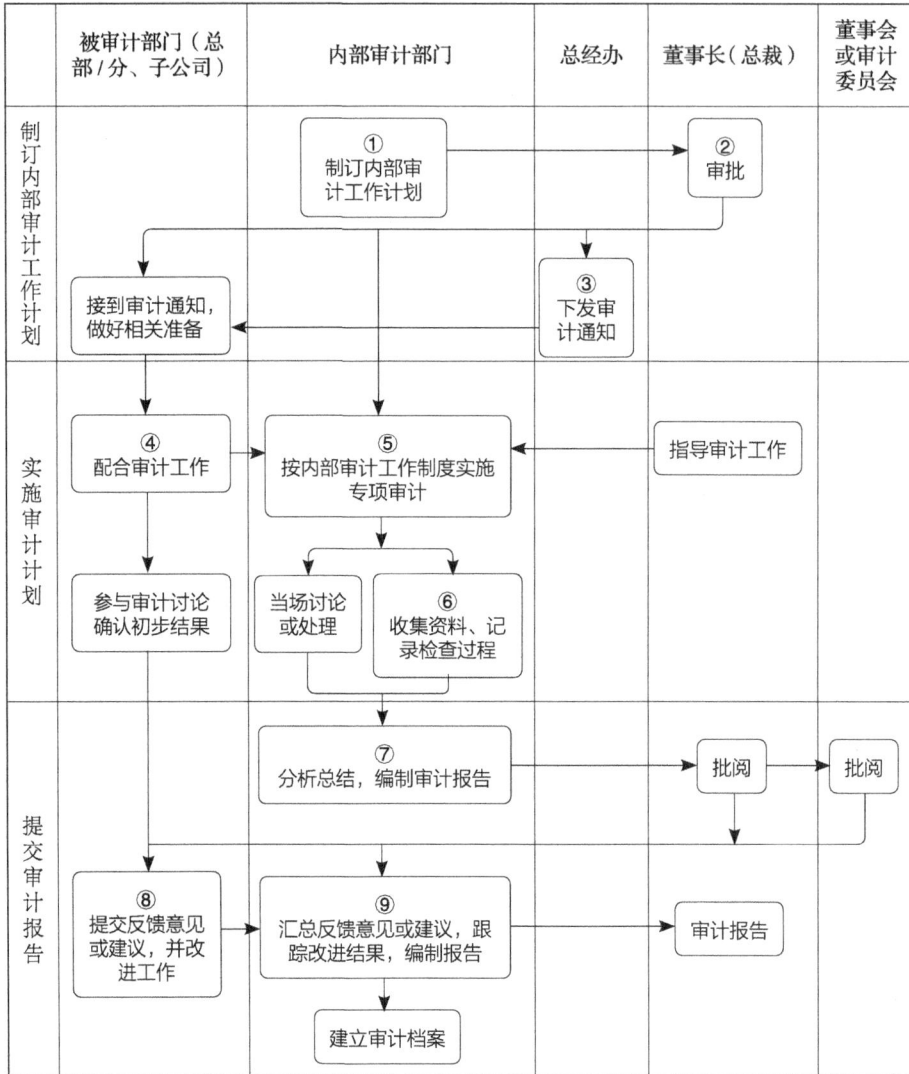

	被审计部门（总部/分、子公司）	内部审计部门	总经办	董事长（总裁）	董事会或审计委员会
制订内部审计工作计划	接到审计通知，做好相关准备	① 制订内部审计工作计划	③ 下发审计通知	② 审批	
实施审计计划	④ 配合审计工作　参与审计讨论确认初步结果	⑤ 按内部审计工作制度实施专项审计　当场讨论或处理　⑥ 收集资料、记录检查过程		指导审计工作	
提交审计报告	⑧ 提交反馈意见或建议，并改进工作	⑦ 分析总结，编制审计报告　⑨ 汇总反馈意见或建议，跟踪改进结果，编制报告　建立审计档案		批阅　审计报告	批阅

为了确保子公司内部审计工作的有效推进，集团公司还需制作内部审计管理标准，如表 1.4-2 所示。

表 1.4-2　子公司内部审计管理标准

进程	控制点	任务名称	任务程序及控制重点	控制文件或表单	备注
制订内部审计工作计划	①	制订内部审计工作计划	内部审计部门经理组织内部审计员找出公司运营过程中需要改进和完善的环节，进行风险分析，制订出下一年度的工作计划，包括检查的项目、内容及对每个项目检查所需要的时间、人员等。内部审计部门经理要对工作计划进行初步审核，并对计划的可行性负责	内部审计工作计划（提交稿）	
	②	审批	内部审计工作计划呈送董事长（总裁）审批。未获上级领导批准的，则重新修改，直到获得批准	内部审计工作计划（审核稿）	
	③	下发审计通知	（1）内部审计部门根据工作计划向上级领导作实施计划的请示，经上级领导批准后，交总经办下发检查通知 （2）董事长（总裁）指示对某个项目要进行专项检查的，内部审计部门将把批文转交给总经办下发检查通知，并请被检查单位给予协助与配合	总经办审计通知，董事长（总裁）批文	
	④	配合审计工作	被检查单位要认真执行内部审计工作制度，积极协助和配合审计检查，提供相关材料，材料务必真实、全面，不可缺少或隐瞒，要随时解答审计人员的疑问，做好后勤服务	相关原始材料	
实施审计计划	⑤	按内部审计工作制度实施专项审计	内部审计人员审计时需查阅本公司相关规章制度、业务处理程序等文件资料，并向有关人员了解、询问情况，从而比较实际业务活动的开展是否与相关的内部控制流程相符合，内部控制措施是否得到贯彻执行	工作计划、专项检查批示	
	⑥	收集资料、记录检查过程	（1）内部审计人员对存在风险和违反操作规程的现象，进行调查取证，并复印有关文件、资料、凭证 （2）列出检查中发现的不符合项，详细说明不合理的项目或错误数据，由被检查部门负责人签字确认，并当场分析、讨论如何进行避免和防范		

进程	控制点	任务名称	任务程序及控制重点	控制文件或表单	备注
提交审计报告	⑦	分析总结，编制审计报告	（1）内部审计人员对检查结果进行分析、总结，然后根据收集到的资料编制审计报告，内容包括：详细说明违反规章制度或不符合工作流程的事项、原因和责任人；分析违反程序可能产生的风险；提出改进建议 （2）审计报告经内部审计部门经理审核后交董事长（总裁）批阅 （3）内部审计部门将审计报告连同董事长（总裁）的批示转发给被检查单位的责任人，并要求其在一定期限内将反馈意见和改进建议交给内部审计部门	审计报告及相关附件	
	⑧	提交反馈意见或建议，并改进工作	（1）被检查单位在规定的期限内将反馈意见和改进建议送交内部审计部门 （2）被检查单位采取改进措施	反馈意见和改进建议	
	⑨	汇总反馈意见或建议，跟踪改进结果，编制报告	（1）内部审计部门收集、整理被检查单位的反馈意见和改进建议，将检查报告和被检查单位的反馈意见一起呈送给董事长（总裁）和被检查单位的上级主管领导 （2）内部审计部门将对检查报告列出的不符合项进行定期或不定期的跟踪检查，并将检查结果反馈给被检查单位的主管领导	检查报告和被检查单位的反馈意见	

1.4.2 子公司重大投资审核流程

对于子公司的管控，集团公司必然需要相应地授权。针对非重大事项，集团公司应当给予子公司相应的权力，确保子公司能够高效推进其业务发展，集团公司则可以通过内部审计等方式对其进行监督。

然而，针对重大投资等事务，集团公司必须对其进行严格管理，避免产生重大的亏损风险。为此，集团公司需要设计完善的子公司重大投资审核流程。

一般而言，子公司重大投资审核流程应当包含两方面的内容。

1. 审核对象

子公司重大投资审核的主要对象，一般包括年度财务预决算、重大投融资、重大担保、大额资金使用、主要资产处置、重要人事任免、内部控制体系建设等重要事项。

2. 审核流程

子公司重大投资审核流程主要分为 3 个部分。

（1）及时汇报。子公司重大投资项目经子公司董事会审批同意后，子公司应及时将其汇报至集团公司，并出具可行性研究报告。

（2）集团公司审核。集团公司需针对子公司的报告进行有效审核，经集团公司董事会审核通过后，项目才可按计划推进。

（3）监督检查。在项目开展过程中，子公司须及时汇报项目进展，并接受集团公司的监督检查，检查内容主要包括：投资收益是否合理、投资操作是否合规、是否存在越权管理的情况等。

案例：海尔集团组织架构

海尔集团创立于 1984 年，30 多年来持续稳定发展，已成为在海内外享有较高美誉度的大型国际化企业集团。海尔拥有包括白色家电、黑色家电、米色家电在内的 96 个门类、15 100 多种规格的产品群，并将产品出口到世界 100 多个国家和地区，还在美洲、欧洲、中东等地区建立了生产、销售中心。

海尔的持续成功是中国企业发展史上的一个罕见案例，在这背后，则是海尔持续的战略调整及相应的组织架构的调整。

创立至今（2020 年），海尔经历了 6 次重大的战略转变期。

①名牌战略阶段（1984 年～1991 年），该阶段以质量管理为核心，采用直线型的组织架构，更加关注职能划分。

②多元化战略阶段（1991 年～1998 年），该阶段以多样化发展为核心，采用日趋扁平化的组织架构，开始关注权力下放。

③国际化战略阶段（1998 年～2005 年），该阶段的发展战略是"欲

创国际品牌先创人的国际化"，因此，海尔的事业部分部不断增加，其组织架构更加扁平化、网络化、多样化。

④全球化品牌战略阶段（2005年～2012年），该阶段更关注本土化的个性化需求，其提出"以海尔人的本土化创全球化本土品牌"战略。

⑤网络化战略阶段（2012年～2019年），该阶段提出"以链群（生态链上的小微群）创用户体验场景"的发展目标。

⑥生态品牌战略阶段（2019年至今），该阶段的目标是创全球引领的物联网生态品牌。

目前，已有有关海尔的10多个案例被分别收进哈佛大学、欧洲工商管理学院、瑞士洛桑国际管理学院等世界著名学府的MBA（Master of Business Administration）案例库，成为全球商学院的通用教材案例。海尔成功的核心正是其拥有适应市场变化的发展战略，及其组织架构设计合理。

第 2 章

企业发展战略内控管理

　　企业发展战略是对企业各种战略的统称，其主要目的就是解决企业如何发展的问题，具体又包括企业发展方向、发展速度与质量、发展点和发展能力等细节问题。企业发展战略的明确，能够为企业提供发展方向，帮助企业设定发展目标，从而推动企业快速、健康、持续发展。

2.1　如何制定发展战略

要发挥发展战略的指引作用，企业就要学会科学地制定发展战略。否则，无效的发展战略会使企业发展事倍功半，错误的发展战略更可能使企业落入发展陷阱。为此，企业必须遵循合理的发展战略制定流程，并采用合理的发展战略制定措施和工具。

2.1.1　发展战略指引

企业制定发展战略的目的，就是要实现快速、健康、持续发展。那么，企业究竟要如何发展呢？通常来说，需要思考 4 个问题。

（1）企业要发展成什么样子——发展方向。

（2）企业要发展得多好、多快——发展质量与速度。

（3）企业要如何保证发展得足够好且快——发展点。

（4）企业需要哪些能力来支撑这种发展——发展能力。

只有当上述 4 个问题得到有效解决时，企业的发展问题才能找到一个系统、有效的解决方案。说到底，企业发展战略就是要帮助企业指引发展方向、明确发展目标、指明发展点、确定所需的发展能力。

与其他战略或战术相比，企业发展战略的根本特征在于 4 个方面，这 4 个方面也是企业发展战略的意义所在。

1. 整体性——整体发展

企业作为一个整体，由多个相互联系、相互作用的局部构成。而企业发展战略要解决的则是整体性的问题，要注意的是，整体性问题并非局部性问题的总和，二者在本质上存在区别。

如果企业不能制定整体性的发展战略，就可能在发展过程中变得盲目，从而难以形成竞争优势。有时还会看似抓住了时机，但却失去了发展机遇和动力。

2. 长期性——长期发展

企业寿命的长短取决于长期发展的问题能否得到有效解决。企业发展战略不仅重视短期发展问题，更重视长期发展问题，如发展目标、发展步骤等。企业要通过制定发展战略来正确处理短期利益与长期利益的关系。

如果企业发展战略过于关注短期利益，就会使企业的发展变得过于激进，并会使企业逐渐脱离实际能力或偏离主业，从而可能导致企业过度扩张，甚至经营失败。

3. 基本性——把握基本问题

在企业发展中可能出现各种细枝末节的问题，但除了关注这些问题之外，企业还必须把握住企业发展的基本问题，并集中精力找到解决方案。否则，如果树根腐烂，那再好的枝叶也不可能再发芽。

作为企业基本性问题的解决方案，企业发展战略切忌频繁变动，尤其不要因主观原因频繁变动，因为这可能会导致资源浪费，甚至危及企业的生存。

4. 谋略性——研究发展战略

企业发展战略的设计，并非简单的按图索骥，而是需要企业管理者发挥整体规划的能力，灵活运用知识、信息以及经验，找到真正适合企业的发展战略，实现少投入、多产出，少挫折、快发展的目标。

2.1.2　战略规划制定流程

企业发展战略的制定并非按图索骥，也没有固定的流程顺序，每个企业都应当结合经营实际情况和市场情况，找到适合自身的战略规划制定流程。

为了有效推进战略规划的制定，企业可以在董事会下设立战略委员会，或指定相关机构负责发展战略的管理工作。

一般而言，战略规划制定的流程应当包含 4 个阶段。

1. 战略调查

战略目标的制定，应当立足于充分的调查研究和科学分析。同时，企业还需广泛征求意见。在战略调查阶段，企业要保持宽阔的视野和长远的目光，通过灵活思考抓住企业发展的主要问题以及有关事物之间的联系。

企业需要在战略调查阶段了解的内容通常有 5 点。

（1）现实及潜在的市场需求。

（2）现实及潜在的竞争对手。

（3）现实及潜在的经营资源。

（4）现实及潜在的优势。

（5）现实及潜在的问题。

2. 战略提出

基于战略调查的结果，战略委员会即可提出企业发展战略的草案。草案并非一份具体、系统、严谨的方案，但其必须将战略规划的核心内容阐述清楚。

提出战略草案是对战略委员会成员的重大考验。因此，为了确保战略草案的有效，战略委员会成员应当具有较强的综合素质和实践经验。作为合规的保障，企业还需明确规定战略委员会成员的任职资格和选任程序。

3. 战略咨询

为避免战略失误、提高战略水平，针对战略委员会提出的战略草案，尤其是发展战略中的部分重要问题，企业可以咨询中介机构或外部专家的意见。

但要注意的是，企业在选择咨询对象时，一定要选好咨询机构，不唯名、不唯大、只唯能；对其提出的意见，企业也应当在内部充分讨论，必要时也可继续征求外部意见。

4. 战略决策

当战略草案经过不断的讨论与完善之后，战略委员会即可着手制定战略规划，明确发展的阶段性和发展程度，并确定各个发展阶段的目标、任务和实施途径。

战略规划的审议应当由董事会负责。董事会必须对其进行严格审议，要关注战略规划的全局性、长期性和可行性。如果战略规划存在重大问题，董事会则应责成战略委员会进行调整。

经过董事会审议通过的战略规划，则可报经股东（大）会批准实施。

具体而言，战略规划的制定流程如表 2.1-1 所示。

表 2.1-1　战略规划的制定流程

流程说明					
一、流程名称：战略规划制定流程					
二、流程编号：					
三、流程目的：明确公司战略规划制定工作的流程和职责分工					
四、适用范围：适用于公司战略规划制定工作					
五、流程负责部门：战略发展总部					
六、流程描述					
序号	执行部门	操作内容	重要输入	重要输出	相关表单
1	相关职能部门 /事业部 / 子公司	为战略规划制定提供相关业务资料和建议		业务资料和建议	
	公司战略委员会	根据公司发展状况、市场状况重新评估公司的愿景		公司愿景	
2	战略发展总部	分析整理获得的各类信息			
3	战略发展总部	根据整理的信息负责组织编写公司层战略规划、出具公司层战略规划，并将其上报公司战略委员会审议		公司层战略规划	
4	公司战略委员会	审议战略发展总部上报的公司层战略规划。后接职能战略规划		公司层战略规划（经审议）	

2.1.3　发展战略的制定措施

战略规划制定流程的核心环节，可以理解为战略调查分析和战略咨询决策。只有做好这两个环节的工作，企业制定的发展战略才能真正适用于企业长期发展。

因此，在讨论发展战略的制定措施时，企业应当着重考虑这两个环节的工作。

1. 战略调查分析

战略调查分析的目的是通过对外部环境和内部因素进行综合分析，从而使企业把握有利时机、规避市场风险，进而发挥自身优势，以实现目标、资源和战略的统一，并提升自身的快速应变能力和可持续发展能力。

（1）外部环境调查分析。外部环境的调查分析，主要包括3个方面的内容。

①宏观环境分析，如政治环境分析、经济环境分析、社会环境分析、技术环境分析等。

②中间环境分析，如行业发展因素分析、行业竞争结构分析、行业胜败关键因素分析、机会威胁分析等。

③微观环境分析，如顾客需求发展分析、供应商供应能力分析、竞争对手竞争能力分析、替代品分析等。

（2）内部因素调查分析。内部因素的调查分析，同样需要从3个方面进行。

①企业内部分析，如企业资源竞争优势分析、企业核心竞争力分析、企业战略优势与劣势分析等。

②企业财务分析，如经济效益分析、财务能力分析、财务比率分析等。

③市场营销分析，如产品结构分析、产品竞争能力分析、市场营销能力分析、市场营销环境分析等。

2. 战略咨询决策

基于战略委员会提出的战略规划草案，企业必须通过战略咨询决策来对其进行充分论证、研究，以不断完善战略规划草案，最终确定发展战略。

为此，企业必须做好技术咨询和战略规划两项工作。

（1）技术咨询。技术咨询是指企业借助专家的定性与定量比较分析来对战略规划草案进行修正、补充和完善，这也是战略咨询阶段的实质性任务。

技术咨询的过程就是一个有效验证的过程，其需要验证的要素主要包括5点。

①战略目标的准确性。

②发展战略的可行性。

③资源配置的合理性。

④战略实施过程的可控性。

⑤内外部因素的风险性。

（2）战略规划。按照既定的战略方针和方向，以及技术咨询的结果，战略委员会需要不断完善战略规划草案的内容，形成一份完整的战略规划方案。

战略规划方案主要包含 3 个模块。

①企业总体战略规划。

②分项战略规划。

③职能战略规划。

2.1.4　发展战略制定工具

企业发展战略的制定是一个科学严谨的过程。企业要确保发展战略的准确、可行、合理、可控，就离不开灵活运用各种发展战略制定工具。

发展战略的制定工具有很多，如波士顿经验曲线、波特竞争理论、杜邦分析法、竞争态势矩阵、企业战略五要素分析法等。其中，常用的发展战略制定工具为 PEST 分析和 SWOT 分析。

1. PEST 分析

PEST 分析是宏观环境分析的重要工具。PEST 分析主要从 4 个方面进行，即政治（Politics）、经济（Economy）、社会（Society）和技术（Technology）。

要想有效运用 PEST 分析工具，企业就需要掌握充分的研究资料，并对自身所处环境有充分的认知。其分析内容如图 2.1-1 所示。

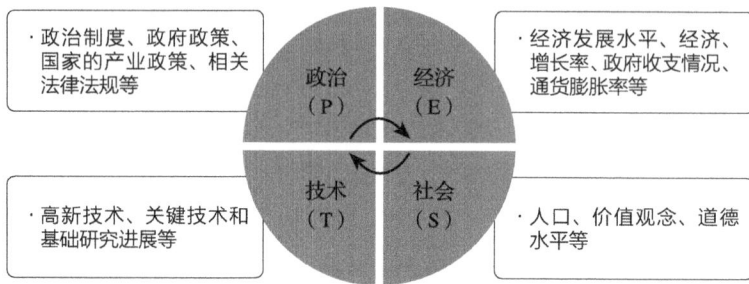

图 2.1-1 PEST 分析

2. SWOT 分析

SWOT 分析是一种用于评估组织总体形态的战略工具，主要涉及 4 个维度的内容，即优势（Strengths）、劣势（Weaknesses）、机会（Opportunities）和威胁（Threats），如图 2.1-2 所示。

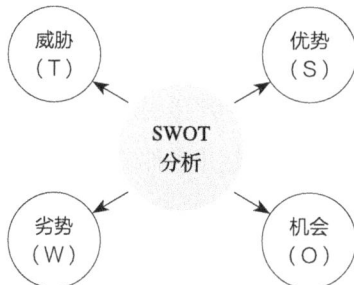

图 2.1-2 SWOT 分析的基本模型

企业在进行 SWOT 分析时，实际上是在做填空题，即找到如下问题的答案。

（1）优势（Strengths）。

①相比于竞争对手，企业具有哪些优势？

②企业拥有哪些特有的资源或实力？

③企业的哪些资源具有独特的成本优势？

（2）劣势（Weaknesses）。

①相比于竞争对手，企业具有哪些弱点？

②企业在管理、技术、财务等方面是否存在约束？

③企业在哪些方面有改进的余地？

（3）机会（Opportunities）。

①对企业而言，建立合作关系是否是重大机会？

②企业有哪些机会可以提高发展能力？

③企业可以为整个供应链提供怎样的机会？

（4）威胁（Threats）。

①企业正在面临哪些潜在风险？

②在技术、法律、市场等要素发生改变时，企业是否具备优势？

③企业在财务方面是否存在不稳定性？

一般而言，SWOT 分析可以形成 4 种不同类型的组合，即优势—机会（SO）组合、劣势—机会（WO）组合、优势—威胁（ST）组合和劣势—威胁（WT）组合。在这 4 种组合当中，可将优势、劣势看作内因，而机会、威胁则是外因。因此，企业可以据此将自身的特点归入相应的象限，然后以此来进行内因和外因分析。

针对处于不同象限的情况，企业又可以进一步确定相应的发展战略，如图 2.1-3 所示。

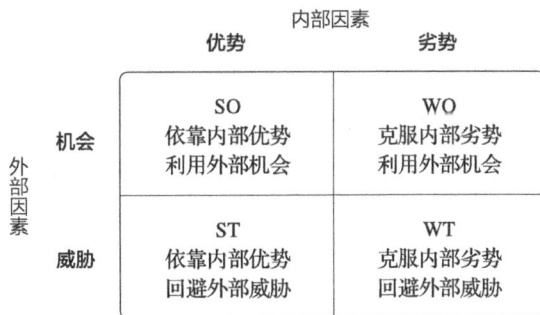

图 2.1-3　SWOT 发展战略

2.2　如何实施发展战略

发展战略的有效性必将落脚于发展战略的实施。只有在实施中，发展战略才能发挥作用；也只有在实施中，企业才能及时调整发展战略。而要切实有效地实施发展战略，则需要依赖于详细、完善的战略实施计划。

2.2.1 发展战略实施流程

企业应当根据发展战略制制订详细、完善的战略实施计划，将发展目标不断分解，落实到每个岗位的职责当中。与此同时，企业还要重视发展战略的宣传工作，通过教育培训、活动宣传等有效方式，将发展战略传递到内部各管理层级和全体员工。

具体而言，发展战略的实施流程如表2.2-1和表2.2-2所示。

表2.2-1 企业发展战略实施流程控制

企业发展战略实施流程控制		
控制事项		详细描述及说明
阶段控制	D1	1. 企业应当重视发展战略的宣传工作，通过内部各层级会议和教育培训等有效方式，将发展战略及其分解、落实情况传递给内部各管理层级人员和全体员工 2. 企业实施发展战略时需要对企业文化、组织架构、人力资源管理制度和信息系统4个方面进行软、硬件配套建设；同时需要完善发展战略管理制度，确保发展战略的有效实施
	D2	3. 各相关部门应当根据企业发展战略制订年度工作计划，编制全面预算，并报总经理审核、董事会审批 4. 企业各相关部门应将年度计划和目标逐层分解，形成具体的任务目标和要求，实现发展战略的可操作性
	D3	5. 战略委员会应当加强对发展战略实施情况的监控，定期收集和分析相关信息，对于明显偏离发展战略的情况，应当及时报告
相关规范	应建规范	■战略委员会工作规范 ■发展战略管理制度
	参照规范	■企业内部控制应用指引 ■《企业内部控制基本规范》 ■《中华人民共和国公司法》
文件资料	■年度工作计划	
责任部门及责任人	■董事会、战略委员会、战略管理部门、相关部门 ■董事会成员、总经理、战略委员会成员、战略管理部门经理	

表 2.2-2　企业发展战略实施流程与风险控制

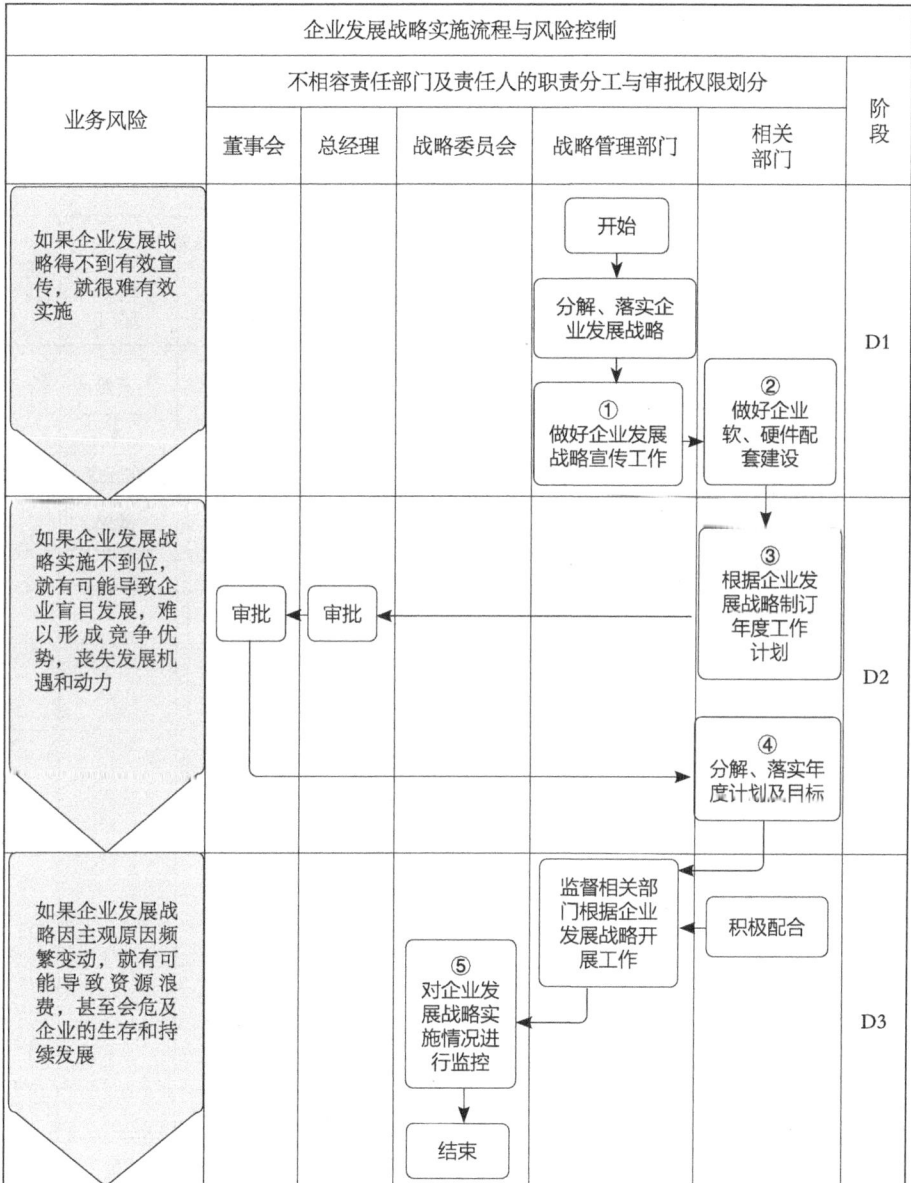

业务风险	不相容责任部门及责任人的职责分工与审批权限划分					阶段
	董事会	总经理	战略委员会	战略管理部门	相关部门	
如果企业发展战略得不到有效宣传，就很难有效实施				开始→分解、落实企业发展战略→① 做好企业发展战略宣传工作	② 做好企业软、硬件配套建设	D1
如果企业发展战略实施不到位，就有可能导致企业盲目发展，难以形成竞争优势，丧失发展机遇和动力	审批	审批		④ 分解、落实年度计划及目标	③ 根据企业发展战略制订年度工作计划	D2
如果企业发展战略因主观原因频繁变动，就有可能导致资源浪费，甚至会危及企业的生存和持续发展			⑤ 对企业发展战略实施情况进行监控	监督相关部门根据企业发展战略开展工作→结束	积极配合	D3

2.2.2　发展战略调整流程

在发展战略的实施过程中，战略委员会应加强对实施情况的监控，定期收集信息并进行深入分析，如发现明显偏离发展战略的情况，应当及时报告。

但与此同时，当经济形势、产业政策、技术水平和行业状况等因素发生重大变化，且企业发展战略不适用于当前情况时，企业应按照规定权限和程序，调整发展战略，其调整流程如表 2.2-3 和表 2.2-4 所示。

表 2.2-3　企业发展战略调整流程与风险控制

	企业发展战略调整流程与风险控制						
业务风险	不相容责任部门及责任人的职责分工与审批权限划分						阶段
	股东大会	董事会	总经理	战略委员会	战略管理部门	相关部门	
如果企业的发展战略不能适应外在宏观环境的变化，企业的各项经营活动也会受到影响					①评估企业发展战略实施情况 ②分析企业战略环境变化	开始 实施企业发展战略	D1
如果企业的发展战略调整方案脱离环境的变化和企业自身情况，就有可能导致企业盲目发展，难以形成竞争优势，丧失发展机遇和动力	审批	审批	审批	③研究、讨论企业发展战略调整方案 ④提交企业发展战略调整方案	提出企业发展战略调整建议		D2
如果调整后的企业发展战略方案得不到有效的贯彻执行，最终会损害企业的自身利益					发布调整后的企业发展战略文件	⑤执行调整后的企业发展战略 结束	D3

表 2.2-4 企业发展战略调整流程控制

企业发展战略调整流程控制		
控制事项		详细描述及说明
阶段控制	D1	1. 在企业发展战略的执行过程中，战略管理部门应客观评估战略执行情况与战略目标之间的差异。如果企业发展战略不能为企业带来预期的经济效益，就要重新考虑这种战略的可行性 2. 战略管理部门应定期分析外部环境，判断当经济形势、产业政策、技术水平、行业状况以及不可抗力等因素发生重大变化时，企业是否需要调整发展战略
	D2	3. 战略委员会在研究、讨论企业发展战略调整方案时，应对新的发展目标和战略规划进行可行性研究和科学论证；必要时，战略委员会可借助中介机构和外部专家的力量来获得专业意见 4. 战略委员会应提交企业发展战略调整方案，并报董事会审核、股东大会审批，审批通过后方可下发执行
	D3	5. 各相关部门应积极执行调整后的企业发展战略；战略管理部门对其执行情况进行跟踪监督；战略委员会对发展战略实施情况进行动态监控
相关规范	应建规范	■ 战略委员会工作规范 ■ 发展战略管理制度
	参照规范	■ 企业内部控制应用指引 ■ 《企业内部控制基本规范》 ■ 《中华人民共和国公司法》
文件资料		■ 《发展战略调整建议》 ■ 《发展战略调整方案》
责任部门及责任人		■ 股东大会、董事会、战略委员会、战略管理部门、相关部门 ■ 董事会成员、总经理、战略委员会成员、战略管理部门经理

2.3 如何实现发展战略转型

随着市场竞争的日益激烈，企业的发展空间也随之缩小，但我国经济的高速发展又在不断地为企业提供新的发展机会。在发展空间紧缩与发展机会拓展的双重作用下，战略转型也成为诸多企业发展的必由之路。

2.3.1　发展战略转型的三大策略

发展战略转型是海尔、方正、惠普等企业成功的重要原因，但也是 TCL 走向惨败的导火索。发展战略转型是企业长久发展的重要方法，但如果企业无法抓住企业战略转型的时机，无法采用合适的战略转型策略，那么发展战略转型反而可能将企业推向深渊。

1. 发展战略转型的时机

要抓住发展战略转型的时机，企业就要加强对发展战略实施情况的监控。企业应当加强对战略制定与实施的事前、事中和事后评估，并及时做出发展战略调整或转型的决策。

（1）发展战略调整。企业应当根据对发展战略实施的监控情况持续优化发展战略，如发现下列情况，应当及时调整、优化发展战略。

①经济形势、产业政策、技术水平、行业状况以及不可抗力等因素发生重大变化，且对企业发展战略的实施有较大影响。

②企业内部经营管理发生较大变化，且确实有必要对发展战略做出调整。

（2）发展战略转型。当企业外部环境尤其是企业所从事行业的竞争状况发生重大变化时，或者当企业步入新的成长阶段需要对生产经营与管理模式进行调整时，企业必须选择新的生存与发展模式，即战略转型。

企业战略转型不是对战略的局部调整，而是各个战略层次上的方向性改变，如海尔从产品制造企业向高端制造服务型企业的战略转型等。

2. 发展战略转型的策略

无论市场如何变化，每个企业都可以是持续成长的企业。而要实现这一点，企业就必须抓住发展战略转型的契机，并重新界定发展空间和经营结构。

从各个企业发展战略转型成功的经验来看，发展战略转型的策略主要有3个。

（1）扩大市场规模。很多企业之所以走上发展战略转型之路，就是因为现有市场空间被不断挤压。而在此时，企业就需要寻找新的市场空间，扩大企业的经营范围，突破原有的市场区域，挖掘新的消费群体或新的消费需求。

索尼在 20 世纪 90 年代开始进行战略转型，其将原来的 10 个分公司整合为 4 个，分别负责家庭网络产品、个人信息技术网络产品、计算机娱乐产品、关键技术及网络产品。最终索尼在 21 世纪构建出属于自己的"网络帝国"。

（2）市场细分。与扩大市场规模相对的，企业还可以通过市场细分的方式来针对不同的个性化消费群体提供特定的产品或服务，从而成为细分市场的主导者。

随着消费者个性化需求的不断凸显，当今的大多数产品都难以满足所有或大部分消费者的需求，这就需要企业不断进行市场细分，为特定消费群体提供最精确的产品。

恒生银行开创性地推出了客户分层策略，针对不同的客户分层提供具有针对性的理财产品：针对高资产客户的优越理财；针对中资产女性客户的悠闲理财、男性客户的翱翔理财；针对普通客户的纵横理财。

（3）重建企业经营结构。发展战略转型的有序推进，离不开经营结构的转变。在发展战略转型的过程中，企业不能完全依赖旧有的经营模式和经验，而要在经营结构上做出改变，尤其是要在组织架构、管理流程、经营策略等方面做出改变。

事实上，在任何企业发展战略转型成功的案例中，不仅有产品升级，更有品质、服务、管理形式和价格的配合升级。

迪士尼是全球娱乐业的巨头，而在迪士尼的经营成长过程中，其经营结构也是在不断重建：从动画片制作到电影制片厂，从音乐书籍出版到零售业，再到度假旅游业……如今，迪士尼已经构建出全球极具潜力的娱乐产业群。

2.3.2　发展战略转型成功的内部要素

发展战略转型既是机遇，也是挑战。要想成功实现发展战略转型，企业内部要素发挥的作用则更加重要。

发展战略转型的成功与企业内部的3个要素密切相关，即核心文化、战略管理和内部资源。

1. 核心文化的指导

企业核心文化看不见、摸不着，但却是最好的员工凝聚剂。企业想要持续发展，就必须依靠核心文化将员工凝聚在一起。

企业在发展战略转型的过程中，同样需要一种清晰的核心文化作为指导，这一文化必须能够解决企业愿景、使命、价值观等方面的问题，从而指引员工随着发展战略的转型而改变。

2. 战略管理的监督

发展战略的转型往往意味着企业要进入一个新的业务领域，这就必然导致企业资源的分散。而一旦转型失误，这些资源的损失乃至更大的潜在风险则可能使企业遭受重创。

清晰且可行的战略规划可以让发展战略转型事半功倍。而在转型过程中，企业也要重点监督发展战略转型的情况，及时发现并规避风险。

3. 内部资源的规划

发展战略的转型需要企业投入一定的资源作为支持，尤其是管理体系资源和人力资源等。管理体系资源是战略落地的体制保障，人力资源则是转型成功的关键支持，而这就需要企业提前做好相关准备和规划。

案例：海尔集团发展战略

海尔集团在"名牌战略"思想的指导下，通过采取技术开发、精细化管理、资本运营、兼并控股及国际化等措施，使一个亏损147万元的集体小厂迅速成长为中国家电的龙头名牌。

海尔快速发展的主要动力是创新精神，而海尔精神——"敬业报国、追求卓越"就是创新精神的体现。在不断追求卓越的过程中，海尔集团的发展战略转型之路也成为众多企业的必学案例。

1. 造就海尔冰箱名牌

在自 1984 年海尔集团的前身青岛电冰箱总厂成立至 1991 年的 7 年时间里，海尔在实施名牌战略的过程中，坚持技术、质量上的高起点，强化全员质量意识和产品质量管理，坚持技术进步。海尔通过狠抓产品质量，创立了海尔冰箱名牌。

（1）坚持技术、质量上的高起点。

1985 年，海尔从德国引进了先进技术，领先一步在国内市场形成了质量可靠和技术先进的优势。很快，海尔就以高新技术、高质量的产品赢得了广大消费者的信任。

（2）强化全员质量意识，强化产品质量管理。

要创名牌冰箱，就要从抓质量入手。海尔认为：人是质量管理中最关键的因素，第一流的产品是第一流的人生产出来的；质量实质上是职工整体素质的体现，抓质量应该首先从人抓起。

（3）坚持技术进步不停顿。

海尔在无氟节能冰箱的研制上已达到国际最高水平，被誉为"世界多一个海尔，地球多一份安全"。

2. 从单一的冰箱名牌到多元的海尔品牌

1992 年，我国经济进入一个新的发展时期，海尔抓住时机先后兼并青岛电冰柜总厂、青岛空调器厂和青岛红星电器股份有限公司等 18 个企业，并投资兴建海尔园开始二次创业。现在海尔产品涉及冰箱、空调、洗衣机、彩电、计算机、手机等领域，已形成多种品种规格的多元化产品群。

（1）立足市场，发展名牌。

以市场规律为依据，在质和量的矛盾面前，海尔总是首先保证产品质量，然后再扩大产量、规模，做到以质取胜、以名牌取胜。

（2）强化管理，巩固名牌。

海尔在追求一流产品的同时，也在追求一流的管理：以质量为中心从严治理，花大力气建立以质量为主线的科学管理体系。海尔在引进先进的工装设备的同时，还全面引进了先进的管理手段和管理标准；积极推行质量否决权制度，把一切质量过失否决在生产过程中。

（3）联合规模，延伸名牌。

在市场竞争中，有名牌但没有规模，则名牌无法发展与保持；有规模但无名牌，则规模也不可能保持。

（4）技术创新，确立品牌地位。

技术创新是企业参与市场竞争、赢得竞争优势的重要途径。技术创新能力是企业掌握市场主动权，进而成为行业领先者和市场领袖的基本条件。

3.争创国际名牌

（1）先难后易，打开国际市场。

海尔采取"先难后易"的出口战略，即首先进入发达国家建立良好的信誉，创出品牌，然后再以不可阻挡之势占领发展中国家的市场。

海尔的出口量逐年翻番，海尔以产品的高质量在国际市场上建立了良好的信誉，并坚持在发展中对国际市场布局进行多元化战略调整，有利地开拓了国际市场的大好局面。目前，海尔产品已出口到包括欧美、日本、中东、东南亚、非洲等100多个国家和地区。

（2）构建海外专营网络，参与全球市场竞争。

全球化的营销网络是保证产品大批量出口到国际市场，参与全球市场竞争的关键。建立全球化的营销网络是海尔营销的战略目标。

（3）"3 个 1/3"。

"3 个 1/3"，也就是海尔对全球市场的发展规划。海尔产品有 1/3 国内生产、国内销售；1/3 国内生产、国外销售；1/3 国外生产、国外销售。

（4）国际化的信息和技术开发网络。

海尔要创立国际知名品牌、建成国际化的海尔，必然要在国际市场上同欧美、日本等国家和地区的知名品牌竞争，国际化的信息和技术开发网络是海尔产品取胜的保证。海尔以高额的投入加快国际化的进程，并力争实现全面与国际接轨的目标。

海尔的国际化信息网络由"紧跟国际先进技术产品分析、评审"的内部机制与由首尔、东京、里昂、洛杉矶、蒙特利尔、阿姆斯特丹、悉尼等建立的信息分中心组成的外部网络构成。通过内外部的统一，海尔就可获得并利用最新的信息开展技术创新工作，以满足国内外市场不断变化的需求。

第 3 章

企业人力资源与文化内控管理

无论是从宏观角度还是从微观角度来看，人力资源都是企业中最具创造力，也是最活跃的因素。在 21 世纪的企业管理中，人才就是效率，人才就是财富。企业要想凝聚全体员工为实现企业发展战略而不懈奋斗，不仅需要良好的人力资源机制，还需要完善的文化内控管理。

3.1　人力资源引进与开发

人力资源管理的核心理念就是"以人为本"。企业应当健全和实施良好的人力资源管理制度与机制，从而实现人才的持续引进与有效开发，并确保员工能进能出、干部能上能下，让员工在不断成长中，推进企业发展战略的落地。

3.1.1　人力需求分析管理流程

人力资源作为企业的重要组成部分，必须与其他资源有机结合才能共同促进企业健康发展。而在引进与开发人力资源之前，企业首先要做好人力需求分析管理工作。

人力需求分析管理，是企业确定人力资源工作目标和目标实现途径的基础工作，其目的就在于结合企业发展战略，对企业资源状况以及人力资源管理现状进行分析，从而确定人力资源工作的重点和方向，并由此制订出具体的工作方案和计划，以确保企业目标能够顺利实现。

具体而言，人力需求分析管理一般分为 4 个步骤，如图 3.1-1 所示。

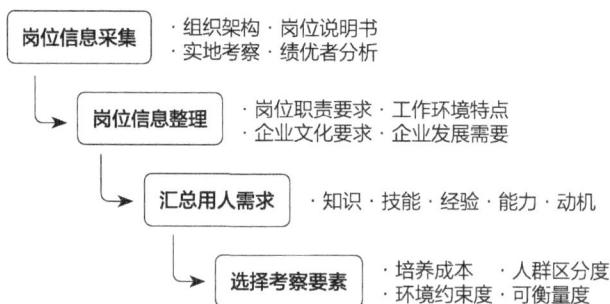

图 3.1-1　人力需求分析管理流程

人力需求分析管理的核心工作就是岗位信息整理，企业应当将所有与岗位相关的信息提炼并整合为 4 个维度的内容。

（1）岗位职责要求，主要是明确岗位的关键产出以及具体的行为要求。

（2）工作环境特点，主要是确定工作压力、工作节奏、工作地点及工作氛围。

（3）企业文化要求，主要是对企业价值观、精神风貌、工作风格的总结。

（4）企业发展需要，主要是对企业实现发展战略所需的发展能力的分解。

具体到招聘、培训等管理工作时，企业则应从流程制定和风险控制两个角度出发，在确保流程规范化的同时，通过控制相关环节的风险，以提高人力资源管理的效率。

3.1.2　招聘管理

针对用人部门提出的用人需求，企业应当严格识别空缺岗位，并确定如何弥补空缺。此时，企业应当遵循优先内部调整、其次业务外包、再次人力外包、最终招聘解决的原则，如图 3.1-2 所示。

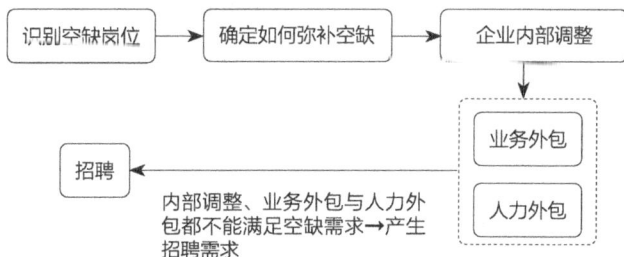

图 3.1-2　从岗位空缺到产生招聘需求

招聘管理是企业人力资源引进与开发的重要工作，其核心目的就是为企业招聘到合适的人才，以满足企业发展对人才的需求。

然而，招聘工作往往意味着高额的招聘成本，此时，企业应当按照"招、选、聘"的主线来确定外部招聘流程，并严格防范招聘工作中的潜在风险。

1. 确定招聘流程

一般而言，外部招聘的流程如图 3.1-3 所示。

外部招聘流程					
用人部门	人力资源部		公司领导		输出文档
用人部门	招聘专员	部门负责人	分管领导	主要领导	输出文档

开始

1 分析、提出用人需求 → 2 审核 → 3 审核 → 1 岗位需求申请表

4 汇总用人需求拟定招聘方案 → 5 审核

6 发布招聘信息

7 收集、筛选简历 → 8 审核

10 参与应聘本部门人员的面试 ← 9 组织笔试、面试 ← 10 参与应聘中层岗位人员的面试 → 9 面试评价表

11 提出录用建议 → 11 提出录用建议

12 拟定录用名单 → 13 审核 → 14 审核 → 15 审核

16 办理聘任手续 → 16 录用通知书

结束

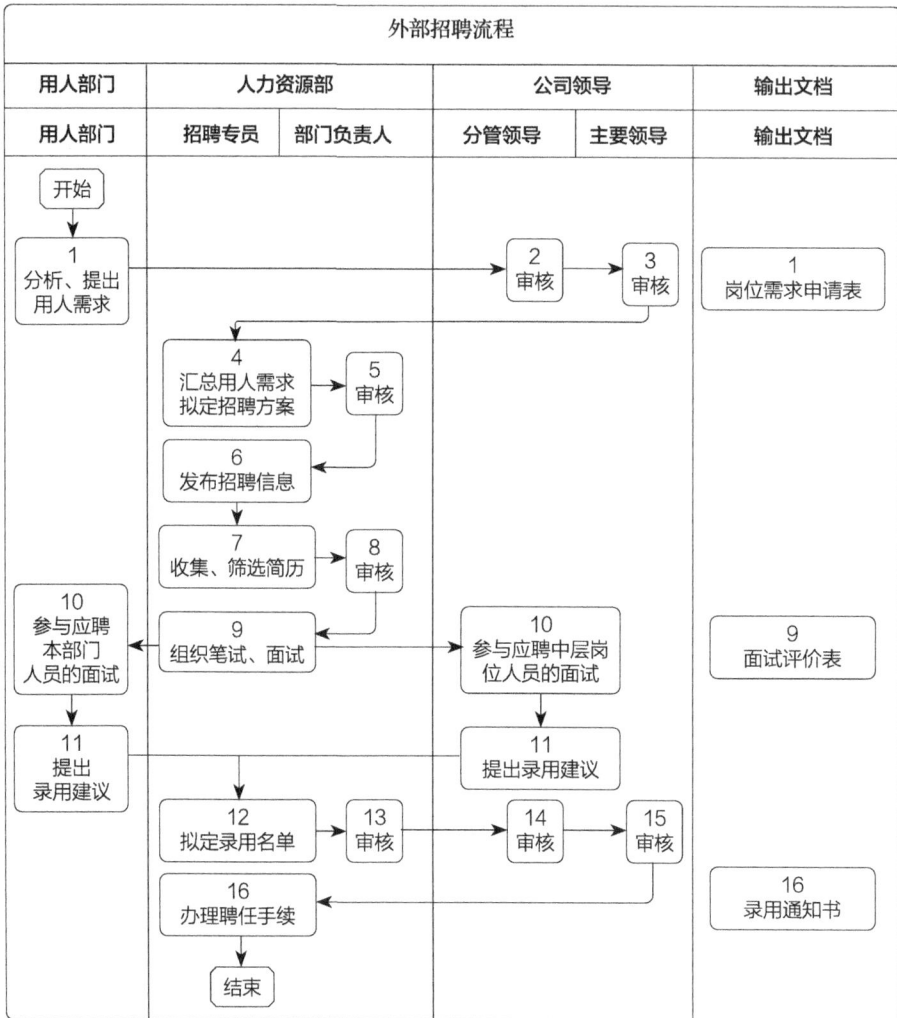

图 3.1-3　外部招聘流程

具体而言，企业需要对招聘流程进行进一步分解，并确定每一流程步骤的责任岗位和主要内容，相关内容如表 3.1-1 所示。

表 3.1-1　招聘管理流程

编号	流程步骤	责任岗位	现有制度和规定	现有流程步骤描述	输出文档
01	分析、提出用人需求	用人部门		流程开始 用人部门分析、提出用人需求	【EF01】岗位需求申请表
02	审核	公司分管领导		公司分管领导对用人部门提出的用人需求进行审核，审核通过后签字确认	
03	审核	公司主要领导		公司主要领导对用人部门提出的用人需求进行审核，审核通过后签字确认	
04	汇总用人需求，拟定招聘方案	人力资源部招聘专员		汇总各部门的用人需求，根据岗位任职要求等拟定招聘方案	
05	审核	人力资源部负责人		人力资源部负责人对拟定的招聘方案进行审核	
06	发布招聘信息	人力资源部招聘专员		通过内、外部多种渠道发布招聘信息，可经由下列方式进行：利用网络招聘平台、刊登报纸广告、与人力中介机构接洽、请高校推荐、参加人才交流会等	
07	收集、筛选简历	人力资源部招聘专员		收到应聘者资料，进行初步筛选。审核其学历、经验是否符合岗位需要，淘汰不合格者	
08	审核	人力资源部负责人		对通过初步筛选的应聘者资料进行审核，进一步优选符合条件的应聘者	
09	组织笔试、面试	人力资源部招聘专员		与用人部门配合，拟定笔试试题，对应聘者进行考核。做好面试的组织准备工作，确定参加面试的考官，并通知应聘者	【EF02】面试评价表
10	参与应聘本部门人员的面试	用人部门、公司分管领导		在人力资源部的协同下，用人部门负责人参加本部门面试，公司分管领导参加分管部门负责人招聘面试，重点考查应聘者的能力素质以及其与岗位的匹配度	

编号	流程步骤	责任岗位	现有制度和规定	现有流程步骤描述	输出文档
11	提出录用建议	用人部门、公司分管领导		根据笔试、面试情况进行综合评价，提出录用建议	
12	拟定录用名单	人力资源部招聘专员		根据用人部门提出的录用建议，拟定录用名单	
13	审核	人力资源部负责人		人力资源部负责人对拟录用名单进行审核，审核通过后签字确认	
14	审核	公司分管领导		公司分管领导对拟录用名单进行审核，审核通过后签字确认	
15	审核	公司主要领导		公司主要领导对拟录用名单进行审核，审核通过后签字确认	
16	办理聘任手续	人力资源部招聘专员		为确定录用的人员办理聘任手续，发送录用通知书	【EF03】录用通知书
			流程结束		

2. 招聘风险控制

招聘管理是企业人力资源引进与开发的重要环节，为了确保招聘管理的高效性，避免招聘到的人员不符合用人部门需求或招聘方案不符合实际需要的风险，企业还要做好招聘管理的风险控制工作，具体内容如表 3.1-2 所示。

表 3.1-2 招聘管理风险控制矩阵

控制目标编号	控制目标具体描述	风险事件编号	主要风险事件描述	控制活动编号	现有控制措施描述	控制方式（手动控制/自动控制）	控制频率	控制实施依据	依据的制度和规定	责任部门	责任岗位
T01	确保招聘工作的规范、有序、有效，招聘到满足公司发展和经营管理需要的人员	R01	用人部门对岗位需求的理解有偏差，导致招聘到的人员与实际需求不匹配	C01	用人部门分析、提出用人需求	手动控制	随时	【EF01】	【AR01】《公司章程》	用人部门	用人部门负责人
				C02	公司分管领导对用人部门提出的用人需求进行审核，审核通过后签字确认	手动控制	随时		【AR01】《公司章程》	总公司	公司分管领导
				C03	公司主要领导对用人部门提出的用人需求进行审核，审核通过后签字确认	手动控制	随时		【AR01】《公司章程》	总公司	公司主要领导
				C04	汇总各部门的用人需求，根据岗位任职要求等拟定招聘方案	手动控制	随时		【AR01】《公司章程》	人力资源部	招聘专员

续表

控制目标编号	控制目标具体描述	风险事件编号	主要风险事件描述	控制活动编号	现有控制措施描述	控制方式（手动控制/自动控制）	控制频率	控制实施依据	依据的制度和规定	责任部门	责任岗位
		R02	招聘方案不符合实际情况，导致招聘不到合适的人员	C05	人力资源部负责人对拟定的招聘方案进行审核	手动控制	随时		【AR01】《公司章程》	人力资源部	部门负责人
				C06	通过内、外部多种渠道发布招聘信息，可经由下列方式进行：利用网络招聘平台、刊登报纸广告、与人力中介机构接洽、请高校推荐、参加人才交流会等	手动控制	随时		【AR01】《公司章程》	人力资源部	招聘专员
				C07	收到应聘者资料，进行初步筛选。审核其学历、经验、岗位需求资格等，淘汰不合格者	手动控制	随时		【AR01】《公司章程》	人力资源部	招聘专员
				C08	对通过初步筛选的应聘者资料进行审核，进一步优选出符合条件的应聘者	手动控制	随时		【AR01】《公司章程》	人力资源部	部门负责人

续表

控制目标编号	控制目标具体描述	风险事件编号	主要风险事件描述	控制活动编号	现有控制措施描述	控制方式（手动控制／自动控制）	控制频率	控制实施依据	依据的制度和规定	责任部门	责任岗位
				C09	与用人部门配合，拟定笔试试题，对应聘者进行考核。做好面试的组织准备工作，确定参加面试的考官，并通知应聘者	手动控制	随时	[EF02]	[AR01]《公司章程》	人力资源部	招聘专员
				C10	在人力资源部的协同下，用人部门负责人参加本部门面试，公司分管领导参加重点岗位招聘者面试，重点考查应聘者的能力素质以及与岗位的匹配度	手动控制	随时		[AR01]《公司章程》	总公司	用人部门负责人、公司分管领导
				C11	根据笔试、面试情况进行综合评价，提出录用建议	手动控制	随时		[AR01]《公司章程》	总公司	用人部门负责人、公司分管领导
				C12	根据用人部门提出的录用建议，拟定录用名单	手动控制	随时		[AR01]《公司章程》	人力资源部	招聘专员

续表

控制目标编号	控制目标具体描述	风险事件编号	主要风险事件描述	控制活动编号	现有控制措施描述	控制方式（手动控制/自动控制）	控制频率	控制实施依据	依据的制度和规定	责任部门	责任岗位
				C13	人力资源部对名单拟录用单进行审核，审核通过后签字确认	手动控制	随时		【AR01】《公司章程》	人力资源部	部门负责人
				C14	公司分管领导对拟录用名单进行审核，审核通过后签字确认	手动控制	随时			总公司	公司分管领导
				C15	公司主要领导对拟录用名单进行审核，审核通过后签字确认	手动控制	随时			总公司	公司主要领导
				C16	为确定录用的人员办理聘任手续，发送录用通知书	手动控制	随时	【EF03】		人力资源部	招聘专员

3.1.3 薪酬管理

薪酬是人力资源成本的主要构成部分，也是激励员工提升价值的重要手段。企业应当建立完善的薪酬管理制度，确保薪酬管理规范、合理。

1. 薪酬管理流程

一般而言，薪酬管理的流程如图 3.1-4 所示。

二级公司		人力资源部		总公司			输出文档
人事部门	公司负责人	薪酬专员	部门负责人	薪酬管理小组	绩效与薪酬管理委员会	总经理办公会	输出文档

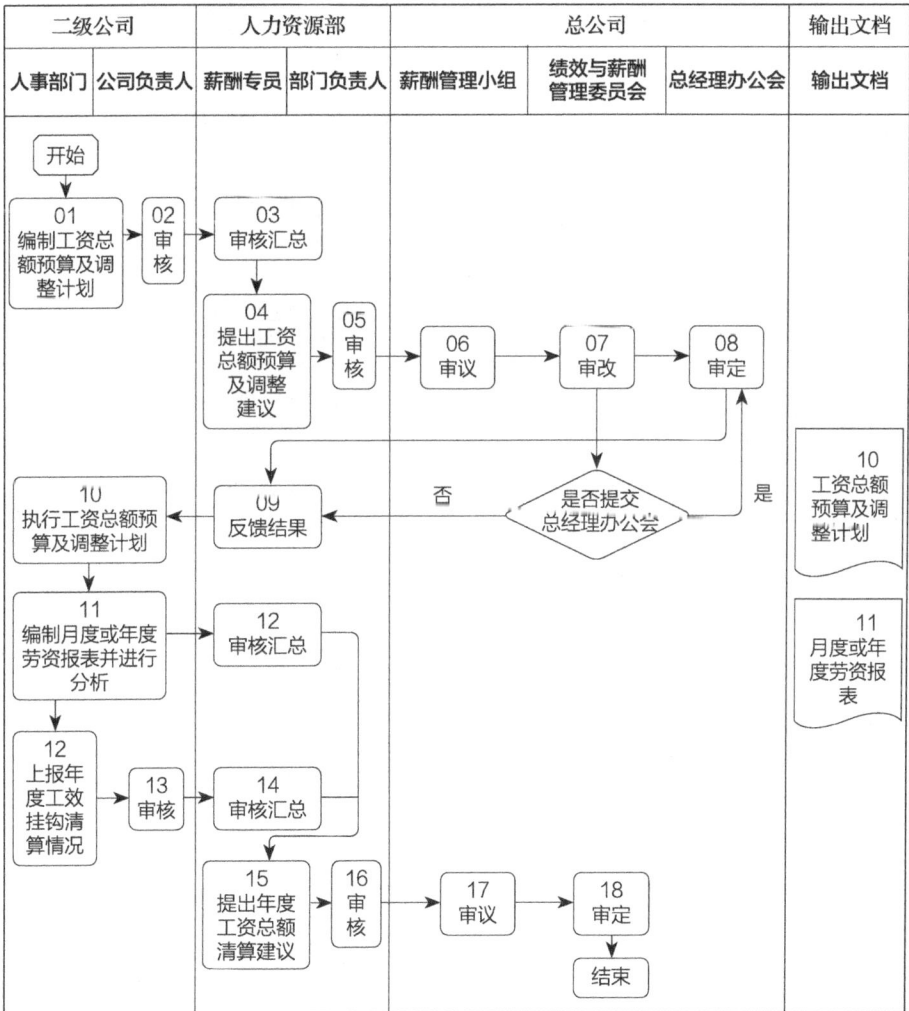

图 3.1-4　薪酬管理流程

　　具体来说，企业同样需要对薪酬管理流程进行进一步分解，并确定每一流程步骤的责任岗位和主要内容。表 3.1-3 所示是某集团公司的薪酬管理流程。

表 3.1-3　某集团公司的薪酬管理流程

编号	流程步骤	责任岗位	现有制度和规定	现有流程步骤描述	输出文档
01	编制工资总额预算及调整计划	各二级公司人事部门	【AR01】《公司章程》	流程开始根据总公司工资总额管理办法，编制工资总额预算及调整计划	
02	审核	各二级公司企业负责人		对工资总额预算及调整计划进行审核，并上报总公司审批	
03	审核汇总	薪酬专员		对工资总额预算及调整计划审批结果做审核汇总	
04	提出工资总额预算及调整建议	薪酬专员		对各二级公司上报的工资总额预算及调整计划进行审核，并提出工资总额预算及调整建议	
05	审核	人力资源部负责人		对工资总额预算及调整建议进行审核，并提出意见	
06	审议	薪酬管理小组		对工资总额预算及调整建议进行审议，并提出意见	
07	审改	绩效与薪酬管理委员会		对工资总额预算及调整建议进行审改，并提出意见	
08	审定	总经理办公会		对工资总额预算及调整建议进行审定	
09	反馈结果	薪酬专员		根据总经理办公会审定的工资总额预算及调整建议，下达工资总额预算及调整计划	【EF01】工资总额预算及调整计划
10	执行	各二级公司人事部门		根据下达的工资总额预算及调整计划，合理安排并发放各职工的工资	
11	编制报表	各二级公司人事部门		根据工资发放情况，编制月度或年度劳资报表，并对劳资管理运行情况进行分析	【EF02】月度及年度劳资报表

编号	流程步骤	责任岗位	现有制度和规定	现有流程步骤描述	输出文档
12	审核汇总	薪酬专员		对各二级公司上报的劳资报表进行汇总，并编制全公司劳资报表并作报表分析	
	工效挂钩清算	各二级公司人事部门		根据工资发放情况及年度业绩考核结果，上报年度工效挂钩清算情况	
13	审核	各二级公司负责人		对公司年度工效挂钩清算情况进行审核后上报总公司	
14	审核汇总	薪酬专员		对各二级公司年度工效挂钩清算情况进行审核汇总	
15	提出年度工资总额清算建议	薪酬专员		根据工资总额的来源规模，提出年度工资总额清算建议	
16	审核	人力资源部负责人		对年度工资总额清算建议进行审核，并提出意见	
17	审议	薪酬管理小组		对年度工资总额清算建议进行审议，并进一步提出意见	
18	审定	绩效与薪酬管理委员会		将年度工资总额清算建议提交总经理办公会审定后，下达工资总额清算通知	
流程结束					

2. 薪酬管理风险控制

对于薪酬管理过程中可能出现的各类风险事件，企业同样要做好风险控制工作，尤其要避免超来源制订薪酬计划，或超计划发放薪酬的风险。表 3.1-4 所示是某集团公司薪酬管理的风险控制矩阵。

表 3.1-4 某集团公司薪酬管理的风险控制矩阵

控制目标编号	控制目标具体描述	风险事件编号	主要风险事件描述	控制活动编号	现有控制措施描述	控制方式（手动控制/自动控制）	控制频率	控制实施依据	依据的制度和规定	责任部门	责任岗位
T01	编制规范、合理的工资总额预算及调整计划，并严格按计划发放工资	R01	未按制度规定测算工资总额的来源，导致错误来源制订工资总额计划	C01	根据公司管理和业务发展需要，编制工资总额预算及调整计划，并由二级公司负责人对此进行审核	手动控制	随时		AR01《公司章程》	二级公司	公司负责人
				C02	对各二级公司上报的工资总额预算及调整建议进行审核汇总，并提出工资总额预算及调整建议	手动控制	随时		AR01《公司章程》	人力资源部	薪酬专员
				C03	对工资总额预算及调整建议进行审核，并提出意见	手动控制	随时		AR01《公司章程》	人力资源部	部门负责人
				C04	薪酬管理小组对工资总额预算及调整建议进行审议，并提出意见	手动控制	随时		AR01《公司章程》	总公司	薪酬管理小组
				C05	对工资总额预算及调整建议进行审议，并提出意见	手动控制	随时		AR01《公司章程》	总公司	绩效与薪酬管理委员会
				C06	将审核意见提交到总办公会，总经理办公会对工资总额预算及调整建议进行审定	手动控制	随时		AR01《公司章程》	总公司	总经理办公会

续表

控制目标编号	控制目标具体描述	风险事件编号	主要风险事件描述	控制活动编号	现有控制措施描述	控制方式（手动控制/自动控制）	控制频率	控制实施依据	依据的制度和规定	责任部门	责任岗位
				C07	根据总经理办公会审定的工资总额预算及调整建议，下达工资总额预算及调整计划	手动控制	随时	【EF01】	AR01《公司章程》	人力资源部	薪酬专员
				C08	根据下达的工资总额预算及调整计划，合理安排并发放各职工资	手动控制	随时		AR01《公司章程》	二级公司	人事部门
				C09	根据工资发放情况，编制月度或年度劳资报表，并对劳资管理运行情况进行分析	手动控制	随时	【EF02】	AR01《公司章程》	二级公司	人事部门
		R02	由于二级公司未严格执行工资总额预算及调整计划，导号致超计划发放工资	C10	对各二级公司上报的劳资报表进行汇总，并编制公司劳资报表并作报表分析	手动控制	随时		AR01《公司章程》	人力资源部	薪酬专员
				C11	根据工资发放情况及年度工效绩效考核结果，上报年度工效挂钩清算情况	手动控制	随时		AR01《公司章程》	二级公司	人事部门
				C12	对公司年度工效挂钩清算情况进行审核后上报总公司	手动控制	随时		AR01《公司章程》	二级公司	公司负责人

续表

控制目标编号	控制目标具体描述	风险事件编号	主要风险事件描述	控制活动编号	现有控制措施描述	控制方式（手动控制/自动控制）	控制频率	控制实施依据	依据的制度和规定	责任部门	责任岗位
				C13	对各二级公司年度工效挂钩清算情况进行审核汇总	手动控制	随时		AR01《公司章程》	人力资源部	薪酬专员
				C14	根据工资总额的来源规模，提出年度工资总额清算建议	手动控制	随时		AR01《公司章程》	人力资源部	薪酬专员
				C15	对年度工资总额清算进行审核，并提出意见	手动控制	随时		AR01《公司章程》	人力资源部负责人	人力资源部负责人
				C16	对年度工资总额清算建议进行审议，并进一步提出意见	手动控制	随时		AR01《公司章程》	总公司	薪酬管理小组
				C17	将年度工资总额清算建议提交总经理办公会审定后，下达工资总额清算通知	手动控制	随时		AR01《公司章程》	绩效与薪酬管理委员会	绩效与薪酬管理委员会成员

3.1.4　员工培训

人才的素质并非一成不变的，需要在培训中得到定向成长，这也是企业提升发展能力的必然要求。如果员工的素质始终停留在最初的层次，那企业的可持续发展也将成为空谈。

1. 员工培训的管理流程

有效的员工培训管理，需要企业编制出合理的培训计划。培训计划编制流程如图 3.1-5 所示。

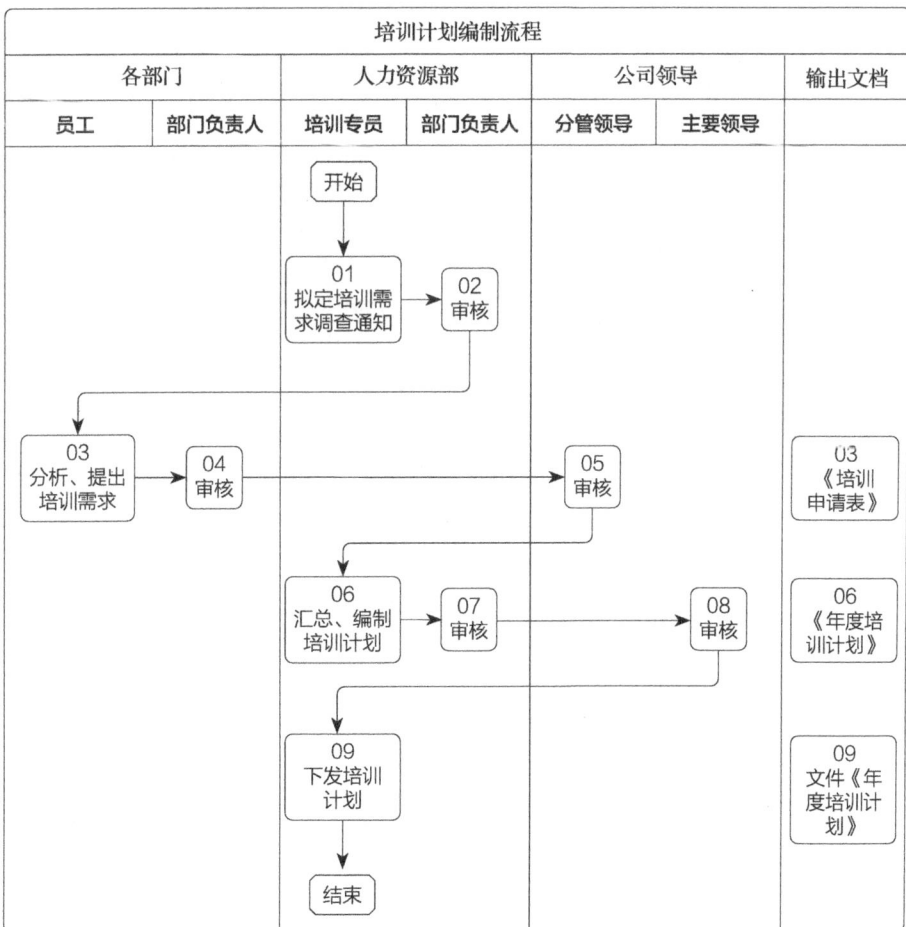

培训计划编制流程						
各部门		人力资源部		公司领导		输出文档
员工	部门负责人	培训专员	部门负责人	分管领导	主要领导	

图 3.1-5　培训计划编制流程

具体而言，培训计划的编制流程如表 3.1-5 所示。

表 3.1-5　培训计划的编制流程

编号	流程步骤	责任岗位	现有制度和规定	现有流程步骤描述	输出文档
01	拟定培训需求调查通知	人力资源部培训专员		流程开始 人力资源部培训专员根据培训计划编制需要，拟定培训需求调查通知	
02	审核	人力资源部负责人		人力资源部负责人对培训需求调查通知进行审核确认后下发	
03	分析、提出培训需求	公司各部门		各部门根据部门工作需要和人员能力素质特点，提出培训需求，并填写培训申请表	【EF01】培训申请表
04	审核	公司各部门负责人		各部门负责人对本部门培训需求计划进行审核签字	
05	审核	分管领导		各部门分管领导对培训需求计划进行审核签字	
06	汇总、编制培训计划	人力资源部培训专员		人力资源部培训专员汇总各部门的培训需求计划，并根据公司经营管理实际情况编制年度培训计划	【EF02】年度培训计划
07	审核	人力资源部负责人		人力资源部负责人对年度培训计划进行审核	
08	审核	公司主要领导		公司主要领导对年度培训计划进行审核签字	
09	下达培训计划	人力资源部培训专员		正式下达年度培训计划	
流程结束					

2. 培训管理风险控制

如果企业未能充分了解员工和企业发展的培训需求，培训计划就难以发挥预期的效用。因此，企业还需做好培训管理中的风险控制工作，具体内容如表 3.1-6 所示。

表 3.1-6 员工培训的风险控制矩阵

控制目标编号	控制目标具体描述	风险事件编号	主要风险事件描述	控制活动编号	现有控制措施描述	控制方式（手动控制/自动控制）	控制频率	控制实施依据	依据的制度和规定	责任部门	责任岗位
T01	编制符合企业发展、业务管理以及员工个人发展需要的培训计划	R01	没有充分了解培训需求，导致培训计划不符合企业及员工需要	C01	人力资源部培训管理专员根据培训计划编制需要，拟定培训需求调查通知	手动控制	随时		【AR01】《公司章程》	人力资源部	培训管理专员
				C02	人力资源部及责人对培训需求调查通知审核确认后下发	手动控制	随时		【AR01】《公司章程》	人力资源部	部门负责人
				C03	各部门根据部门工作需要和人员能力素质特点，提出培训需求，并填写培训申请表	手动控制	随时	【EF01】	【AR01】《公司章程》	各部门	部门员工
				C04	各部门负责人对本部门培训需求计划进行审核签字	手动控制	随时		【AR01】《公司章程》	各部门	部门负责人
				C05	各部门分管领导对培训需求计划进行审核签字	手动控制	随时		【AR01】《公司章程》	总公司	分管领导

续表

控制目标编号	控制目标具体描述	风险事件编号	主要风险事件描述	控制活动编号	现有控制措施描述	控制方式（手动控制/自动控制）	控制频率	控制实施依据	依据的制度和规定	责任部门	责任岗位
				C06	人力资源部培训管理专员汇总各部门的培训需求计划，并根据公司经营管理实际情况编制年度培训计划	手动控制	随时	【EF02】	【AR01】《公司章程》	人力资源部	培训管理专员
				C07	人力源部负责人对年度培训计划进行审核	手动控制	随时		【AR01】《公司章程》	人力资源部	部门负责人
				C08	公司主要领导对年度培训计划进行审核签字	手动控制	随时		【AR01】《公司章程》	总公司	主要领导
				C09	正式下达年度培训计划	手动控制	随时		【AR01】《公司章程》	人力资源部	人力资源部管理专员

3.1.5 岗位管理

组织架构管理的一项重要内容就是岗位管理。只有通过不断对企业战略进行分解，并将其落实到各个岗位的职责当中，企业各岗位员工才能协力推进企业发展战略的实现。这就是岗位管理的核心工作，即合理的岗位设置。

1. 岗位的设置流程

岗位设置需要严谨的考量以及完善的流程。一般而言，岗位设置流程如图3.1-6 所示。

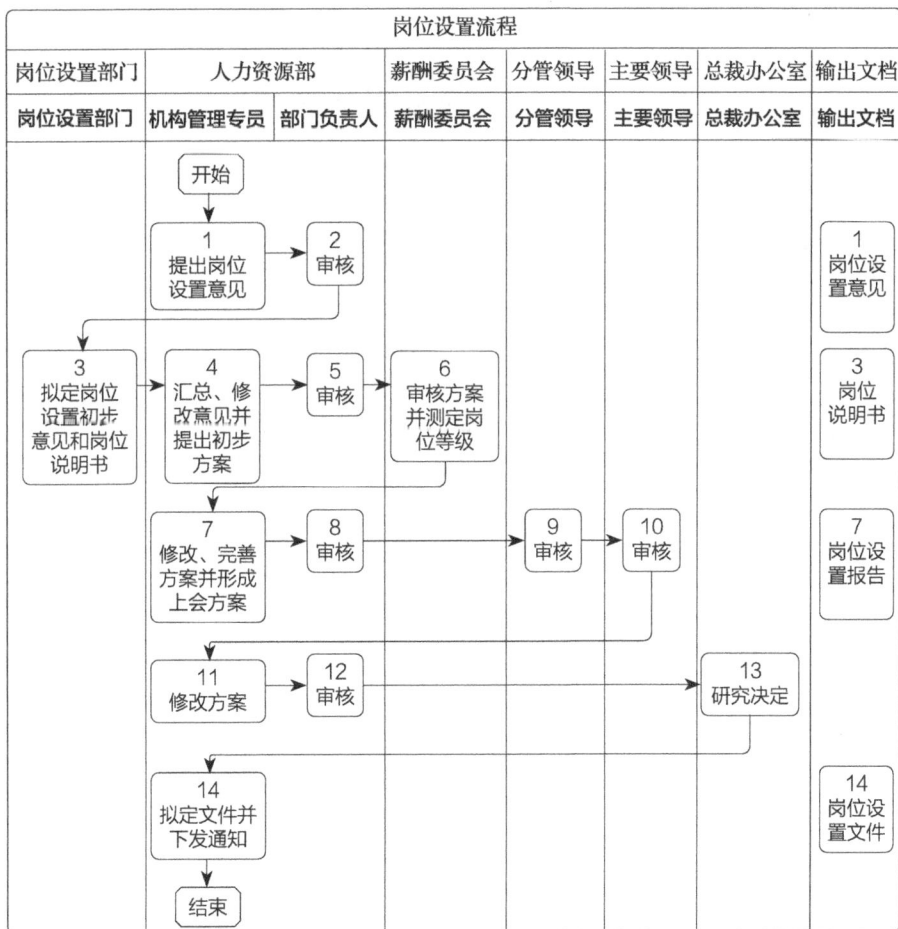

图 3.1-6 岗位设置流程

具体来说，岗位的设置流程如表 3.1-7 所示。

表 3.1-7　岗位的设置流程

编号	流程步骤	责任岗位	现有制度和规定	现有流程步骤描述	输出文档
01	提出岗位设置意见	人力资源部机构管理专员	【AR01】《公司章程》	流程开始 人力资源部机构管理专员根据公司管理和业务发展需要，提出岗位设置意见	【EF01】岗位设置意见
02	审核	人力资源部负责人		人力资源部负责人对岗位设置意见进行审核，重点审核岗位设置与工作需求、实际情况的一致性	
03	拟定岗位设置初步意见和岗位说明书	岗位设置部门		岗位设置部门拟定岗位设置初步意见，并根据日常工作内容编制岗位说明书	【EF02】岗位说明书
04	汇总、修改意见并提出初步方案	人力资源部机构管理专员		人力资源部机构管理专员汇总各部门的岗位设置意见，并提出岗位设置初步方案	
05	审核	人力资源部负责人		人力资源部负责人对岗位设置初步方案进行审核	
06	审核方案并测定岗位等级	薪酬委员会		薪酬委员会召开会议，根据岗位工作的难易、复杂程度及对人员的要求等情况，对拟设置岗位部门进行测评，并确定岗位等级	

编号	流程步骤	责任岗位	现有制度和规定	现有流程步骤描述	输出文档
07	修改、完善方案并形成上会方案	人力资源部机构管理专员		人力资源部机构管理专员根据薪酬委员会的研究情况，进一步修改、完善方案，并形成上会方案，同时准备好上会材料	【EF03】《岗位设置报告》
08	审核	人力资源部负责人		对上会方案和材料进行审核，确保准确无误	
09	审核	公司分管领导		公司分管领导对上会方案和材料进行审核	
10	审核	公司主要领导		公司主要领导对上会方案和材料进行审核，必要时与其他成员进行沟通	
11	修改方案	人力资源部机构管理专员		根据公司领导沟通与审核的情况，再对方案进行修改、完善	
12	审核	人力资源部负责人		再次对方案进行审核	
13	研究决定	总裁办公室		召开会议，集体讨论、研究并决定岗位设置方案	
14	拟定文件并下发通知	人力资源部机构管理专员		根据会议决定，拟定岗位设置文件，并正式下发	【EF04】岗位设置文件
流程结束					

2. 岗位管理的风险控制

如果岗位调研不够充分，企业的岗位设置就可能不符合企业的职能需要，进而就会影响到企业发展战略的实现。因此，企业同样要做好岗位管理的风险控制工作，具体内容如表 3.1-8 所示。

表3.1-8 岗位管理的风险控制矩阵

控制目标编号	控制目标具体描述	风险事件编号	主要风险事件描述	控制活动编号	现有控制措施描述	控制方式（手动控制/自动控制）	控制频率	控制实施依据	依据的制度和规定	责任部门	责任岗位
T01	合理设置符合企业职能需要的岗位	R.01	调研不充分，导致设置岗位不符合企业职能需要	C01	人力资源部机构管理专员根据人员发展需要，提出岗位设置意见	手动控制	随时	[EF01]	[AR01]《公司章程》	人力资源部	机构管理专员
				C02	人力资源部负责人对岗位置意见进行审核，重点审核岗位设置工作与实际情况的一致性	手动控制	随时	[EF02]		人力资源部	人力资源部负责人
				C03	岗位设置部门拟定岗位设置初步意见，并根据日常工作内容，编制岗位说明书	手动控制	随时		[AR01]《公司章程》	总公司	岗位设置部门
				C04	人力资源部机构管理专员汇总各部门的岗位设置人员，提出岗位设置初步方案	手动控制	随时		[AR01]《公司章程》	人力资源部	机构管理专员
				C05	人力资源部负责人对岗位设置初步方案进行审核	手动控制	随时		[AR01]《公司章程》	人力资源部	部门负责人
				C06	薪酬委员会召开会议，根据岗位工作的难易、复杂程度及对人员的要求等程度情况，对拟设置岗位进行测评，并确定岗位等级	手动控制	随时		[AR01]《公司章程》	总公司	薪酬委员会

续表

控制目标编号	控制目标具体描述	风险事件编号	主要风险事件描述	控制活动编号	现有控制措施描述	控制方式（手动控制/自动控制）	控制频率	控制实施依据	依据的制度和规定	责任部门	责任岗位
				C07	人力资源部机构管理专员根据薪酬委员会研究情况，进一步修改完善，形成上会方案，准备好上会材料	手动控制	随时	【EF03】	【AR01】《公司章程》	人力资源部	机构管理专员
				C08	对上会方案和材料进行审核，确保准确无误	手动控制	随时		【AR01】《公司章程》	人力资源部	部门负责人
				C09	公司分管领导对上会方案和材料进行审核	手动控制	随时		【AR01】《公司章程》	总公司	分管领导
				C10	公司主要领导对上会方案和材料进行审核，必要时与其他成员进行沟通	手动控制	随时		【AR01】《公司章程》	总公司	主要领导
				C11	根据公司领导沟通与审核的情况，再对方案进行修改、完善	手动控制	随时		【AR01】《公司章程》	人力资源部	机构管理专员
				C12	再次对方案进行审核	手动控制	随时		【AR01】《公司章程》	人力资源部	部门负责人
				C13	召开会议，集体讨论、研究并确定岗位设置方案	手动控制	随时		【AR01】《公司章程》	总公司	总裁办公室
				C14	根据会议决定，拟定岗位设置文件，并正式下发	手动控制	随时	【EF04】	【AR01】《公司章程》	人力资源部	机构管理专员

3.2　人力资源的使用与退出

人力资源的使用与退出，是人力资源管理的重要组成部分。良好的人力资源使用机制可以促使员工保持活力、持续成长，从而使人力资源符合企业发展目标；理性的人力资源退出机制则能借助激励约束机制，促使企业人力资源进行良性循环。

3.2.1　绩效考核与管理

良好的人力资源使用机制离不开科学的绩效考核与管理体系。这套体系不仅是考核与评价全体企业员工的标准，也是调整员工薪酬、职级乃至解除合同的依据。

1. 绩效考核管理流程

绩效考核管理需要考虑到岗位职责、分配激励、业绩目标等多个要素，且关乎绩效改善、薪酬分配、企业发展等多个环节。企业需要制定完善的绩效考核管理流程，如图 3.2-1 所示。

员工绩效考核管理流程						
各部门		人力资源部		总公司		输出文档
员工	负责人	薪酬专员	部门负责人	薪酬管理小组	绩效与薪酬管理委员会	输出文档

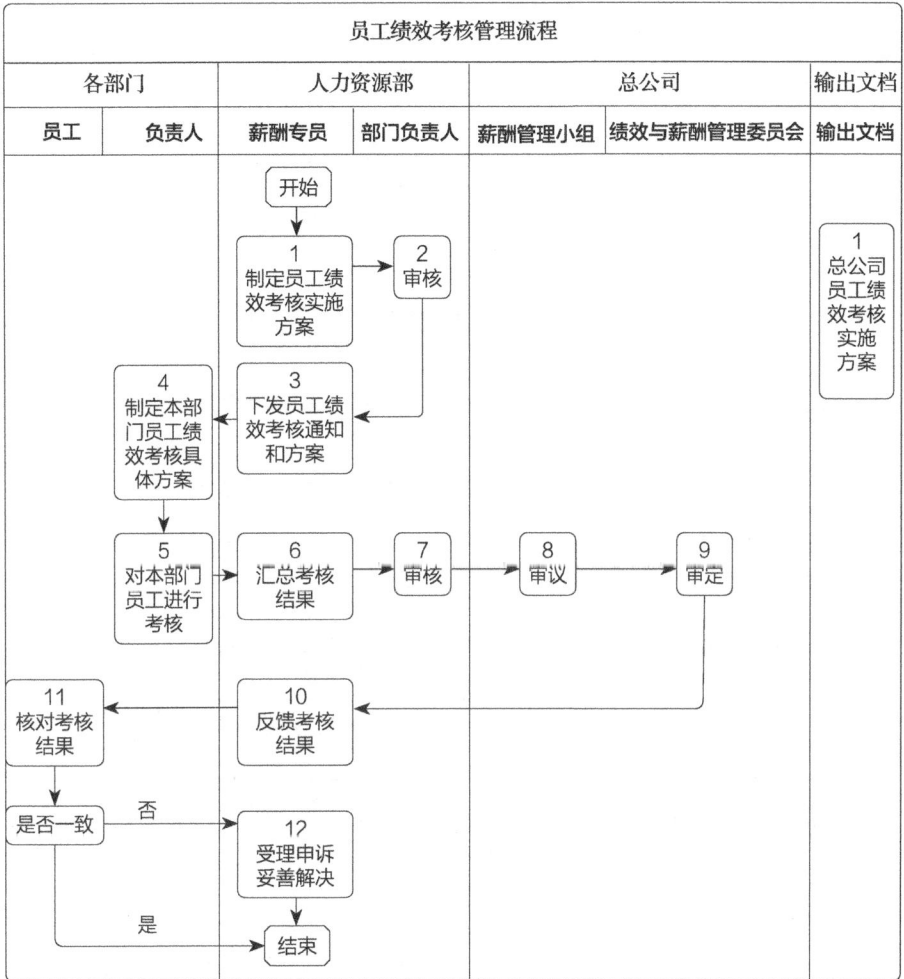

图 3.2-1　绩效考核管理流程

具体而言，绩效考核的管理流程的主要内容如表 3.2-1 所示。

表 3.2-1　绩效考核的管理流程

编号	流程步骤	责任岗位	现有制度和规定	现有流程步骤描述	输出文档
01	制定方案	薪酬专员	【AR01】《公司章程》	流程开始 根据总公司员工绩效考核管理实施办法，制定总公司员工绩效考核实施方案	【EF01】总公司员工绩效考核实施方案

编号	流程步骤	责任岗位	现有制度和规定	现有流程步骤描述	输出文档
02	审核	人力资源部负责人		对总公司员工绩效考核实施方案进行审核，并提出意见	
03	下发通知和方案	薪酬专员		根据总公司员工绩效考核实施方案，下发员工年度绩效考核通知和方案	
04	制定方案	各部门负责人		根据年度绩效考核通知，制定本部门员工绩效考核具体方案	
05	考核	各部门负责人		组织对本部门员工进行年度绩效考核，并提出考核建议	
06	汇总考核结果	薪酬专员		对各部门员工年度绩效考核结果和考核建议进行汇总	
07	审核	人力资源部负责人		对汇总的各部门员工年度绩效考核结果进行审核，并提出意见	
08	审议	薪酬管理小组		对各部门员工年度绩效考核结果进行审议，并提出意见	
09	审定	绩效与薪酬管理委员会		对各部门员工年度绩效考核结果进行审定	
10	反馈考核结果	薪酬专员		反馈各部门员工年度绩效考核结果	
11	核对考核结果	各部门员工		员工核对本人年度绩效考核结果	
12	受理申诉	薪酬专员		员工对本人年度绩效考核结果提出异议的，薪酬专员需配合各部门进行妥善解决	
流程结束					

2. 绩效考核管理风险控制

如果绩效考核管理的实施方案不合理，则可能导致员工绩效考核结果与实际情况不符，这将直接影响到绩效考核管理的效用，使员工难以认可绩效管理方案，企业发展也将受到影响。因此，企业必须做好绩效考核管理的风险控制工作，具体内容如表 3.2-2 所示。

表 3.2-2　绩效考核管理的风险控制矩阵

控制目标编号	控制目标具体描述	风险事件编号	主要风险事件描述	控制活动编号	现有控制措施描述	控制方式（手动控制/自动控制）	控制频率	控制实施依据	依据的制度和规定	责任部门	责任岗位
T01	确保总公司员工绩效考核管理的规范性和合理性	R01	实施方案不合理，导致员工绩效考核结果与实际情况不符	C01	根据总公司员工绩效考核管理实施办法，制定总公司员工绩效考核实施方案	手动控制	随时	【EF01】	【AR01】《公司章程》	人力资源部	薪酬专员
				C02	对公司员工绩效考核实施方案进行审核，并提出意见	手动控制	随时		【AR01】《公司章程》	人力资源部	部门负责人
				C03	根据公司员工绩效考核实施方案，下发员工年度绩效考核通知	手动控制	随时		【AR01】《公司章程》	人力资源部	薪酬专员
				C04	根据年度绩效考核通知，制定本部门员工绩效考核具体方案	手动控制	随时		【AR01】《公司章程》	各部门	部门负责人
				C05	组织对本部门员工进行年度绩效考核，并提出考核建议	手动控制	随时		【AR01】《公司章程》	各部门	部门负责人
				C06	对各部门员工年度绩效考核结果和考核进行汇总	手动控制	随时		【AR01】《公司章程》	人力资源部	薪酬专员

续表

控制目标编号	控制目标具体描述	风险事件编号	主要风险事件描述	控制活动编号	现有控制措施描述	控制方式（手动控制/自动控制）	控制频率	控制实施依据	依据的制度和规定	责任部门	责任岗位
				C07	对汇总的各部门员工年度绩效考核结果进行审核，并提出意见	手动控制	随时		【AR01】《公司章程》	人力资源部	部门负责人
				C08	对各部门员工年度绩效考核结果进行审议，并提出意见	手动控制	随时		【AR01】《公司章程》	薪酬管理小组	薪酬管理小组
				C09	对各部门员工年度绩效考核结果进行审定	手动控制	随时		【AR01】《公司章程》	绩效薪酬管理委员会	绩效薪酬管理委员会
				C10	反馈各部门员工年度绩效考核结果最终结果	手动控制	随时		【AR01】《公司章程》	人力资源部	薪酬专员
				C11	员工核对本人年度绩效考核结果	手动控制	随时		【AR01】《公司章程》	各部门	员工
				C12	员工对本人年度绩效考核结果提出异议的，薪酬专员需配合各部门进行安善解决	手动控制	随时		【AR01】《公司章程》	人力资源部	薪酬专员

3.2.2　人力资源的退出管理

在企业的长期发展过程中，企业员工有进入就有退出。只进不出的人力资源管理体系必然造成企业人力资源过剩，进而影响企业的有效运行。

建立企业人力资源的退出管理机制，是实现企业发展战略的必然要求，同时也可以保证企业人力资源的高效率。

人力资源的退出管理主要是为了让不适合企业发展的员工直接或间接地退出，从而实现人力资源的优化配置，其实现方式主要包括：自愿离职、再次创业、待命停职、提前退休、离岗转岗等。

但在实践过程中，关于人力资源的退出管理，企业必须要做好 3 个方面的工作。

（1）创造人力资源退出文化，使员工理解并支持"能上能下、能进能出"的人力资源管理文化。

（2）以科学的绩效考核管理为前提，确保人力资源退出管理机制的程序化和公开化，弱化人力资源退出可能造成的负面影响。

（3）遵守相关法律法规，尤其是《中华人民共和国劳动法》的相关规定，做好相关记录，并按规给予退出员工相应的补偿。

3.3　如何打造优秀的企业文化

企业文化是企业在生产经营实践中逐步形成的、为整体团队所认同并遵守的价值观、经营理念和企业精神，以及在此基础上形成的行为规范的总称。很多企业将企业文化的打造看作是"务虚"的过程，但其实企业文化是推动企业实务发展的重要力量。

3.3.1 企业文化指引

《企业内部控制应用指引第 5 号——企业文化》共 3 章 11 条，部分要点如下。

（1）本指引所称企业文化，是指企业在生产经营实践中逐步形成的、为整体团队所认同并遵守的价值观、经营理念和企业精神，以及在此基础上形成的行为规范的总称。

（2）加强企业文化建设至少应当关注下列风险。

①缺乏积极向上的企业文化，可能导致员工丧失对企业的信心和认同感，企业缺乏凝聚力和竞争力。

②缺乏开拓创新、团队协作和风险意识，可能导致企业发展目标难以实现，影响可持续发展。

③缺乏诚实守信的经营理念，可能导致舞弊事件的发生，造成企业损失，影响企业信誉。

④忽视企业间的文化差异和理念冲突，可能导致并购重组损失。

（3）企业应当培育体现企业特色的发展愿景、积极向上的价值观、诚实守信的经营理念、履行社会责任和开拓创新的企业精神，以及团队协作和风险防范意识。

（4）企业应当建立企业文化评估制度，明确评估的内容、程序和方法，落实评估责任制，避免企业文化建设流于形式。

案例：各大企业的企业文化

1. 腾讯的企业文化

愿景：用户为本、科技向善。

使命：通过互联网服务提升人类生活品质。

价值观：正直、进取、协作、创造。

企业精神：锐意进取，追求卓越。

经营理念：一切以用户价值为依归，发展安全、健康的活跃平台。

管理理念：关心员工成长、强化执行能力、追求高效和谐、平衡激励约束。

2. 联想集团企业文化建设

联想企业文化建设的认识论：企业文化是联想保持长远发展的根基。

联想创办于 1984 年 11 月，有两个"屋顶图"模型，一个是关于联想如何预算的"屋顶图"，另一个是关于联想如何认识企业管理和企业发展的"屋顶图"。

联想把管理看作一间房子，并将其分成 3 个部分。一是屋顶，指的是运营层面的管理，即产品的研发、生产、销售等价值链的各个环节。人们常说的企业核心竞争力，一般是指这个部分的价值链中的某个环节的竞争力。二是围墙，指的是流程管理，联想把企业运营中的一部分流程进行了规范化、科学化处理，形成了物流、信息流和资金流管理。三是地基，指的是企业的运行机制、文化建设等更深层次的内容。

联想员工把"诚信"看得最为重要——"宁可丧失金钱，决不丧失信誉"。

1990 年，在联想的——《联想集团管理大纲》里，联想明确提出：把"创造先进的管理模式和先进的企业文化"作为联想集团的发展目标之一。经过多年的发展和摸索，联想已经形成了一个"以人为本"的联想文化体系。联想的使命、愿景和核心价值观构成了联想文化的核心内容。

联想的使命可以概括为"四为"：为客户、为股东、为社会、为员工。

联想的愿景一是"高科技的联想"，二是"服务的联想"，三是"国际化的联想"。

核心价值观：服务客户、精准求实、诚信共享、创业创新。

1. 企业文化在促进企业实现发展战略中的重要作用

（1）企业文化建设可以为企业提供精神支柱。企业要在市场竞争中取胜，并保持可持续健康发展，就需要具备顽强拼搏、不懈奋斗的精神。有了这种现代企业精神，企业才能将高级管理人员和其他员工的心紧紧连在一起，从而使全体员工为企业创造最大价值，并帮助企业抓住发展机遇，实现跨越式发展。这种现代企业精神集中体现为企业文化。从这个意义上讲，建设企业文化可以为企业提供精神支柱。

（2）企业文化建设可以提升企业的核心竞争力。企业的核心竞争力具有不可交易和不可模仿的独特优势，其特征为：有良好市场前景的关键技术，真实稳健的财务状况，内外一致的企业形象，真实诚信的服务态度，团结协作的团队精神，以客户为中心的经营理念，善待员工、鼓励员工开拓创新的激励机制等，而这些特征蕴含着企业文化。例如我国著名老字号——北京同仁堂，之所以历经300多年而不衰，不可否认的是其拥有"核心技术"，但同样重要的原因在于历代同仁堂人前赴后继、不懈追求，始终恪守"炮制虽繁必不敢省人工，品味虽贵必不敢减物力""修合无人见，存心有天知"的古训。这说明企业文化建设对于提升核心竞争力至关重要。

（3）企业文化建设可以为内部控制有效性提供有力保证。如果没有优秀的企业文化，就不能使高级管理人员和其他员工的思想和意志达成一致，就不能激发其潜力和热情，就不能培育其对企业的认同感，就不能使其形成卓越的执行力。从这个意义上讲，为了真正发挥内部控制在强化企业管理、提升企业经营管理效率和效果、促进企业实现发展战略中的重要作用，企业应当重视和加强企业文化建设，致力于打造优秀的企业文化。

2. 如何打造优秀的企业文化

（1）要注重塑造企业核心价值观。核心价值观和理念是一个企业的文化核心，反映出一个企业的行为和价值取向。企业文化建设始于核心价值观的精心塑造，终于核心价值观的维护、延续和创新。为此，要着力挖掘自身文化、博采众长并利用已形成的核心价值观指导企业的实际行动。

（2）要重点打造以主业为核心的企业品牌。企业应当将核心价值观贯穿于自主创新、产品质量、生产安全、市场营销、售后服务等方面的文化建设中，着力打造源于主业且能够让消费者认可、能在国内外市场上彰显强大竞争优势的主业品牌。

（3）要充分体现以人为本的理念。企业要在企业文化建设过程中坚持树立以人为本的思想；坚持全心全意依靠全体员工办企业的方针，尊重劳动、尊重知识、尊重人才、尊重创造；坚持用美好的愿景鼓舞人，用宏伟的事业凝聚人，用科学的机制激励人，用优美的环境熏陶人；努力使全体员工认同企业的核心理念，从而形成上下同心、共谋发展的良好氛围。

（4）要强化企业文化建设中的领导责任。企业主要负责人应当站在促进企业实现长远发展的战略高度重视企业文化建设，切实履行第一责任人的职责，对企业文化建设进行系统的思考，出思想、谋思路、定对策，确定本企业文化建设的目标和内容，提出正确的经营管理理念。企业文化建设的领导体制要与现代企业制度和法人治理结构相适应。

3. 如何解决并购重组中的文化整合问题

一是要在组织架构设计环节考虑文化整合因素。要以统一的企业精神、核心理念、价值观念和企业标识规范集团文化，保持集团内部文化的统一性，增强集团的凝聚力、向心力，树立集团的整体形象。同时允许下属企业在统一性的指导下培育和创造特色文化，为下属企业留有展示个性的空间。二是要在并购交易完成后的企业运行中，进行深度的文化整合。一是以并购方的文化为主体进行整合；二是以并购方的文化为主体、吸收被并购方文化中优秀的一面来进行整合；三是以并购双方的文化为基础创建全新的优秀文化。

4. 如何实现企业文化创新

（1）要着力构建企业文化评估体系。关注点：①董事、监事、经理和其他高级管理人员在企业文化建设中的责任履行情况；②全体员工对企业核心价值观的认同感；③企业经营管理行为与企业文化的一致性；④企业品牌的社会影响力；⑤参与企业并购重组各方文化的融合度；⑥员工对企业未来发展的信心等。原则：一是全面评估与重点评估相结合，注重评估指标的导向性；二是定性与定量相结合，注重评估方法的科学性；三是内部评价与外部评价相结合，注重评估结果的有效性。

（2）要根据综合评估结果来推进企业文化创新。既要巩固和发扬文化建设取得的成果，又要针对评估过程中发现的问题及时采取措施加以改进，还要结合企业发展战略的调整以及企业内外部因素（如政治、经济、技术、资源等）的变化，着力在价值观、经营理念、管理制度、品牌建设、企业形象等方面持续推动企业文化创新。

5. 概括与强调

（1）使职业操守与价值观在内部控制中发挥作用的三举措。一是建立高层管理人员的职业道德规范；二是建立员工职业道德规范；三是对员工遵守职业道德规范的情况进行监督。

（2）如何强化道德规范。首先要对管理层的干预和越权行为进行控制，其次要对员工的违规行为进行处理。

3.3.2 企业社会责任

《企业内部控制应用指引第4号——社会责任》共5章21条，部分要点如下。

（1）本指引所称社会责任，是指企业在经营发展过程中应当履行的社会职责和义务，主要包括安全生产、产品质量（含服务，下同）、环境保护、资源节约、促进就业、员工权益保护等。

（2）企业至少应当关注在履行社会责任方面的下列风险。

①安全生产措施不到位，责任不落实，可能导致企业发生安全事故。

②产品质量低劣，侵害消费者利益，可能导致企业巨额赔偿、形象受损，甚至破产。

③环境保护投入不足，资源耗费大，造成环境污染或资源枯竭，可能导致企业巨额赔偿、缺乏发展后劲，甚至停业。

④促进就业和员工权益保护不够，可能导致员工积极性受挫，影响企业发展和社会稳定。

（3）企业应当根据国家有关安全生产规定，结合本企业实际情况，建立严格的安全生产管理体系、操作规范和应急预案，强化安全生产责任追究制度，切实做到安全生产。

（4）企业应当根据国家和行业相关产品质量的要求，从事生产经营活动，切实提高产品质量和服务水平，努力为社会提供优质安全健康的产品和服务，最大限度地满足消费者的需求，对社会和公众负责，接受社会监督，承担社会责任。

（5）企业应当按照国家有关环境保护与资源节约的规定，结合本企业实际情况，建立环境保护与资源节约制度，认真落实节能减排责任，积极开发和使用节能产品，发展确认经济，降低污染物排放，提高资源综合利用效率。

（6）企业应当依法保护员工的合法权益，贯彻人力资源政策，保护员工依法享有劳动权利和履行劳动义务，保持工作岗位相对稳定，积极促进充分就业，切实履行社会责任。

1. 企业为什么要履行社会责任

（1）企业创造利润或财富与履行社会责任是统一的有机整体。企业创造利润或财富，在本质上也属于履行社会责任。做到安全生产、提升产品质量、重视环境保护和资源节约、促进就业和保护员工权益，属于企业直接为社会相关方面做出贡献。两者目标一致。

（2）企业履行社会责任是提升发展质量的重要标志。众所周知，如果企业做不到安全生产，甚至出现事故频发、人员伤亡的情况，那么企业将必然经营失败；如果企业产品质量低劣，损害消费者利益，那么将很快失去市场，或者在国内乃至国际市场造成负面影响，甚至导致企业停产；如果以牺牲环境为代价追逐利润，这就违背了企业发展宗旨；如果企业造成的环境污染影响人类健康，那么这就是犯罪行为；如果企业以浪费资源为代价追求发展速度和效益，必然危及子孙后代。由此可见，企业只有重视和履行社会责任，才能实现持续长远发展的目标。

（3）企业履行社会责任是打造和提升企业形象的重要举措。企业形象是指企业的社会认同度，企业该如何提升社会认同度呢？有的企业利用广告宣传，而有的企业利用包装手段，方式多种多样。但是，这些方式都不持久，真正能够提升企业形象的方式是履行社会责任。

2. 企业应当履行哪些社会责任

（1）安全生产。一是建章建制，建立健全安全生产管理体系；二是不断加大安全生产投入和加强经常性维护管理；三是开展员工安全生产教育，实行特殊岗位资格认证制度；四是建立安全生产事故应急预警和报告机制。

（2）产品质量。一是建立健全产品质量标准体系；二是建立严格的质量控制和检验制度；三是加强产品的售后服务。

（3）环境保护与资源节约。一是转变发展方式，实现清洁生产和发展循环经济。加大对环保工作的人力、物力、财力的投入。二是依靠科技进步和技术创新，着力开发、利用可再生资源。通过技术进步推动替代产品和可再生资源的使用，减少资源消耗和污染物排放，实现低投入、低消耗、低排放和高效率。三是建立完善的监测考核体系，加强日常监控。建立环境保护和资源节约监测考核体系，完善激励与约束机制，明确职责，使企业部门各司其职、各尽其责，并进行严格监督落实岗位责任制，保证环境保护和资源节约等各项工作落到实处。

（4）促进就业。要想促进社会稳定和谐发展，就要最大限度地创造就业机会，这不仅是各级政府的责任，也是企业应尽的义务。企业作为就业工作的最大载体，应当以宽广的胸怀接纳各方人士，帮助国家和社会解决就业困难的问题。

（5）保护员工合法权益。一是建立科学完善的员工培训和晋升机制；二是建立科学合理的员工薪酬增长机制；三是维护员工的身心健康。

（6）重视产学研用相结合。企业、高校和科研机构在实践中积极探索产学研用相结合的有效模式和机制，取得了明显成效，支撑了我国产业技术的进步和相关行业的发展，尤其是推动了教育改革和应用型人才的培养。

（7）支持慈善事业。大力推动企业支持社会慈善爱心活动，对于组织调动社会资源、调节贫富差距、缓解社会矛盾、促进社会公平、构建和谐社会具有重要而深远的意义。"予人玫瑰，手有余香"。通过捐赠等慈善公益事业，企业能够实现无与伦比的广告效应；既能享受税收优惠，又能提升企业的形象以及消费者的认可度和赞誉度，从而提高市场占有率。

3. 企业应如何履行社会责任

（1）企业负责人要高度重视履行社会责任。企业负责人应当高度重视这项工作，树立社会责任意识，把履行社会责任提上企业重要议事日程，经常研究和部署社会责任工作；加强关于社会责任的全员培训和普及教育，不断创新管理理念和工作方式，努力塑造有关履行社会责任的企业价值观和企业文化。

（2）建立和完善履行社会责任的体制和运行机制。要把履行社会责任融入企业发展战略，并落实到生产经营的各个环节，明确归口管理部门，建立健全预算管理制度，逐步建立和完善企业社会责任指标统计和考核体系，为企业履行社会责任提供坚实的基础与保障。

（3）建立企业社会责任报告制度。一是认真遵守政府监管部门和社会行业组织的要求。执行财政部等五部委印发的《企业内部控制基本规范》及其配套指引的企业，应当单独发布社会责任报告。条件尚不成熟的企业，在年度自我评价报告中，应当将企业履行社会责任情况作为内部环境自我评价的重要内容。二是社会责任报告应当覆盖企业已履行的所有社会责任，至少涵盖安全生产、产品质量、环境保护和资源节约、促进就业、员工权益保护、慈善捐赠等内容。三是社会责任报告应当经过独立第三方的外部评价。

4. 概括与强调

（1）履行社会责任是企业应尽的义务，也是企业的光荣使命。

（2）企业重视并切实履行社会责任，既是为企业前途、命运负责，也是为社会、为国家、为人类负责。

（3）社会责任是指企业在经营发展过程中应当履行的社会职责和义务，主要包括安全生产、产品质量（含服务）、环境保护、资源节约、促进就业、员工权益保护等。

第 4 章

企业资金活动内控管理

资金是企业生存发展的"血液"。筹资不当会引发债务危机，投资失误会导致资金链断裂……要想避免陷入财务困境，企业就要做好资金活动的内控管理工作，严格管理筹资、投资和资金运营等活动。

4.1 资金活动控制的总体要求

资金是企业生存和发展的重要基础，被视作企业生产经营的"血液"，受到诸多企业的高度重视。金融危机的爆发也暴露出资金活动控制是很多企业内部管理的关键薄弱环节，企业必须有效管控资金活动，才能防范资金风险、维护资金安全、提高资金效益。

4.1.1 资金活动指引

加强对资金活动的管控，有助于企业维护资金安全、防范资金风险、提高资金效益，进而促进企业健康发展。

1. 资金活动的风险

金融危机爆发以来，诸多企业的破产倒闭也揭露出企业资金活动可能存在的诸多风险。

（1）筹资决策不当，引发资本结构不合理或无效融资，可能导致企业筹资成本过高或债务危机。

（2）投资决策失误，引发盲目扩张或丧失发展机遇，可能导致资金链断裂或资金使用效益低下。

（3）资金调度不合理、营运不畅，可能导致企业陷入财务困境或资金冗余。

（4）资金活动管控不严，可能导致资金被挪用、侵占、抽逃或遭受欺诈。

2. 资金活动指引的意义

事实上，作为企业生产经营的"血液"，资金活动会影响企业生产经营的全过程，同时也是企业经营管理的重要组成部分。

因此，资金活动指引的有效实施，显然有助于推动企业的可持续发展，其意义包括以下 3 点。

（1）有助于企业防范资金活动风险，维护资金安全。

（2）促使企业合理使用资金，提高资金使用效率。

（3）规范企业资金运营活动，推动企业的健康发展。

4.1.2　资金活动控制的六大要求

资金活动的有效控制需要企业建立健全内部控制制度，并设计科学合理的业务流程。在此过程中，企业应当遵循资金活动控制的六大要求。

1. 科学决策是核心

推进资金管理信息化建设，将资金预算管理与资金适时监控相结合，及时准确地反映资金活动状况，可以提高决策的科学性和资金管理的及时性。

2. 制度建设是基础

制度是企业各项经营管理活动顺利开展的基础性保障。企业应当根据《企业内部控制基本规范》等法律法规及企业自身的管理需要，完善资金管理制度，加强资金内控管埋。

3. 业务流程是重点

企业在设计与资金活动相关的内控制度时，应该重点明确各种资金活动的业务流程，确定每一个环节、每一个步骤的工作内容和应该履行的程序，并将其落实到具体部门和人员。

4. 风险控制点是关键

在资金活动较为复杂的情况下，资金活动内部控制不可能面面俱到。因此，企业必须识别并关注主要风险来源和主要风险控制点，以提高内部控制的效率。

5. 资金集中管理是方向

企业应该加强对资金的集中统一管控。企业有子公司的，应当采取合法有效的措施，强化对子公司资金业务的统一监控；有条件的企业集团，应当探索财务公司、资金结算中心等资金集中管控模式。

6. 严格执行是保障

企业应加强对资金活动的管控，促使资金活动内部控制制度得到切实有效的实施。企业财会部门应负责资金活动的日常管理，参与投融资方案等可行性研究；总会计师或分管会计工作的负责人应当参与投融资决策过程。

4.1.3 资金活动控制的目标

资金活动的风险管控事关企业的生死存亡，资金活动控制的目标就是推动企业的可持续发展。具体来看，资金活动控制的目标主要表现在 4 个层面。

（1）维护资金的安全。

（2）防范资金活动的风险。

（3）提高资金使用效益。

（4）促进企业健康发展。

4.2 现金与银行存款的内部控制

现金与银行存款是企业流动资金的主要表现形式，也是资金活动控制的重要难点。频繁的现金与银行存款的进出往来，往往存在着违规收支、私设"小金库"等各种风险。企业应当结合现金与银行存款的特质，做好相关的内部控制工作。

4.2.1 现金的内部控制

根据《现金管理暂行条例》的规定，范围之外的业务则都应当通过开户银行办理转账结算。因此，企业现金的内部控制应当更加严格，在遵守相关法律法规的基础上，也要符合企业发展需要。

1. 现金使用范围的控制

现金的使用范围如下。

（1）职工工资、津贴。

（2）个人劳务报酬。

（3）根据国家规定颁发给个人的科学技术、文化艺术、体育等各种奖金。

（4）各种劳保、福利费用以及国家规定的对个人的其他支出。

（5）向个人收购农副产品和其他物资的价款。

（6）出差人员必须随身携带的差旅费。

（7）结算起点以下的零星支出。

（8）中国人民银行确定需要支付现金的其他支出。

2. 库存现金限额的控制

开户银行应当根据实际需要，核定 3 天至 5 天的日常零星开支所需的库存现金限额。所以企业不能留存超过库存现金限额的现金。

3. 现金收支的控制

现金收支是现金管理的主要环节，企业应当做好现金收支的控制工作。其控制系统流程如图 4.2-1 所示。

现金收支控制系统流程图
（　财　务　部　门　）

会计　　　　　　　会计主管　　　　　　出纳

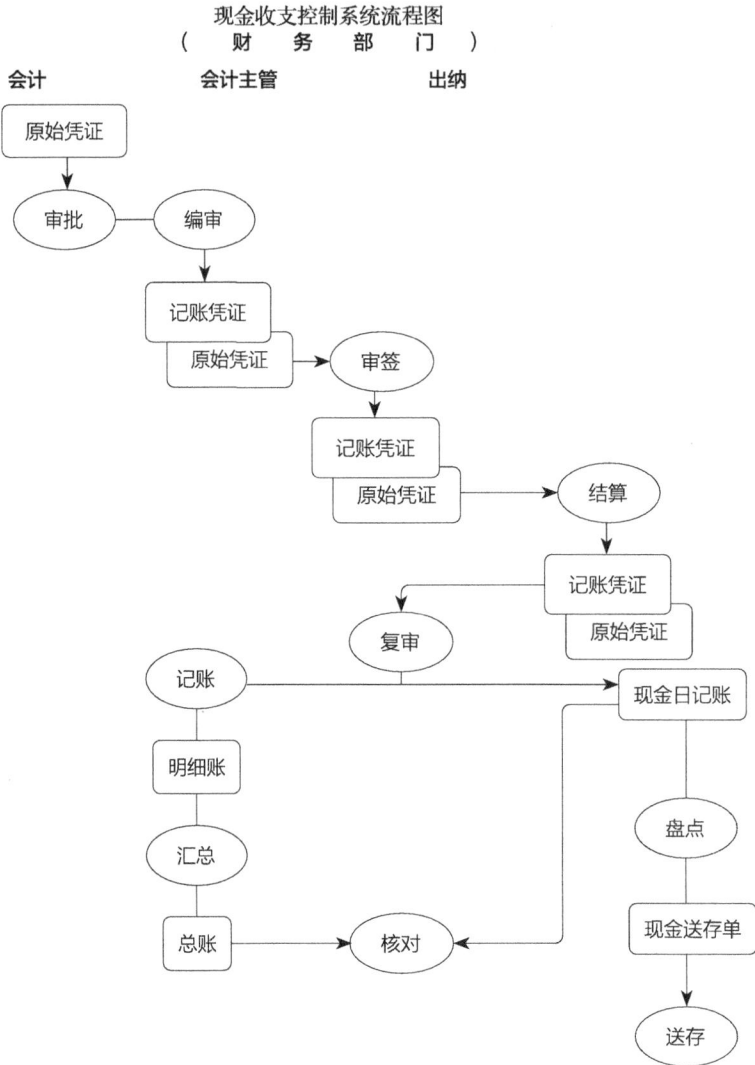

图 4.2-1　现金收支控制系统流程

在现金收支的控制过程中，企业要明确内部控制目标，并采取相应的控制措施，具体内容如表 4.2-1 所示。

表 4.2-1　现金收支的控制目标及控制措施

控制点	控制目标	控制措施
审批	保证会计处理事项的内容真实、合法、正确，符合授权要求	经办人员写明用途并签字，部门负责人审核并签字批准

控制点	控制目标	控制措施
编审	保证经济业务合法、处理及时、程序合规	检查原始凭证内容、金额、手续是否合规，并正确记录业务流程
审签	保证经济业务真实及会计结算正确、合法、及时	审查原始凭证及记账凭证，确认无误后审签，并批准传递
结算	保证资金收付安全、及时	出纳员根据记账凭证收付资金，加盖收、付讫戳记并签章
复审	保证经济业务真实、核算正确	复核凭证内容，确认收付业务真实、正确，复核无误后签章
记账、汇总及核对	正确反映资金的去向，确保会计记录安全、可靠	会计及出纳根据复核无误后的凭证登记有关的明细账和现金日记账，做好汇总与核对并及时签章
盘点及送存	保证货币资金安全、完整	每日交接班前或每日结束时应及时对库存现金进行盘点，并及时送存银行

具体而言，现金收支控制的主要工作包含以下 6 点。

（1）企业现金收入应当于当日送存银行，当日送存银行确有困难的，由开户银行确定送存时间。

（2）企业支付现金，可以从企业库存现金限额中支付或从开户银行提取，不得从企业的现金收入中直接支付（即坐支）超过限额的现金支出，应用支票。因特殊情况需坐支现金的，应事先报经开户银行审查批准。

（3）企业借出款项必须执行严格的授权批准程序，严禁擅自挪用、借出货币资金。

（4）企业从开户银行提取现金，应如实写明用途，由本企业财会部门负责人签字盖章，经开户银行审批后予以支付现金。

（5）因办理转账结算不方便而必须使用现金的，企业应事先向开户银行提出申请，由本企业财会部门负责人签字盖章，经开户银行审批后予以支付现金。

（6）企业取得的现金收入必须及时入账，不得私设"小金库"，不得账外设账，严禁收款不入账。

4.现金记录的控制

企业应当严格核对现金账实是否相符，逐笔记载现金收付，做到日清月结。

在定期和不定期地进行现金盘点时，企业要确保现金账面余额与实际库存相符。如发现不符，则应及时查明原因，并做出处理。

5.防范现金违纪行为的发生

在现金的内部控制中，企业要严格防范现金违纪行为的发生，具体措施包括以下7点。

（1）不准白条抵库。

（2）不准企业之间互借现金。

（3）不准谎报用途套取现金。

（4）不准用存款账户替其他企业和个人套取现金。

（5）不准将企业的现金收入按个人储蓄的方式存入银行。

（6）不准保留账外公款。

（7）禁止变相发行货币，不准以任何票据代替人民币在市场中流通。

4.2.2　银行存款的内部控制

当超出库存现金限额的现金都被存入银行时，企业就要进一步做好银行存款的内部控制工作。

1.银行结算账户开立使用的控制

企业必须按照相关法规开立银行结算账户。一般而言，企业的银行结算账户主要分为4类，即基本存款账户、一般存款账户、临时存款账户和专用存款账户。

2.企业与银行的对账

银企对账是银行存款内部控制的主要手段，企业每月应至少核对一次，确保银行存款日记账与银行对账单相符。如出现不一致，企业应及时查明原因，并做出处理。一般而言，银行存款日记账与银行对账单不一致的原因主要有2点。

（1）记账错误。企业需及时改正错误。

（2）因传递时差而形成的未达账项。具体包含 4 种情况。

①企业已收款入账，银行未收款入账。

②企业已付款入账，银行未付款入账。

③银行已收款入账，企业未收款入账。

④银行已付款入账，企业未付款入账。

对于未达账项，企业则应编制表 4.2-2 所示的银行存款余额调节表来对账目进行调节。

表 4.2-2　银行存款余额调节表

项目	余额	项目	余额
企业银行存款日记账余额		银行对账单余额	
加：银行已收、企业未收		加：企业已收、银行未收	
减：银行已付、企业未付		减：企业已付、银行未付	
调节后的存款余额		调节后的存款余额	

3. 银行存款收支的主要业务环节

为了进一步完善银行存款的内部控制，企业要做好对银行存款收支的主要业务环节的控制。

（1）授权经办业务。业务部门负责人根据企业规定和业务需要，授权业务人员办理涉及银行存款收支的经济业务或收付往来账款事项。

（2）签订结算契约。业务经办人员办理经济业务时，应同对方商定收付款结算方式和结算时间等，并以合同或其他契约方式加以明确。

（3）制取原始凭证。业务经办人员按照财务会计制度规定，填制或取得原始凭证（如购货发票、销货发票等），并将其作为办理银行存款收付业务的书面凭证。

（4）审签原始凭证。业务经办人员在原始凭证上填写业务内容并签字盖章；业务部门负责人或指定人员审核签字，批准办理托收或承付等结算手续。

（5）审核原始凭证。会计主管或指定人员审核原始凭证及其反映的经济业务，批准办理银行存款收支结算。对于不合规定的凭证，应拒绝受理或责成业务经办人员补办手续。

（6）制取结算凭证。出纳员根据已审签的原始凭证，按照规定的手续和结算方式填制或取得银行存款收支结算凭证。例如，办理货款托收需填制托收承付结算凭证，办理货款承付需取得银行承付通知单等。

（7）办理结算业务。出纳员送交或留存结算凭证及有关记录，并办理银行存款收付业务。

（8）审核结算凭证。会计主管人员或指定人员审核结算凭证回联，并同原始凭证进行核对。

（9）编制记账凭证。会计人员根据审签的结算凭证及原始凭证，编制银行存款收付记账凭证。

（10）复核记账凭证。稽核员或指定人员复核记账凭证及所附结算凭证、原始凭证。

（11）登记日记账。出纳员根据审签的记账凭证，逐笔登记银行存款日记账。

（12）登记总分类账和明细分类账。分账会计人员根据审签的记账凭证，登记相应的明细分类账。总账会计人员按照规定的核算形式登记总分类账。

（13）编制银行存款余额调节表。由对账人员编制银行存款余额调节表，经审核后据以核对。

（14）核对账目。由非记账人员核对银行存款日记账和有关明细分类账、总分类账。如发现误差，报经批准后予以处理。

4.3 筹资活动控制

筹资活动包括吸收投资、发行股票、分配利润等多种活动，是指导致企业资本及债务的规模和构成发生变化的活动。企业必须实施科学的筹资活动控制，以避免陷入资金短缺的风险和付出过高的筹资成本。

4.3.1　筹资业务管理流程

筹资业务管理流程是筹资活动控制的基础。只有基于完善的筹资业务管理流程，企业才能有效选择筹资项目，使得的资金发挥应有的效用。

一般而言，筹资业务管理流程如图 4.3-1 所示。

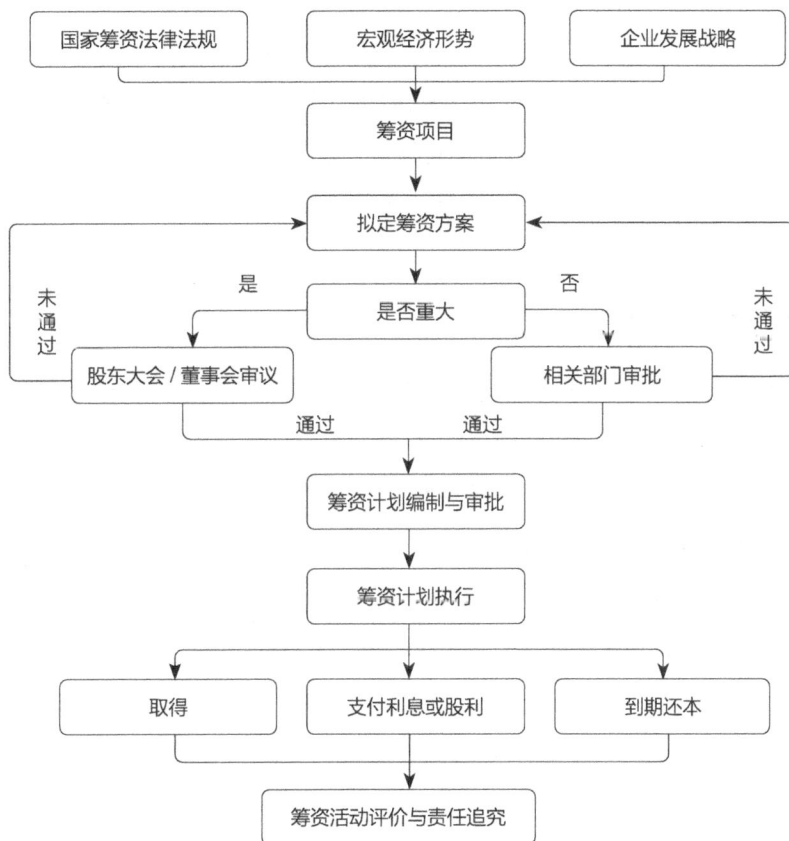

图 4.3-1　筹资业务管理流程

具体来看，筹资业务管理流程主要包含 5 个关键环节。

1. 提出筹资方案

企业应根据经营战略、预算情况与资金现状等因素，提出筹资方案。

2. 筹资方案论证

筹资方案均需经过严格的论证，才能判断其是否可行。筹资方案的论证一般分为3个模块。

（1）筹资方案的战略性评估：主要评估筹资方案是否符合企业整体发展战略，以控制企业筹资规模。

（2）筹资方案的经济性评估：主要评估筹资方案是否以最低的筹资成本获得了所需的资金，是否还有降低筹资成本的空间以及更好的筹资方式等。

（3）筹资方案的风险性评估：对筹资方案面临的风险进行分析，特别是对于利率、汇率、货币政策、宏观经济走势等重要因素进行预测分析，并有效地应对可能出现的风险。

3. 筹资方案审批

通过可行性论证的筹资方案，需要在企业内部按照分级授权审批的原则进行审批。企业应重点关注筹资用途的可行性。

重大项目的筹资方案应当经过股东（大）会或董事会审批。

4. 筹资计划编制与执行

企业应根据审核批准的筹资方案，编制较为详细的筹资计划，并严格按照相关程序和规定权限筹集资金。筹集资金的方式主要分为3种。

（1）企业通过银行借款方式筹资的，应当与有关金融机构进行洽谈，明确借款规模、利率、期限、担保事项、还款安排、相关的权利义务和违约责任等内容。双方达成一致意见后签署借款合同，据此办理相关借款业务。

（2）企业通过发行债券方式筹资的，应当合理选择债券种类（如普通债券、可转换债券等），并对还本付息方案做出系统安排，确保按期、足额偿还到期本金和利息。

（3）企业通过发行股票方式筹资的，应当依照《中华人民共和国证券法》等有关法律法规和证券监管部门的规定，优化企业组织架构，进行业务整合，并选择具备相应资质的中介机构（如证券公司、会计师事务所、律师事务所等）协助企业做好相关工作，确保符合股票发行条件和要求。

5. 筹资活动的监督、评价与责任追究

要加强对筹资活动的检查和监督力度，严格按照筹资方案确定的用途使用资金，确保款项的收支、股息和利息的支付、股票和债券的保管等符合有关规定。筹资活动完成后要按规定进行筹资后评价，对存在违规现象的，应严格追究其责任。

4.3.2 筹资决策执行流程

由于筹资活动的流程较长，所以在执行筹资决策的过程中，企业应当根据筹资业务流程，找出其中的关键控制点并进行风险控制，从而提高风险管控的效率，具体内容如表 4.3-1 所示。

表 4.3-1 筹资内部控制的关键控制点、控制目标与控制措施

关键控制点	控制目标	控制措施
提出筹资方案	进行筹资方案可行性论证	1. 进行筹资方案的战略性评估，包括评估筹资方案是否与企业发展战略相符合，筹资规模是否适当；2. 进行筹资方案的经济性评估，如筹资成本是否最低、资本结构是否恰当、筹资成本与资金收益是否匹配；3. 进行筹资方案的风险性评估，如筹资方案面临哪些风险，风险大小是否适当、可控，风险是否与收益相匹配
筹资方案审批	选择并批准最优筹资方案	1. 根据分级授权审批制度，按照规定程序严格审批通过可行性论证的筹资方案；2. 审批时应实行集体审议或联签制度，以保证决策的科学性
制订筹资计划	制订切实可行的具体筹资计划；科学规划筹资活动，保证低成本、高效率筹资	1. 根据筹资方案，结合当前经济形势，分析不同筹资方式的资金成本，正确选择筹资方式和不同方式的筹资数量，财务部门或资金管理部门制订具体筹资计划；2. 根据授权审批制度报有关部门批准
实施筹资计划	保证筹资活动正确、合法、有效进行	1. 根据筹资计划进行筹资；2. 签订筹资协议，明确权利和义务；3. 按照岗位分离与授权审批制度，督促各责任人正确履行审批监督责任，实施严密的筹资程序控制和岗位分离控制；4. 做好筹资记录，发挥会计控制的作用
筹资活动评价与责任追究	保证筹集资金的正确、有效使用，维护筹资信用	1. 督促各部门严格按照确定的用途使用资金；2. 督促各环节严密保管未发行的股票、债券；3. 督促相关人员正确计提、支付利息；4. 加强对债务偿还和股利支付环节的监督管理；5. 评价筹资活动，追究违规人员的责任

具体而言，在筹资决策的执行过程中，企业需要关注 6 个方面的风险。

1. 缺乏完整的筹资战略规划导致的风险

企业在筹资活动中应以企业在资金方面的战略规划为指导，具体包括资本结构、资金来源、筹资成本等方面的内容。

2. 缺乏对企业资金现状的全面认识导致的风险

企业在筹资之前应首先对企业的资金现状有一个全面正确的了解，并在此基础上结合企业战略和宏、微观形势等提出筹资方案。

3. 缺乏完善的授权审批制度导致的风险

筹资方案必须经过完整的授权审批流程才可正式实施，这一流程既是企业上下沟通的一个过程，同时也是各个部门、各个管理层次对筹资方案进行审核的重要的风险控制程序。

4. 缺乏对筹资条款的认真审核导致的风险

企业在筹资活动中都要签订相应的筹资合同、协议等法律文件，企业应认真审核、仔细推敲筹资合同的具体条款。在这一方面，企业可以借助专业的法律中介机构来对合同文本进行审核。

5. 无法保证支付筹资成本导致的风险

任何筹资活动都需要支付相应的筹资成本。对于债权类筹资活动来说，相应的筹资成本表现为固定的利息费用，这是企业的刚性成本，企业必须按期足额支付，用以作为资金提供者的报酬。对于股权类筹资活动来说，虽然没有固定的利息费用而且没有还本的压力，但是同样需要保证股权投资者的报酬，企业应认真制定好股利支付方案，包括股利金额、支付时间、支付方式等。如果股利支付不足，或者股权投资者的报酬不足，将会导致股东抛售股票，从而使得企业股价下跌，给企业的经营带来重大不利影响。

6. 缺乏严密的跟踪管理制度导致的风险

企业在筹资活动跟踪管理方面应制定完整的管理制度，包括资金到账、资金使用、利息支付、股利支付等方面的内容，并应时刻监控资金的动向。

4.4　投资活动控制

投资活动主要分为两部分，即企业长期资产的构建，以及不包括在现金等价物范围内的投资及其处置活动。投资活动的控制，首先需要落脚于投资项目的评估，只有当投资项目符合企业需求时，企业才能由此进行后续的执行管理和收回管理。

4.4.1　投资评估

投资活动控制的前提，就在于对投资活动及其项目进行有效评估，以避免企业因投资失误而陷入财务困境。为此，企业也需要制定严格的投资活动审批流程。

1. 投资活动的主要风险

企业在进行投资评估时，一般需要关注 5 个风险点。

（1）投资活动与企业战略不符带来的风险。企业投资活动应该以企业发展战略为导向。企业应当正确选择投资项目，合理确定投资规模，权衡收益与风险。

（2）投资与筹资在资金数量、期限、成本与收益上不匹配带来的风险。为了避免出现这样的风险，企业需要做到以下 3 点。

①投资量力而为，不可贪大求全，不可进行超过企业资金实力和筹资能力投资。

②投资的现金流量在数量和时间上要与筹资现金流量保持一致，以避免发生财务危机。

③投资收益要与筹资成本相匹配，以保证足额补偿筹资成本和投资营利性。

（3）忽略资产结构与资产流动性带来的风险。对企业而言，资产流动性和营利性是相矛盾的，这就要求企业在投资中要处理好资产流动性和营利性的关系，要通过投资来保持合理的资产结构。

（4）缺乏严密的授权审批制度和不相容职务分离制度带来的风险。授权审批制度和不相容职务分离制度是投资活动内部控制、防范风险的重要手段。同时，为了与投资责任制度相适应，企业还应建立严密的责任追究制度，以使责权利得到统一。

（5）缺乏严密的投资资产保管制度与账簿体系带来的风险。企业应建立严密的资产保管制度，明确保管责任；建立健全账簿体系，做好账簿记录，通过账簿记录对投资资产进行动态反映和控制。

2. 投资活动的审批流程

基于上述 5 个主要风险点，企业应当建立完善的投资活动审批流程。

（1）拟定投资方案。企业应根据企业发展战略、宏观经济环境、市场状况等，提出本企业的投资方案。然后在对方案进行筛选的基础上，确定投资项目。

（2）投资方案可行性研究。企业应对投资方案进行严格的可行性研究与分析。需要从投资战略是否符合企业的发展战略、是否有可靠的资金来源、能否取得稳定的投资收益、投资风险是否处于可控或可承担范围内、投资活动的技术可行性、市场容量与前景等几个方面进行可行性研究。

（3）投资方案决策。企业应按照规定的权限和程序对投资项目进行决策审批，决策者应与方案制定者适当分离。企业在审查投资方案时应重点关注：投资方案是否可行、投资项目是否符合投资战略目标和规划、企业是否具有相应的资金能力、投入资金能否按时收回、预计收益能否实现，以及投资和并购风险是否可控等。

对于重大投资项目，应当报经董事会或股东（大）会批准。投资方案需要经过有关管理部门审批的，应当履行相应的报批程序。

（4）投资计划编制与审批。企业应根据审批通过的投资方案，与被投资方签订投资合同或协议，并编制详细的投资计划，明确不同阶段的资金数量、具体投资内容、项目进度、完成时间、质量标准与要求等，然后按程序报经有关部门批准，履行投资合同。

4.4.2 投资执行管理

投资项目的周期往往较长，在投资项目执行的过程中，企业需要指定专门机构或人员对投资项目进行跟踪管理和有效管控。

1. 投资执行管理

在投资项目执行过程中，企业必须加强对投资项目的管理，密切关注市场条件和政策的变化，准确做好投资项目的会计记录和处理工作。

企业应及时收集被投资方经审计的财务报告等相关资料，定期组织投资效益分析，关注被投资方的财务状况、经营成果、现金流量以及投资合同履行情况，发现异常情况的，应当及时报告并妥善处理。

同时，在项目实施过程中，企业还必须根据各种条件，准确对投资的价值进行评估，并根据投资项目的公允价值进行会计记录。如果发生投资减值，应及时实施相应的减值准备措施。

2. 投资执行风险控制

基于投资执行管理的主要内容，为了做好投资执行过程中的风险控制，保证投资活动按计划合法、有序、有效进行，企业应当做好 4 个层面的工作。

（1）根据投资计划的进度，严格分期、按进度适时投放资金，严格控制资金流量和投放时间。

（2）以投资计划为依据，按照不相容职务分离制度和授权审批制度，各环节和各责任人正确履行审批监督责任，对项目执行过程进行监督和控制，防止各种舞弊行为的发生，保证项目建设的质量和进度要求。

（3）做好严密的会计记录，发挥会计控制的作用。

（4）做好跟踪分析工作，及时评价投资活动的进展，将分析和评价的结果反馈给决策层，以便及时调整投资策略或制定投资退出策略。

4.4.3　投资收回管理

对已到期的投资项目的处置同样要经过相关审批流程，企业应妥善处置并实现经济收益最大化，确保获得相应的投资收益。

1. 投资收回管理

企业应加强对投资收回和处置环节的控制，并应对投资收回、转让、核销等决策和审批程序做出明确规定。

在投资收回管理中，企业应当做好3项工作。

（1）重视投资到期本金的回收。

（2）转让投资应当由相关机构或人员合理确定转让价格，报授权批准部门批准，必要时可委托具有相应资质的专门机构进行评估。

（3）核销投资应当取得不能收回投资的法律文书和相关证明文件。

2. 投资收回风险控制

基于投资收回管理的主要内容，为了做好投资收回过程中的风险控制，保证投资资产的处理符合企业的利益，企业应当做好两个层面的工作。

（1）投资资产的处置应该通过专业的中介机构，选择相应的资产评估方法，客观评估投资价值，同时确定处置策略。

（2）投资资产的处置必须经过董事会的授权批准。

4.5　资金运营活动控制

资金运营活动主要包括采购、生产、销售，以及支付工资和企业费用等，是指企业日常经营管理中发生的各种资金收付行为。资金运营活动控制主要是为了控制资金的流入和流出，确保资金运营合理、合规。

4.5.1 资金运营活动的业务流程

资金运营活动的业务流程可以分为 4 个主要环节。

1. 业务发生

资金收付需要以业务发生为基础。企业资金收付应该有根有据，不能凭空付款或收款。所有收款或者付款需求都是由特定的业务引起的，因此，真实的业务发生是资金收付的基础。

2. 企业授权部门审批

收款方应该向对方提交业务发生的相关票据或者证明，以收取资金。资金支付涉及企业经济利益流出，应严格履行授权分级审批制度。不同责任人应该在自己的授权范围内审核业务的真实性、金额的准确性，以及申请人提交的票据或者证明的合法性，并严格监督资金支付。

3. 财务部门复核

财务部门收到经过企业授权部门审批签字的相关凭证或证明后，应再次复核业务的真实性、金额的准确性、相关票据的齐备性，以及相关手续的合法性和完整性，并签字确认。

4. 支付资金

出纳或资金管理部门在财务部门签字后，根据相关凭证支付资金。

4.5.2 资金运营内部控制的关键风险控制点及控制措施

由于企业日常资金往来频繁，资金运营活动的内容也十分繁杂。因此，在资金运营活动控制中，企业一定要把握住内部控制的关键风险控制点，并采取相应的控制措施。具体内容如表 4.5-1 所示。

表 4.5-1　资金运营内部控制的关键风险控制点、控制目标及控制措施

关键风险控制点	控制目标	控制措施
审批	合法性	未经授权不得经办资金收付业务；明确不同级别管理人员的权限
复核	真实性与合法性	会计人员对相关凭证进行横向复核和纵向复核
收付	收入和支出手续完备	出纳人员根据审核后的收付款原始凭证收款和付款，并加盖戳记
记账	真实性	出纳人员根据资金收付凭证登记日记账；会计人员根据相关凭证登记有关明细分类账；主管会计登记总分类账
对账	真实性和财产安全	账证核对、账表核对与账实核对
保管	财产安全与完整	授权专人保管资金；定期、不定期盘点
银行账户管理	防范出现"小金库"；加强业务管控	开立、使用与撤销的授权；是否有账外账
票据与印章管理	财产安全	票据统一印制或购买；票据由专人保管；印章与空白票据分管；财务专用章与企业法人章分管

具体而言，资金运营内部控制主要有 7 个控制点。

1. 审批控制点

把收付审批控制点作为关键点，是为了控制资金的流入和流出，审批权限的合理划分是资金活动顺利开展的前提条件。审批控制点包括：制定资金的限制接近措施，经办人员办理业务时应该得到授权审批，未经授权的人员不得办理资金收付业务；使用资金的部门应提出用款申请，记载用途、金额、时间等事项；经办人员应在原始凭证上签章；经办部门负责人、总经理和财务部门负责人应审批并签章。

2. 复核控制点

复核控制点是减少错误和舞弊的重要措施，根据企业内部层级的隶属关系可以划分为纵向复核和横向复核这两种类型。前者是指上级主管对资金活动的复核；后者是指平级或无上下级关系的人员的相互核对，如财务系统内部的核对。

复核控制点包括：资金活动的会计主管审查原始凭证反映的收付业务是否真实、合法，经审核通过并签字盖章后才能填制原始凭证；检查凭证上的主管人员、审核人员、出纳人员和制单人员等的印章是否齐全。

3. 收付控制点

资金的收付导致资金流入和流出，反映着资金的流向。收付控制点包括：出纳人员按照审核后的原始凭证收付款，在已完成收付的凭证上加盖戳记，并登记日记账；主管会计人员及时、准确地将其记录在相关账簿中，并定期与出纳人员的日记账核对。

4. 记账控制点

资金的凭证和账簿是反映企业资金流入和流出的信息源，如果记账环节出现管理漏洞，很容易导致整个会计信息处理结果失真。记账控制点包括：出纳人员根据资金收付凭证登记日记账；会计人员根据相关凭证登记有关明细分类账；主管会计登记总分类账。

5. 对账控制点

对账是账簿记录的最后一个环节，也是报表生成的前一个环节，对保证会计信息的真实性具有重要作用。对账控制点包括：账证核对、账账核对、账表核对、账实核对等。

6. 银行账户管理控制点

企业应当严格按照《支付结算办法》等国家有关规定，加强对银行账户的管理，严格按规定开立账户，办理存款、取款和结算。银行账户管理控制点包括：银行账户的开立、使用和撤销是否有授权，下属企业或单位是否有账外账。

7. 票据与印章管理控制点

印章是明确责任、表明业务执行及完成情况的标记。印章的保管要贯彻不相容职务分离的原则，严禁将办理资金收付业务的相关印章和票据集中于一人保管。印章要与空白票据分管；财务专用章要与企业法人章分管。

4.6　并购交易控制

简单来讲，并购就是一家企业吸收合并另一家或多家企业，或通过收购获取另一家企业的所有权。但在实务中，并购交易却是一项复杂性与技术性并存的专业投资活动，更被称为"财力与智力的高级结合"。企业必须对并购交易进行严格控制。

4.6.1　并购交易管理控制流程

并购交易是一项复杂性与技术性并存的专业投资活动。如果企业未能妥善制定并购交易管理控制流程，并购交易不仅无法推动企业的发展，反而可能引发企业管理风险。

1. 并购交易的主要风险

并购交易并不是总能使企业达到预期的目标，甚至可能会给企业正常经营与管理带来负面影响。企业应当关注并购交易的主要风险。

（1）并购交易违反国家法律法规，可能给企业造成经济损失和信誉损失。

（2）并购交易方案未经严格审核，或审批程序不规范，则可能存在重大差错风险，甚至出现舞弊、欺诈风险，从而会给企业造成重大损失。

（3）对并购对象的调查不全面、不合理，导致企业并购交易失败，股东权益也可能因此受损。

（4）并购交易合同或协议的履行不当，或未经有效监控，则可能出现违约损失的风险。

（5）并购交易的会计事务处理不当，则可能导致财务报告信息失真。

2. 并购交易关键环节控制

针对并购交易的主要风险，企业在制定并购交易管理控制流程时，则应加强对关键环节的控制。

（1）企业要设置专门的并购项目组，确保项目组成员的配置科学合理，并明确相关人员的职责和权限。

（2）并购意向书、并购项目草案的撰写应当详细、合规，并经过明确、规范的审批程序。

（3）并购项目组对并购对象的调查应科学合理、规范严谨。

（4）财务部门应对并购交易的全程进行严格控制，并按照国家统一的会计制度及相关法律法规，对并购成本进行合理科学的分配。

3. 并购交易管理控制流程及风险控制

企业可以根据并购交易的主要风险和关键环节，着手进行并购交易管理控制流程的设计，并做好相应环节的风险控制工作。

具体而言，并购交易管理控制流程及风险控制如图 4.6-1 所示。

并购交易管理控制流程与风险控制					
不相容责任部门及责任人的职责分工与审批权限划分					业务风险
	董事长	总经理	财务总监	并购项目组	财务部门	

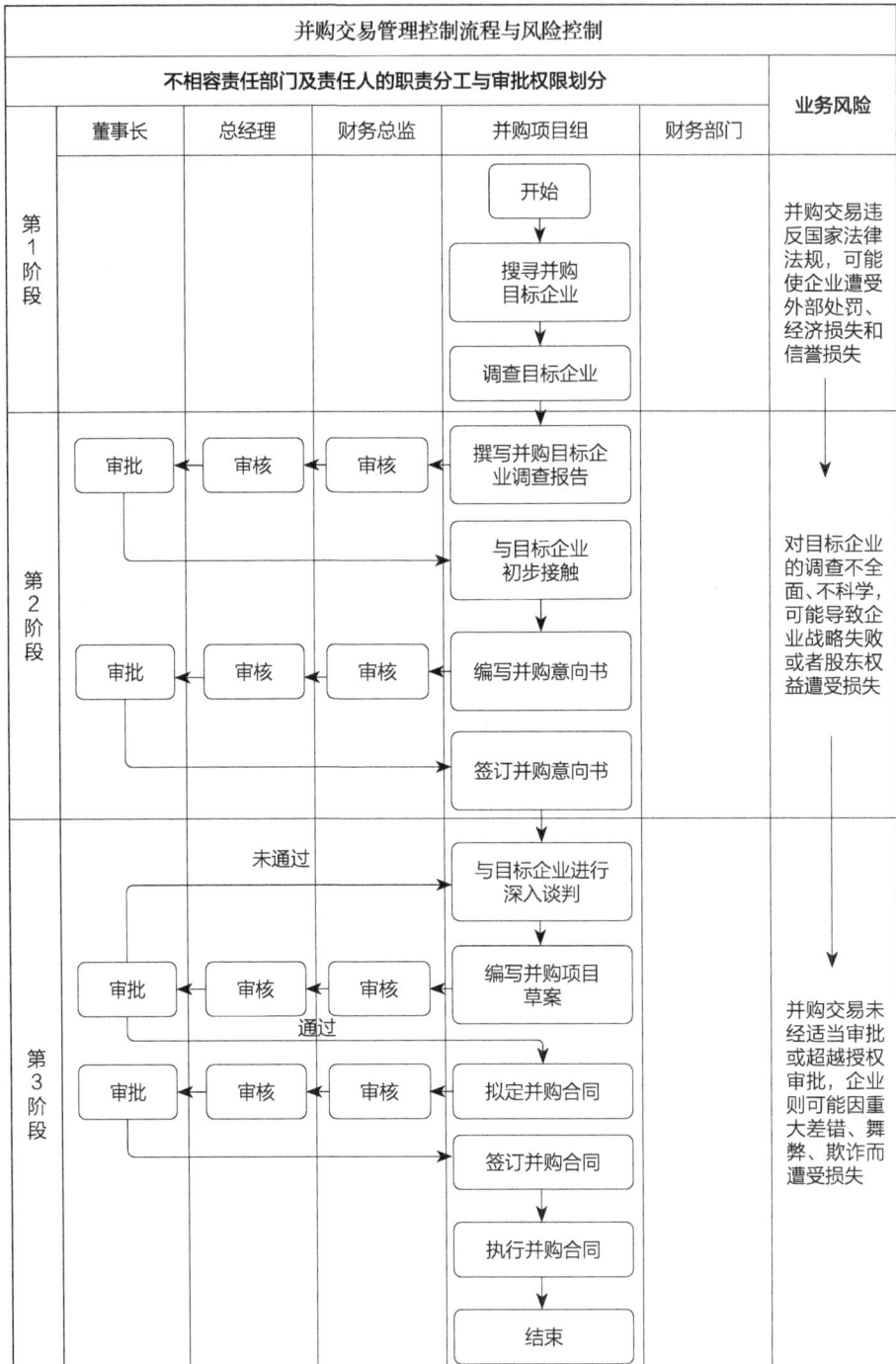

图 4.6-1 并购交易管理控制流程及风险控制

4.6.2 并购意向书编制流程

根据企业与并购对象达成的初步共识，并购项目组需要编制并购意向书。编制并购意向书是企业进行并购交易的重要环节，因此，并购意向书的编制必须经过严格的流程，并经过法律顾问、财务总监、总经理等相关人员的审批。

1. 并购意向书的内容

并购意向书应当包含以下 8 个方面的内容。

（1）保密条款。

（2）排他协商条款。

（3）费用分摊条款。

（4）资料与信息条款。

（5）并购终止条款。

（6）并购标的条款。

（7）并购价格条款。

（8）并购的进度安排条款。

2. 并购意向书的审批程序

并购项目组撰写的并购意向书必须经过相关高级管理者的审批。其审批程序一般包含 3 个环节。

（1）法律顾问审核法律相关问题，并确认无误。

（2）财务总监审核财务相关问题，并确认无误。

（3）总经理对并购意向书进行审批，并确认无误。

在审批程序的任一环节，如相关人员对并购意向书存在疑问，都应及时将其返给并购项目组，并由并购项目组成员进行修改；如并购对象对需要修改的条款存在争议，则应就此重新进行协商，并重新拟定条款。

只有在并购意向书完全审批通过后，并购项目组才能据此与并购对象展开进一步谈判。

案例：千万元资金缺口迁出内部控制惊天漏洞

自 2005 年 1 月至 2009 年 12 月，朱某任出纳期间作案时间长达 5 年，涉嫌贪污金额 1 231 万元。

经调查，朱某的作案手段主要是私刻印鉴、伪造银行对账单等。朱某运用自己的专业经验和知识，加上丈夫秦某专门奔赴南宁非法刻印多枚假印章，他们骗过了一道道审核关卡，甚至瞒过了由上级财务部门实施的年度审计。

资金是企业生产发展的"血液"，有关资金活动的过程也是发生舞弊、欺诈风险的"重灾区"。一位出纳只需私刻印鉴、伪造银行对账单，即可实现千万元级别的贪污。这就是企业内部控制漏洞的风险所在。

在资金活动的内部控制系统的各控制点中，审批、核对和清查最为重要。

1. 审批

业务部门应当对原始凭证进行严格审批，保证资金业务的真实性、合理性和合法性，这是资金活动内控的第一道关卡。

2. 核对

财务部门应当认真进行账账核对，确保资金收付和会计核算的正确性，这是及时发现资金收付和账务记录错误的主要环节，也是确保会计、出纳人员工作质量的重要手段。

3. 清查

清查小组仍需对库存现金进行清查，确保现金实物的安全、完整，这是保护现金实物安全的最后一个环节。针对银行存款的清查，则需对记账凭证进行复核，确保审核银行存款收付记账凭证附有原始凭证和结算凭证，并确保结算金额一致、会计科目正确、相关签章完整等。

第 5 章

企业采购业务内控管理

　　企业采购物资的质量与企业生产经营息息相关。采购物资的质量和价格、供应商的选择、采购合同的订立、物资的运输和验收等方面的情况，在很大程度上决定了企业的生存与可持续发展。因此，企业必须建立严格的企业采购业务内控管理制度，并不断优化采购流程。

5.1 采购业务流程控制

采购业务流程主要涉及编制需求计划和采购计划、请购、选择供应商、确定采购价格、订立框架协议或采购合同、管理供应过程、验收、退货、付款、会计控制等环节，具体流程如图 5.1-1 所示。

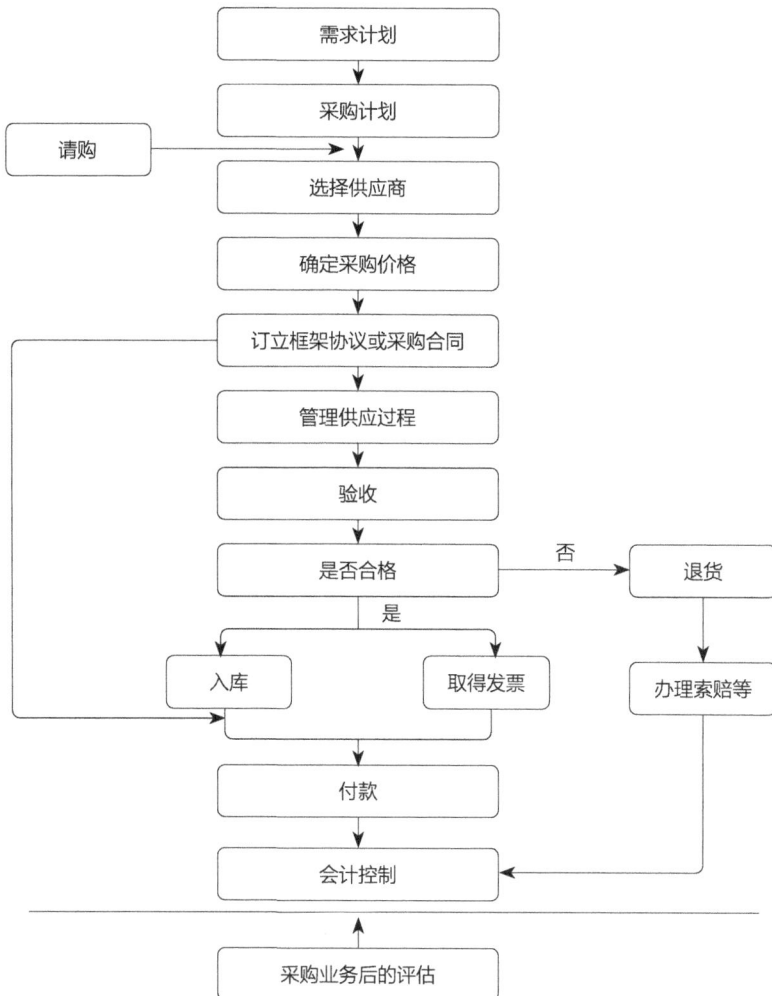

图 5.1-1 采购业务流程

图 5.1-1 所示的采购业务流程适用于各类企业的一般采购业务，具有通用性。企业在实际办理采购业务时，可以参照此流程，并结合自身情况予以扩充和具体化。

5.1.1 请购流程及审批

请购是指企业生产经营部门根据采购计划和实际需要提出采购申请。为了确保请购的妥善进行，企业应建立采购预算制度和申请制度，要求各部门于每年 12 月底前制订下一年度物资需求计划，并报董事会等权力机构审批。

为了避免企业发生未经审批的请购行为，从而导致采购物资过量或短缺，企业必须建立严格的请购流程及审批机制。

1. 建立采购申请制度

企业应依据购买物资或接受劳务的类型，确定归口管理部门，授予相应的请购权，明确相关部门或人员的职责权限及相应的请购和审批程序。企业可以根据实际需要设置专门的请购部门，对需求部门提出的采购需求进行审核，并进行归类汇总，统筹安排企业的采购计划。

2. 办理请购手续

具有请购权的部门对预算内采购项目，应当严格按照预算执行进度办理请购手续，并根据市场变化提出合理采购申请。对于超预算和预算外采购项目，应先履行预算调整程序，由具备相应审批权限的部门或人员审批后，再行办理请购手续。

3. 进行请购审批

具备相应审批权限的部门或人员审批采购申请时，应重点关注：采购申请内容是否准确、完整，是否符合生产经营需要，是否符合采购计划，是否在采购预算范围内，等等。

对于不符合规定的采购申请，具有相应审批权限的部门或人员应要求需求部门调整请购内容或拒绝批准。

5.1.2 采购过程控制

采购业务流程的有效控制的关键就是采购过程的控制。只有对选择供应商、确定采购价格等环节进行有效控制，企业才能确保采购业务的有序推进。

1. 选择供应商

选择供应商就是确定采购渠道，是企业采购业务流程中非常重要的环节。如果供应商选择不当，不仅可能导致采购物资质次价高，还可能出现舞弊行为。

对此，企业应建立科学的供应商评估和准入制度，并对供应商进行有效管理。

（1）供应商评估和准入。企业应结合市场状况和企业需求建立科学的供应商评估和准入制度，对供应商资质和信誉情况的真实性和合法性进行审查，确定合格的供应商清单，建立企业统一的供应商网络。

对于新增供应商、供应商新增的服务关系以及调整后的供应商物资目录，企业都应由采购部门根据需要提出申请，并按规定的权限和程序审核批准后，再将其纳入供应商网络。

企业可委托具有相应资质的中介机构对供应商进行资信调查。

（2）择优选择供应商。采购部门应当按照公平、公正和竞争的原则，择优确定供应商，在切实防范舞弊风险的基础上，与选定的供应商签订质量保证协议。

（3）供应商管理。企业应建立供应商管理信息系统和供应商淘汰制度，对供应商进行实时管理和考核评价，其考核要点主要包括提供物资或劳务的质量和价格、交货及时性、供货条件及其资信、经营状况等。

根据考核评价结果，采购部门可提出供应商淘汰和更换名单，经审批后对供应商进行合理选择和调整，并在供应商管理信息系统中做好相应记录。

2. 确定采购价格

如何以最优"性价比"采购到符合需求的物资，是采购部门需要一直考虑的问题。不科学的采购定价机制、不恰当的采购定价方式，都可能导致采购价格不合理，从而给企业造成资金损失。

（1）建立采购定价机制。企业应采取协议采购、招标采购、询比价采购、动态竞价采购等多种方式，科学合理地确定采购价格。对于标准化程度高、需求计划性强、价格相对稳定的物资，企业可通过招标、联合谈判等公开竞争的方式签订框架协议。

（2）跟踪重要物资价格。采购部门应当定期研究大宗通用重要物资的成本构成与市场价格变动趋势，并确定重要物资品种的采购执行价格或参考价格；建立采购价格数据库，定期开展针对重要物资的市场供求形势及价格走势的商情分析并合理利用分析结果。

3. 采购供应过程控制

采购供应过程控制主要是指企业建立严格的采购合同跟踪制度，科学评价供应商的供货情况，并根据合理选择的运输工具和运输方式，办理运输、投保等事宜，实时掌握物资采购供应过程的情况，以确保采购合同的有效履行，从而使采购物资能够按时、按质、按量供应。

（1）依据采购合同中确定的主要条款跟踪合同履行情况。对有可能影响生产或工程进度的异常情况，应出具书面报告、及时提出解决方案，并采取必要措施，保证需求物资的及时供应。

（2）对重要物资建立并执行合同履约过程中的巡视、点检和监造制度。对需要监造的物资，择优确定监造单位，签订监造合同，落实监造责任人，审核、确认监造大纲，审定监造报告，并及时向技术部门等通报。

（3）根据生产建设进度和采购物资特性等因素，选择合理的运输工具和运输方式，并办理运输、投保等事宜。

（4）实行全过程的采购登记制度或信息化管理，确保采购过程的可追溯性。

5.1.3 验收与付款

对于供应商供应的物资，企业必须验收之后才能付款。

1. 验收

验收是指企业对采购物资和劳务的检验接收，以确保其符合合同中的相关规定或产品质量要求。

验收环节的主要风险有：验收标准不明确、验收程序不规范、未对验收过程中存在的异常情况进行处理。这些都可能造成账实不符、采购物资损失。对此，企业可以从以下3个层面入手做好验收环节的控制工作。

（1）制定明确的采购验收标准，结合物资特性确定必检物资目录，规定此类物资出具质量检验报告后方可入库。

（2）验收机构或人员应当根据采购合同及质量检验部门出具的质量检验报告，重点关注采购合同、发票等原始单据与采购物资的数量、质量、规格型号等核对一致。

对于验收合格的物资，验收机构或人员应填制入库凭证，加盖物资"收讫章"，登记实物账，及时将入库凭证传递给财务部门。物资入库前，采购部门应检查质量保证书、商检证书或合格证等证明文件。

验收时如涉及技术性强的物资、大宗物资和新、特物资，验收机构或人员还应对其进行专业测试，必要时可委托具有检验资质的机构或聘请外部专家协助验收。

（3）对验收过程中发现的异常情况，例如无采购合同或大额且超过采购合同规定的数量的物资、超采购预算采购的物资、毁损的物资等，验收机构或人员应当立即向企业有权管理的相关机构报告，相关机构应当查明原因并及时处理。

针对不合格物资，采购部门应依据检验结果办理让步接收、退货、索赔等事宜。如因延迟交货而造成生产建设损失，采购部门要按照合同约定索赔。

2. 付款

付款是指企业在对采购预算、合同、相关单据凭证等内容进行审核并确认无误后，按照采购合同的规定及时向供应商办理支付款项的过程。

付款环节的主要风险有：付款审核不严格、付款方式不恰当、付款金额控制不严。这些都可能导致企业资金损失或信用受损。对此，企业可以借助以下3个手段加强对付款环节的管控。

（1）严格审查采购发票等票据的真实性、合法性和有效性，判断采购款项是否确实应予以支付。例如，审查发票填制的内容是否与发票种类相符合，发票加盖的印章是否与票据的种类相符合等。

企业应当重视采购付款的过程控制和跟踪管理，如果发现异常情况，应当拒绝向供应商付款，以避免资金损失和信用受损。

（2）根据国家有关支付结算的规定和企业生产经营的实际情况，企业应合理选择付款方式，并严格遵循合同规定，防范付款方式不当带来的法律风险，保证资金安全。

除了不足转账起点金额的采购可以支付现金外，采购价款的转账应通过银行办理。

（3）加强预付账款和定金的管理。涉及大额或长期的预付款项，应当定期进行追踪核查，综合分析预付账款的期限、占用款项的合理性、不可收回的风险等情况，发现有疑问的预付款项，应当及时采取措施。

5.2 采购组织管理

不同企业的采购组织各不相同，但其管理目的都是确保采购职能的实现，确保采购组织的高效、灵活，以加强采购业务的内部控制。

5.2.1 采购组织形式

在实际工作中，采购组织形式一般分为集中采购和分散采购。常见的采购组织形式则是集中采购，集中采购体现了经营主体的权利和利益，有利于稳定企业与供应商的关系，还能控制成本、提高效率。

根据不同的情况，企业可以按照不同的标准来设计采购组织形式。

1. 按企业规模设计

由于企业规模不同，中小型企业的采购组织形式较为简单，如图 5.2-1 所示；

大型企业的采购组织形式则较为复杂，如图 5.2-2 所示。

图 5.2-1　中小型企业采购组织形式

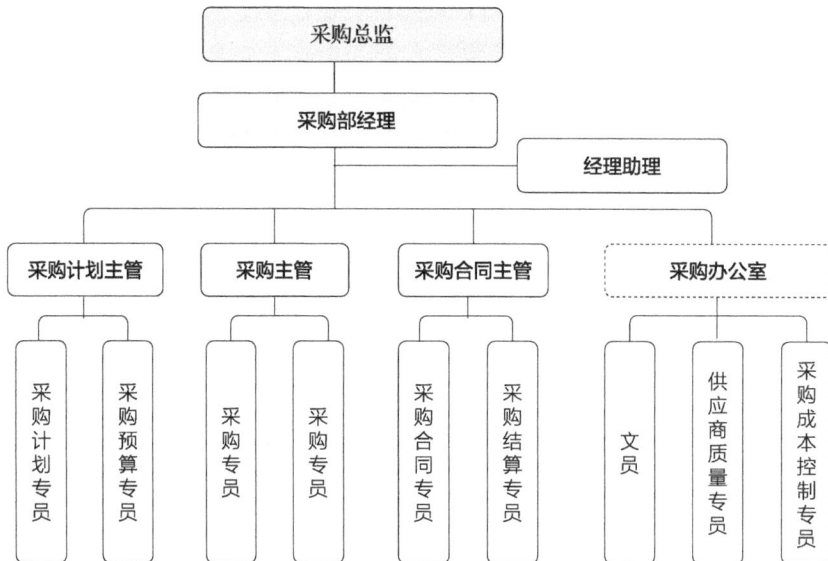

图 5.2-2　大型企业采购组织形式

2. 按专业分工设计

按照采购过程中的专业分工来设计，则采购组织形式一般如图 5.2-3 所示。

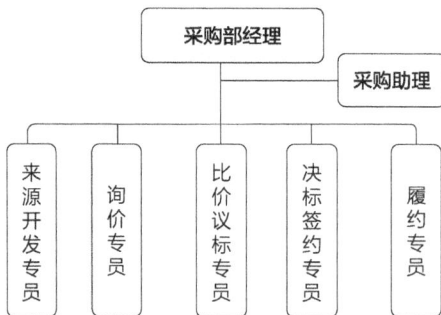

图 5.2-3　按专业分工设计的采购组织形式

3. 按采购物资类别设计

按所采购的物资类别来设计，则采购组织形式一般如图 5.2-4 所示。

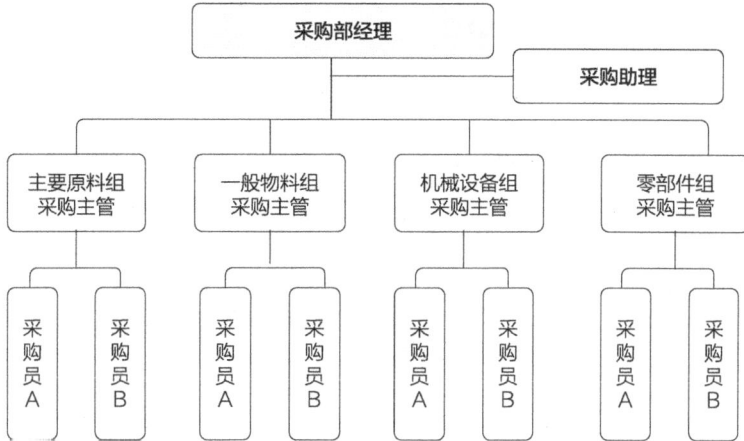

图 5.2-4 按采购物资类别设计的采购组织形式

5.2.2 采购岗位设置

采购部门应根据企业规模和采购特点分设不同的职能岗位。岗位设置应当按照科学、精简、高效、制衡的原则，企业还应对各岗位的职能进行科学的分解，明确各个岗位的职责权限和相互关系，既要避免职能交叉、岗位设置过于复杂，又要避免权力过于集中。

根据采购过程中的职能来设置采购岗位，如图 5.2-5 所示。

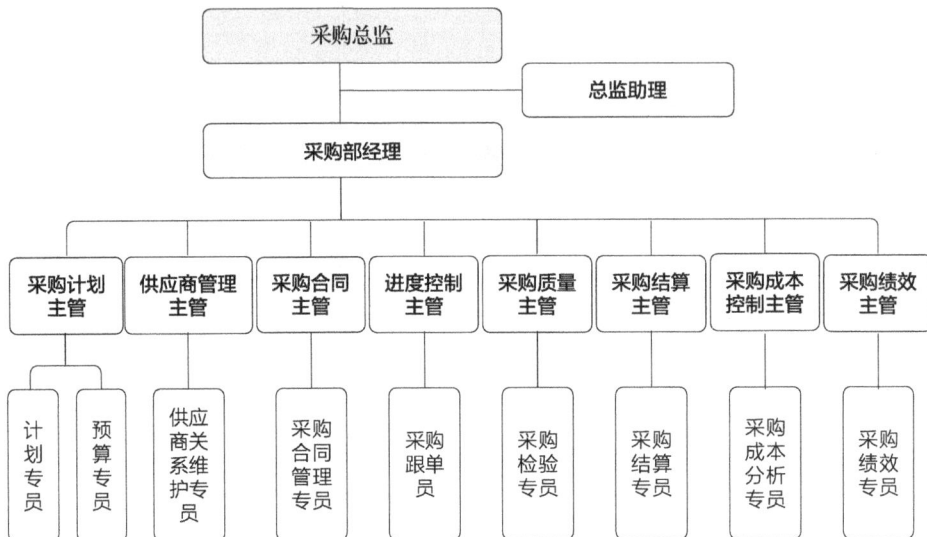

图 5.2-5　采购岗位设置

5.3　采购授权及采购责任

随着市场经济不确定性的增加，企业的采购业务流程也愈发难以把控。在这种情况下，为了避免采购业务风险的发生，企业更应该建立起完善的采购业务内控制度，明确采购授权及采购责任。

5.3.1　采购授权

企业应对采购部门的各个岗位进行明确授权，并建立固定的授权制度，要求各岗位严格按照权限和程序办理采购业务。

1. 采购经理权限

采购授权应主要以采购经理为核心，要避免过度授权。采购经理的权限一般包括 5 类。

（1）根据预算组织办理采购业务。

（2）调查各部门的物资需求及消耗情况。

（3）掌握各种物资的供应渠道和市场变化情况。

（4）监督采购人员的业务洽谈情况。

（5）检查合同的执行和落实情况。

2. 特殊采购权限

企业日常的物资采购应严格按权限和程序进行。大宗商品或临时紧急采购等特殊采购，则应由公司总经理负责，或制定相应的授权制度。

必要时，特殊采购应报董事会批准或进行集体决策。

5.3.2　采购责任

有效控制采购业务并不只是采购部门的责任，采购业务各环节涉及的部门均应承担相应责任，以确保采购业务的有序推进。

根据采购业务流程，采购责任的分配主要涉及请购、采购、验收和付款等 4 个部门。

1. 请购部门责任

请购部门应按预算、生产计划合理确认采购需求，并计划合理使用物资，避免物资的浪费和积压。

企业需对此制定具体的追责制度，对于因请购部门责任而造成损失的情况，例如生产计划不能按时完成造成物资积压或采购延误等情况，请购部门需承担责任并接受相应惩罚。

2. 采购部门责任

对于因采购部门工作失误而造成损失的情况，企业同样需要制定具体的追责制度。具体到采购部门内部，其责任则可以分为采购经理的责任和采购专员的责任两部分。

（1）采购经理。采购经理的责任主要体现在采购管理工作上，一般包括 5 点内容。

①制定企业采购管理制度和工作流程。

②负责与采购相关的法律、法规及各项规章制度的宣传、贯彻和落实。

③指导、协调和管理企业的采购活动。

④组织进行采购业务的培训工作。

⑤对采购工作提出意见和建议。

（2）采购专员。采购专员是采购业务的具体执行者，应当具有良好的职业道德，且要能够在采购工作中秉公办事。为此，企业也需进一步明确采购专员的责任。

①了解企业产品生产过程，掌握企业对物资的需求的特点和规律。

②收集市场和产品信息，做好市场调研。对市场形势有较准确的判断，及时为决策者提供信息，以提高企业应对市场风险的能力。

③发展优质客户。从质量、服务、价格等方面对供应商进行分析、评估，建立供应商资料数据库，并及时维护和更新数据库。

④熟悉与采购相关的法律、法规、制度，掌握采购操作规程等基本知识。

3. 验收部门责任

验收部门的主要职责是核对数量、检验质量，确保入库物资符合合同约定。为此，验收部门应当配备必要的专业人员对质量进行检验，必要时也可将物资送到第三方机构检验。如发现物资存在问题，验收部门应及时报告，并对不符合合同要求的物资办理退货手续。

4. 付款部门责任

付款部门的主要职责是对采购业务进行审核并付款。付款部门审核的事项主要包括：付款程序合规、凭证完整合规。

付款部门应严格审核预算、合同、相关单据凭证，并确认发票真实、合法、有效，只有当相关事项都符合要求时才能付款。

为进一步确保企业资金安全，付款部门还需建立定期对账制度，如发现问题应及时上报。

5.4 采购的主要风险及控制策略

随着成本优势逐渐成为企业竞争优势的重要组成部分，采购风险的控制也成为企业采购业务内控的重要任务。如无法有效控制采购风险，企业必然遭受资源浪费、采购成本增加等损失，甚至会出现舞弊、欺诈风险。

5.4.1 采购的主要风险

要控制采购风险，企业必须在明确采购的主要风险，然后才能在企业内部制定相应的控制措施。

企业的采购风险主要体现在 3 个方面。

（1）采购计划不合理，或市场变化趋势预测不准确，导致采购物资不足或过多，进而造成库存短缺或积压，使采购成本因企业生产停滞或资源浪费而进一步增加。

（2）供应商选择不当，或采购方式不合理，如缺乏完善的招投标制度或采购授权制度，可能出现舞弊或遭受欺诈，从而导致企业采购的物资质次价高。

（3）采购验收过程不规范、付款审核不严格，可能导致采购物资、资金损失或信用受损。

5.4.2 采购风险控制策略

为了有效防范采购风险，企业应当制定完善的采购风险控制策略。一般而言，该策略的制定可以从 6 个层面着手。

1. 控制目标

（1）防范采购业务控制不当可能导致的所采购物资及价格不符合目标要求，或者出现舞弊和差错的经营风险，以确保采购业务按规定的程序和适当的授权方式进行。

（2）防范采购业务会计核算多记、错记、漏记采购成本和应付账款等可能导致的财务风险，以确保会计核算规范、准确，账实相符。

（3）防范采购业务违反有关法规（如《中华人民共和国合同法》等）可能导致的受到行政处罚或经济制裁的合规性风险，以确保采购业务等符合国家有关法律法规。

2. 组织保障

（1）一般项目由采购部门牵头负责。

（2）重大项目则成立项目领导小组。

（3）在项目执行全过程中，计划、采购、财务等部门应紧密衔接与配合。

3. 信息沟通

（1）采购计划编制中的配合与协调。

（2）对采购计划与预算的沟通与协调。

（3）商务谈判中涉及与原采购计划发生的重大变更情况的沟通。

（4）商务、财务部门就付款事项进行的相关沟通。

4. 管控思想

（1）以风险为导向。

（2）各环节控制工作由业务管理部门实施自主管理。

5. 制度支持

（1）采购管理办法。

（2）合同管理办法。

（3）商务谈判组织管理制度。

（4）招投标管理办法。

（5）招投标工作监督办法。

（6）财务管理办法。

（7）资金管理办法。

（8）财务事项审批办法。

（9）预算管理办法。

6. 监督检查

（1）采购项目后评估。

（2）采购项目阶段性审计和综合审计。

（3）采购管理程序执行情况的测试检查。

（4）监督整改和规范。

第6章

企业资产内控管理

在现代企业制度下，资产的内部控制已从如何防范资金挪用、非法占用和实物资产被盗，拓展到重点关注资产效能，充分发挥资产、资源的物质基础作用。因此，企业资产内控管理不仅应当对资产进行全面梳理，确保相关管理落实到位，还要审视管理流程，以确保各项资产最大限度地发挥应有的效用。

6.1　存货控制

存货是企业资产的重要组成部分，无论是存货积压，还是存货短缺，都会对企业正常生产运营造成重大影响。因此，企业必须对存货取得、入库、保管、发出等各环节进行严格控制。

6.1.1　存货管理基础

要对存货进行严格控制，企业就必须对存货的业务流程有深入的认识，并明确其在企业生产运营全流程中的地位。

以一家典型的生产企业为例，其物流流程如图 6.1-1 所示。

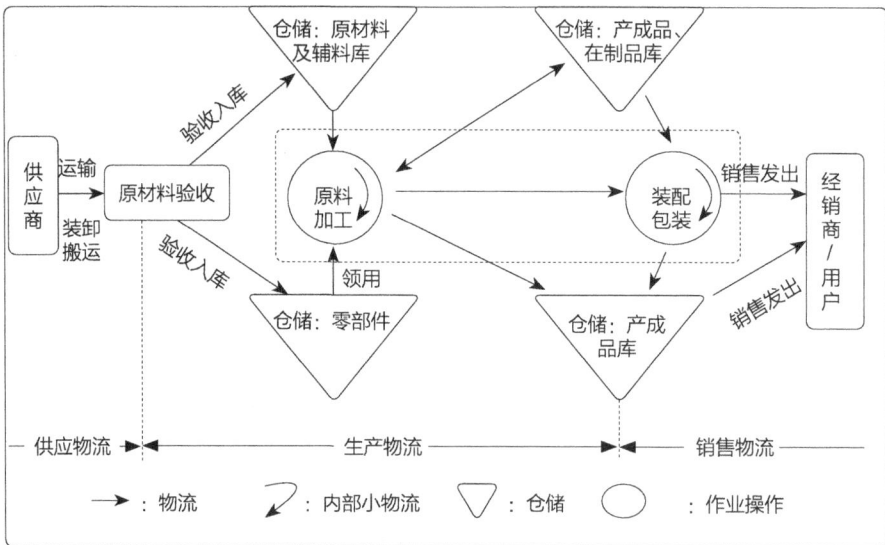

图 6.1-1　生产企业物流流程

一般生产企业的存货业务流程可分为取得、验收、仓储保管、生产加工、盘点处置等 4 个阶段,历经取得存货、验收入库、仓储保管、领用发出、原料加工、装配包装、盘点清查、销售处置等主要环节。

具体到某个特定的生产企业,存货业务流程可能较为复杂,不仅涉及上述所有环节,甚至有更多、更细的流程,且存货在企业内部要经历多次循环。例如,原材料要经历验收入库、领用加工,形成半成品后又入库保存或现场保管,然后领用半成品继续加工,加工完成为产成品后再入库保存,直至发出销售等过程。也有部分生产企业的生产经营活动较为简单,其存货业务流程可能只涉及上述流程中的某几个环节。

从图 6.1-2 可见,作为商品流通企业批发商的存货,通常经过取得、验收入库、仓储保管和销售发出等主要环节;零售商从生产企业或批发商(经销商)那里取得商品,经验收后入库保管或者直接放置在营业场所对外销售。例如,仓储式超市货架里摆放的商品就是超市的存货,商品仓储与销售过程紧密联系在一起。

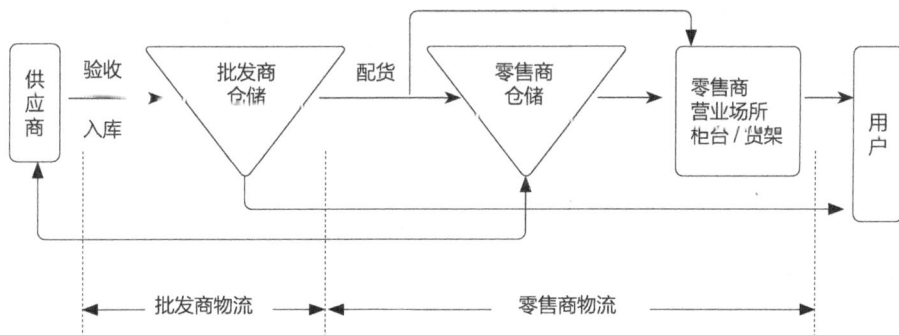

图 6.1-2 商品流通企业物流流程

概括地讲,无论是生产企业,还是商品流通企业,存货取得、验收入库、仓储保管、领用发出、盘点清查、销售处置等是其物流流程共有的环节。

6.1.2 存货管理措施

存货的有效管理应当从存货取得、验收入库环节就已经开始，而这同样是采购业务流程的重要环节。因此，本小节将着重从仓储保管和领用发出环节讨论存货管理措施。

1. 仓储保管

生产企业为保证生产过程的连续性，需要对存货进行仓储保管；商品流通企业的存货从购入到销往客户之间也存在仓储保管环节。

存货仓储保管环节的主要风险在于方法不适当、监管不严密，可能导致存货损坏变质、价值贬损、资源浪费。

因此，针对仓储保管环节的主要管理措施有5点。

（1）存货在不同仓库之间流动时，应当办理出入库手续。

（2）存货仓储期间要按照仓储物资所要求的储存条件妥善贮存，做好防火、防洪、防盗、防潮、防病虫害、防变质等保管工作，不同批次、型号和用途的产品要分类存放。生产现场的在加工原料、周转材料、半成品等要按照有助于提高生产效率的方式摆放，同时要防止浪费、被盗和流失。

（3）对代管、代销、暂存、受托加工的存货，应单独存放和记录，避免与本企业存货混淆。

（4）结合企业实际情况，加强对存货的保险投保，保证存货安全，合理降低存货意外损失的风险。

（5）仓储部门应对库存物料和产品进行每日巡查和定期抽检，详细记录库存情况；发现毁损、存在跌价迹象的，应及时与生产、采购、财务等相关部门沟通。进出仓库的人员应办理进出登记手续，未经授权的人员不得接触存货。

2. 领用发出

生产企业生产部门领用原材料、辅料、燃料和零部件等用于生产加工，仓储部门根据销售部门开出的发货单向经销商或用户发出产成品；商品流通领域的批发商根据合同或订货单等向下游经销商或零售商发出商品，消费者凭交款凭证等从零售商处取走商品等，都涉及存货领用发出的问题。

存货领用发出环节的主要风险在于：存货领用发出审核不严格、手续不完备，可能导致货物流失。其主要管理措施有 3 点。

（1）企业应当根据自身的业务特点，确定适用的存货发出管理模式，制定严格的存货准出制度，明确存货发出和领用的审批权限。

（2）生产企业仓储部门应核对经过审核的领料单或发货通知单的内容，做到单据齐全，名称、规格、计量单位准确，符合条件的准予领用或发出，并与领用人当面核对、点清交付。

（3）商场、超市等商品流通企业，在存货销售发出环节应侧重于防止商品失窃、随时整理弃置商品、每日核对销售记录和库存记录等。无论是何种企业，对于大批存货、贵重商品或危险品的发出，均应当实行特别授权；仓储部门应当根据经审批的销售（出库）通知单发出货物。

6.1.3 存货盘点技巧

盘点清查存货时，一方面要核对实物的数量，看其是否与相关记录相符、是否账实相符；另一方面也要关注实物的质量，看其是否有明显的损坏。存货盘点是了解存货真实状况，确保存货管理措施落实到位的重要手段。

一旦存货盘点清查制度不完善、计划不可行，就可能导致存货管理工作流于形式，企业也无法查清存货真实状况，难以制定更具针对性的管理办法。

为了改善存货盘点的效果，企业应掌握以下 4 个技巧。

（1）企业应当建立存货盘点清查工作规程，结合本企业实际情况确定盘点周期、盘点流程、盘点方法等相关内容，并将定期盘点和不定期抽查相结合。

（2）盘点清查时，应拟定详细的盘点计划，合理安排相关人员，使用科学的盘点方法，保持盘点记录的完整，以保证盘点的真实性、有效性。

（3）对于盘点清查结果要及时编制盘点表，形成书面报告，包括盘点人员、时间、地点，实际所盘点的存货的名称、品种、数量、存放情况，以及盘点过程中发现的账实不符的情况等内容。

（4）对盘点清查中发现的问题，应及时查明原因并落实责任，按照规定权限报经批准后处理。

6.2　固定资产控制

固定资产在企业资产中占有重要地位，其构建、使用、报废、处置都应当遵循一套严格的内部控制流程。只有在相互监督、相互制约中，固定资产才能得到有效控制。但目前，许多企业对固定资产的管理仍然存在诸多问题。

6.2.1　固定资产管理存在的问题

现阶段，我国许多企业对固定资产内部控制的认识不够，导致固定资产管理存在诸多问题，主要表现在 5 个方面。

（1）实施环境问题。固定资产内控制度的制定、完善与实施，都需要决策层的支持，但由于很多企业对此不够重视，所以企业固定资产管理制度的实施基础比较薄弱，相关制度很难发挥应有的调控作用。

（2）风险评估问题。固定资产需要占用企业大量的流动资金，且涉及后续管理维护工作，而很多企业却未能对此进行妥善的风险评估。由于缺乏自我防范、自我约束机制，固定资产管理也会出现较大风险。

（3）控制方法问题。固定资产的有效控制离不开科学、合理、先进的管理控制方法，如果企业职责不清、授权不明，制度同样难以落地。

（4）信息沟通问题。针对固定资产内控制度不全面、不适用的问题，企业内部应积极主动沟通，以确保信息渠道通畅，使问题得以及时解决。

（5）监督检查问题。制度的有效执行需要完善的监督检查机制作为保障。只有建立起规范化的监督检查机制，内控制度才不会形同虚设，成为一纸空文。

6.2.2 固定资产购置环节控制

固定资产的购置环节应当具体分为固定资产取得和固定资产登记造册两个部分。

1. 固定资产取得

固定资产的取得涉及外购、自行建造、非货币性资产交换换入等方式。生产设备、运输工具、房屋建筑物、办公家具和办公设备等不同类型的固定资产有不同的验收程序和技术要求，同一类固定资产也会因其标准化程度、技术难度等的不同而对验收工作提出不同的要求。通常来说，办公家具、电脑、打印机等标准化程度较高的固定资产的验收过程较为简单；而一些复杂的大型生产设备，尤其是定制的高科技精密仪器以及建筑物竣工验收等，需要一套规范、严密的验收制度。

固定资产取得环节的主要风险包括：新增固定资产验收程序不规范，可能导致资产质量不符合要求，进而影响资产运行效果；固定资产投保制度不健全，可能导致应投保资产未投保、索赔不力，不能有效防范资产损失风险。

对此，企业通常可以从验收制度和投保工作两个方面进行控制。

（1）建立严格的固定资产交付使用验收制度。企业外购固定资产应当根据合同、供应商发货单等对所购固定资产的品种、规格、数量、质量、技术要求及其他内容进行验收，并出具验收单、编制验收报告。企业自行建造的固定资产，应由建造部门、固定资产管理部门、使用部门共同填制固定资产移交使用验收单，验收合格后移交使用部门投入使用。未通过验收的不合格资产不得接收，必须按照合同等有关规定办理退换货或采取其他弥补措施。对于具有权属证明的资产，取得时必须有合法的权属证书。

（2）重视和加强固定资产的投保工作。对应投保的固定资产项目按规定程序进行审批，办理投保手续，规范投保行为，以应对固定资产损失风险。对于重大固定资产项目的投保，应当考虑采取招标方式确定保险人，防范固定资产投保舞弊行为。已投保的固定资产发生损失的，应及时调查原因及受损金额，并向保险公司办理相关的索赔手续。

2.固定资产登记造册

企业取得每项固定资产后均需要进行详细登记、编制固定资产目录、建立固定资产卡片，以便于固定资产的统计、检查和后续管理。

如固定资产登记内容不完整，后续就可能导致资产流失、资产信息失真、账实不符。

因此，企业应制定完整的固定资产登记造册制度。

（1）编制适合本企业的固定资产目录，列明固定资产编号、名称、种类、所在地点、使用部门、责任人、数量、账面价值、使用年限、损耗等内容。

（2）按照单项资产建立固定资产卡片，固定资产卡片应在资产编号上与固定资产目录保持对应关系，详细记录各项固定资产的来源、验收情况、使用地点、责任单位和责任人、运转、维修、改造、折旧、盘点等相关内容，便于固定资产的有效识别。固定资产目录和固定资产卡片均应定期或不定期复核，保证信息的真实和完整。

6.2.3　固定资产使用、维护环节的控制

固定资产的使用、维护环节主要涉及运营维护和更新改造两部分的工作。

1.固定资产运营维护

固定资产必须操作得当、得到合理维护，才能维持较长的使用寿命，避免生产效率低下，甚至发生生产事故。

对此，企业可以从4个方面进行有效控制。

（1）固定资产使用部门会同资产管理部门负责固定资产日常维修、保养，将资产日常维护流程体制化、程序化、标准化，并定期检查。

（2）固定资产使用部门及管理部门建立固定资产运行管理档案，并据以制订合理的日常维修和大修理计划。

（3）固定资产实物管理部门审核施工单位资质和资信，并建立管理档案；修理项目应分类，明确需要招投标的项目。修理完成后，由施工单位出具交工

验收报告，经固定资产使用和实物管理部门核对工程量并审批。重大项目应进行专项审计。

（4）对于企业生产线上的关键设备等，操作人员上岗前应由具有资质的技术人员对其进行充分的岗前培训；特殊设备实行岗位许可制度，需持证上岗。必须对资产运转进行实时监控，以保证资产使用流程与既定操作流程相符，确保资产安全运行，提高使用效率。

2. 固定资产更新改造

固定资产的长期使用必然涉及更新改造工作，具体可分为部分更新与整体更新两种情形。部分更新通常包括局部技术改造、更换高性能部件、增加新功能等方面，企业需权衡更新活动的成本与效益后进行综合决策；整体更新主要指对陈旧设备的淘汰与全面升级，企业应更加关注资产技术的先进性。

具体来说，对固定资产更新改造的控制应从两方面着手。

（1）定期对固定资产的技术先进性进行评估。结合营利能力和企业发展可持续性，资产使用部门根据需要提出技术改进方案，与财务部门一起进行预算可行性分析，并经过管理部门的审核批准。

（2）管理部门需对技术改讲方案实施过程进行监控并加强管理。有条件的企业应建立技术改进专项资金并定期或不定期对其进行审计。

6.2.4　固定资产处置和转移环节的控制

固定资产的处置和转移方式不合理同样会给企业带来重大经济损失。企业应当建立健全固定资产处置和转移的相关制度，采取相应的控制措施。固定资产的处置和转移具体可分为 4 种情形。

（1）对使用期满、正常报废的固定资产，应由固定资产使用部门或管理部门填制固定资产报废单，经企业授权部门或人员批准后对该固定资产进行报废清理。

（2）对使用期限未满、非正常报废的固定资产，应由固定资产使用部门提出报废申请，并注明报废理由、估计清理费用、可回收残值、预计处置价格等。企业应组织有关部门进行技术鉴定，按规定程序审批后进行报废清理。

（3）对拟出售或投资转出及非货币交换的固定资产，应由相关部门或人员提出处置申请，对固定资产价值进行评估，并出具资产评估报告，报经企业授权部门或人员批准后予以出售或转出。企业应特别关注固定资产处置中的关联交易和处置定价，固定资产处置价格应报经企业授权部门或人员审批后确定。对于重大固定资产的处置，应当考虑聘请具有资质的中介机构进行资产评估，并采取集体审议或联签制度。涉及产权变更的，应及时办理产权变更手续。

（4）对出租的固定资产，应由相关部门提出出租或出借的申请，写明出租或出借的原因，并由企业授权部门或人员对申请进行审核。审核通过后应签订出租或出借合同，合同中应包括合同双方的具体情况，出租或出借的原因和期限等内容。

6.3 无形资产控制

建立完善的无形资产控制制度，能够保证企业财务报告中有关无形资产的数据准确、合法，同样还能保护无形资产的安全，避免企业无形资产的损失。

6.3.1 无形资产内部控制目标与授权批准

无形资产管理的基本流程包括无形资产的取得、验收并确定权属、自用或授权其他单位使用、安全防范、技术升级与更新换代、处置与转移等环节。无形资产基本业务流程如图 6.3-1 所示。

```
┌─────────┐      ┌─────────┐      ┌─────────┐
│  购买   │      │ 自行研发 │      │ 其他方式 │
└─────────┘      └─────────┘      └─────────┘
                      │
              ┌───────────────┐
              │  取得无形资产  │
              └───────────────┘
                      │
              ┌───────────────┐
              │  组织验收并    │
              │  确定权属关系  │
              └───────────────┘
                      │
              ┌───────────────┐
         ┌───▶│   使用与保全   │◀───┐
         │    └───────────────┘    │
         │            │            │
         │    ┌───────────┐  ┌───────────┐
         │    │  定期评估  │  │  技术升级  │
         │    └───────────┘  │  更新换代  │
         │  通过      │      └───────────┘
         └────┌───────────┐  未通过   │
              │  是否通过  │──────────┘
              └───────────┘
                      │ 未通过
              ┌───────────────┐
              │  无形资产处置  │
              └───────────────┘
```

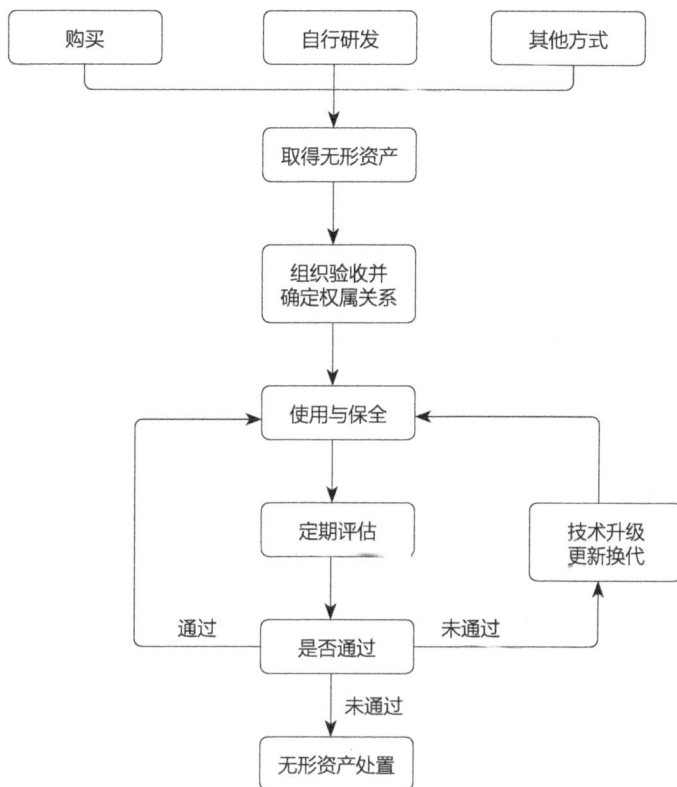

图 6.3-1 无形资产基本业务流程

在明确了无形资产基本业务流程后，企业则需要进一步明确无形资产的内部控制目标，并建立授权批准机制。

1. 内部控制目标

（1）确保无形资产的相关业务都按照适当的程序进行，确保无形资产的使用安全且有效。

（2）确保无形资产的会计记录完整、有效、及时，符合会计准则的相关要求。

（3）确保无形资产账实相符。

2. 授权批准

（1）不相容职务分离，即同一无形资产业务的审批、执行、记录和复核人员的职务相互分离。

（2）设立专门的管控机构，该机构的主要职责包括5点。

①对无形资产的开发、引进、投资进行总体控制。

②指导无形资产控制制度的建立与实施。

③协调企业与外部相关机构的沟通、合作。

④维护无形资产的安全、完整。

⑤评估无形资产的经济效益。

（3）无形资产管控机构在具体办理无形资产相关业务时，应经过机构主管的授权，并接受内部监督机构的监督。

6.3.2　无形资产内部控制环节

根据无形资产的业务流程，可将其内部控制流程分为4个环节。

1. 无形资产取得与验收

（1）企业应当建立严格的无形资产交付使用验收制度，明确无形资产的权属关系，并及时办理产权登记手续。企业外购无形资产时，必须仔细审核有关合同、协议等法律文件，及时取得无形资产所有权的有效证明文件，同时要特别关注外购无形资产的技术先进性。

（2）企业自行开发的无形资产，应由研发部门、无形资产管理部门、使用部门共同填制无形资产移交使用验收单，移交使用部门使用。

（3）企业以购入或者支付土地出让金的方式所取得的土地使用权，必须取得土地使用权的有效证明文件。

（4）当无形资产权属关系发生变动时，应当按照规定及时办理权证转移手续。

2. 无形资产的使用与保全

（1）企业应当强化无形资产使用过程的风险管控，充分发挥无形资产对提升企业产品质量和市场影响力的重要作用。

（2）建立健全无形资产核心技术保密制度，严格限制未经授权人员直接接触技术资料；对技术资料等无形资产的保管及接触应保有记录，实行责任追究制度，以保证无形资产的安全与完整。

（3）对侵害本企业无形资产的，要积极取证并形成书面调查记录，提出维权对策，按规定程序审核并上报。

3. 无形资产的技术升级与更新换代

企业应当定期对专利、专有技术等无形资产的先进性进行评估。当发现某项无形资产给企业带来经济利益的能力受到重大不利影响时，应当考虑淘汰落后技术，同时加大研发投入，不断推动企业自主创新与技术升级，以确保企业在市场经济竞争中始终处于优势地位。

4. 无形资产的处置

（1）企业应当建立无形资产处置的相关管理制度，明确无形资产处置的范围、标准、程序和审批权限等要求。无形资产的处置应由独立于无形资产管理部门和使用部门的其他部门或人员按照规定的权限和程序办理。

（2）相关部门应当选择合理的方式确定无形资产的处置价格，并报经企业授权部门或人员审批。

（3）对于重大的无形资产的处置，应当委托具有资质的中介机构进行资产评估。

第 7 章

企业销售业务内控管理

不断加大销售力度、拓宽销售渠道、扩大市场占有率的过程，实质上就是企业生存、发展、壮大的过程。销售业务内控管理，就是要健全相关管理制度，明确以风险为导向、符合成本效益原则的销售管控措施；对现行销售业务流程进行全面梳理，查找管理漏洞，及时采取措施并加以改正。

7.1 销售业务主要风险点

销售是指企业出售商品或提供劳务并收取款项的相关活动，其业务流程如图 7.1-1 所示。

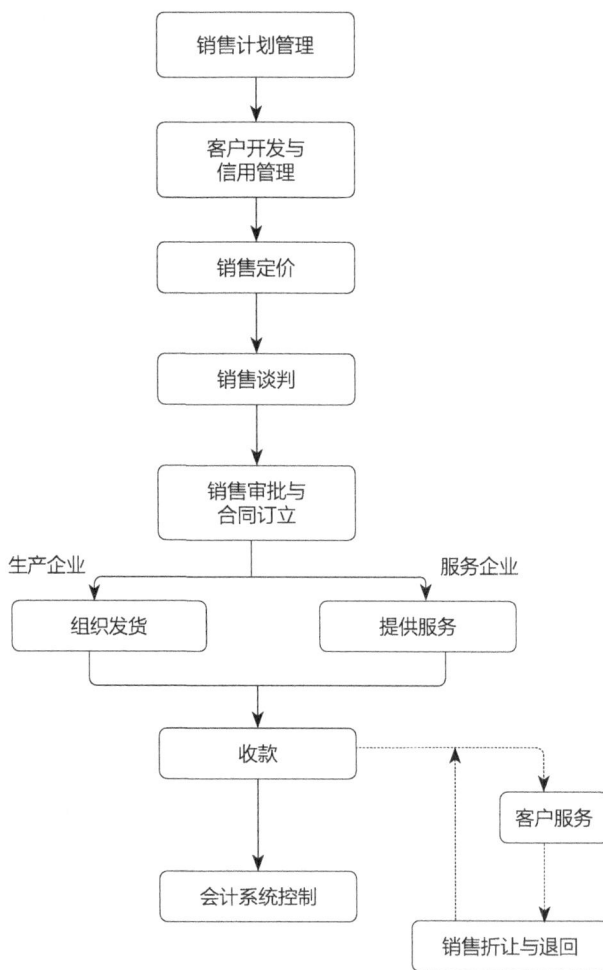

图 7.1-1　销售业务流程

由图 7.1-1 可见，销售业务的风险点主要集中在销售计划管理和收款环节，而在整个流程中也有可能存在舞弊行为。

7.1.1 库存积压

很多企业往往不重视库存控制，尤其是处于业务增长阶段的企业，其更多关注的是销售额的增长，而非库存周转的问题。因此，只有到资金链断裂、空有一仓库存的时候，企业才会开始重视库存积压的风险。

在销售业务的开展中，如果企业销售政策或策略不当、市场变化预测不准确、销售渠道管理不当等，就可能导致销售不畅、库存积压的问题，企业就会因此而陷入资金链断裂、难以继续经营的困境。

7.1.2 销售款项不能收回或遭受欺诈

与库存积压相对的就是销售款项不能及时收回，这种情况同样会给企业带来资金风险。更为严重的是，当企业遭受欺诈时，应收款项也可能变为坏账，从而导致企业需要付出一定的处置成本。

客户信用管理不到位、结算方式选择不当、账款回收不力等情况，都可能导致销售款项不能收回或遭受欺诈。

7.1.3 舞弊行为

销售与收款环节是企业获得经营成果的重要环节，也是极易产生舞弊风险的环节。销售与收款环节的舞弊行为会导致企业利益受损。

一般而言，销售与收款环节的舞弊行为可以分为企业舞弊和员工舞弊两类。

（1）企业舞弊是指企业领导层授意、其他部门配合实施的舞弊行为，主要包括虚增或提前确认销售收入，隐瞒或延迟确认销售收入等，其目的通常是使整个企业获得好处。

（2）员工舞弊是指员工个人通过不正常手段获取收益，如大量赊销、签订虚假合同、挪用或私吞货款、窃取存货、制造虚假费用等，其结果通常是个人获得好处、企业蒙受损失。

7.2 销售环节的关键控制点及控制措施

针对销售业务的主要风险点，企业必须在销售环节加强市场调查，合理确定定价机制，根据市场变化情况及时调整销售策略，并对客户进行有效管理。要做到对整个销售环节进行妥善控制，企业就要抓住销售环节的关键控制点，并采取相应的控制措施。

7.2.1 销售计划管控措施

销售计划的妥善制订是企业有效控制销售环节的基础。在制订销售计划时，企业可从两方面着手。

（1）企业应当根据发展战略和年度生产经营计划，结合企业实际情况来制订年度销售计划；另外还要在此基础上，结合客户订单情况制订月度销售计划，并按规定的权限和程序审批后下达执行。

（2）定期对各产品（商品）的区域销售额、进销差价、销售计划与实际销售情况等进行分析，结合生产现状，及时调整销售计划，调整后的销售计划需履行相应的审批程序。

7.2.2 客户开发与信用管控措施

对客户开发与信用管理环节进行管控是提高销售效率的关键环节，企业需要采取相应的管控措施。

（1）企业应当在进行充分市场调查的基础上，合理细分市场并确定目标市场，然后根据不同目标群体的具体需求确定定价机制和信用方式，并灵活运用销售折扣、销售折让、信用销售、代销和广告宣传等多种策略和营销方式，来促进销售目标实现和不断提高市场占有率。

（2）企业应当建立和不断更新维护客户信用动态档案，并成立与销售部门相对独立的信用管理部门。信用管理部门的主要职责就是对客户付款情况进行持续跟踪和监控，并提出划分和调整客户信用等级的方案。信用管理部门可与销售部门一同根据客户信用等级和企业信用政策设定客户赊销限额和时限，并经财务部门等相关部门审批。针对境外客户和新开发客户，企业应当建立严格的信用保证制度。

7.2.3 销售定价管控措施

价格是企业产品或服务进行市场竞争的关键要素，也是企业获取利润的关键来源。因此，企业必须制定合适的销售定价机制，以对销售价格进行有效管控。

（1）企业应根据有关价格政策，综合考虑企业财务目标、营销目标、产品成本、市场状况及竞争对手情况等多方面因素，来确定产品基准定价。企业还应定期评价产品基准价格的合理性，定价或调价需经具有相应权限的人员审核批准。

（2）在执行基准定价的基础上，针对某些商品可以授予销售部门一定限度的价格浮动权，销售部门可结合产品市场特点，将价格浮动权向下实行逐级递减分配，同时明确权限执行人。价格浮动权限执行人必须严格按照规定的价格浮动范围进行定价，不得擅自突破。

（3）销售折扣、销售折让等政策的制定应由具有相应权限的人员审核批准。企业应对销售折扣、销售折让授予的实际金额、数量、原因及对象予以记录，并归档备查。

7.2.4 订立销售合同管控措施

为避免在销售后期产生履约风险，企业在订立销售合同时应对其进行妥善考量。

（1）订立销售合同前，企业应当指定专门人员与客户进行业务洽谈、磋商或谈判，关注客户信用状况，明确销售定价、结算方式、权利与义务条款等相关内容。对于重大的销售业务谈判还应当让财会、法律等专业人员参加，并形成完整的书面记录。

（2）企业应当建立健全销售合同订立及审批管理制度，明确必须签订合同的范围，规范合同订立程序，确定具体的审核、审批程序和所涉及的部门人员及相应权责。审核、审批时应当重点关注销售合同草案中提出的销售价格、信用政策、发货及收款方式等。对于重要的销售合同，企业应当征询法律专业人员的意见。

（3）销售合同草案经审批同意后，企业应授权有关人员与客户签订正式的销售合同。

7.2.5　发货管控措施

发货环节的管控主要涉及销售部门及仓储部门，这两个部门都应遵守相应的职责，并独立完成相应的工作。

（1）销售部门应当按照经审核后的销售合同开具相关的销售通知单交仓储部门和财会部门。

（2）仓储部门应当承担出库、计量、运输等环节的岗位责任，对销售通知单进行审核；严格按照销售通知单所列的发货品种和规格、发货数量、发货时间、发货方式、接货地点等，按规定时间组织发货，形成相应的发货单据，并连续编号。

（3）企业应当以运输合同或条款等形式明确运输方式、到货验收方式、运输费用承担、保险，以及商品短缺、毁损或变质的责任等内容；货物交接环节应做好装卸和检验工作，确保货物的安全发运，并由客户验收确认。

（4）相关部门应当做好各环节的记录，填制相应的凭证，设置销售台账，实行全过程的销售登记制度。

7.3 收款环节的关键控制点和控制措施

企业应结合相关的销售政策,在销售之初就选择恰当的收款方式,加快款项的回收,以提高资金使用效率。而在收款环节,企业也需加强对应收款项、商业票据的管控以及对会计系统的控制,并做好应收账款坏账的管理工作。

7.3.1 应收款项管理制度

为了加快应收账款的回收,企业应当完善应收账款管理制度,对销售人员进行严格考核,并据此予以奖惩。

1. 建立回款奖惩制度

为激励销售人员积极收回货款,企业可将销售人员的收入与应收款项回收情况挂钩。

某企业制定的销售人员回款奖惩细则包括 4 点内容。

①回收率达 100%,给予 0.12% 的提成奖励;回收率达 98%~100%,给予 0.06% 的提成奖励;回收率为 95%~98%,则取消提成奖励;回收率低于 95%,则按照未回收款项的 1.0% 进行扣罚。

②如应收款项拖欠 1 年以上,则每月都需按照未回收款项的 0.5% 进行扣罚。

③如出现倒账或收回的票据未能如期兑现,经办人员均应负责赔偿损失款项的 5%。

④如因销售人员失误而导致坏账的，则需按坏账金额的 5% ~ 6% 扣减业务提成。

2. 加强赊销管理

企业应建立完善的赊销管理机制，避免赊销导致的款项拖欠风险。

（1）需要赊销的商品，应由信用管理部门按照客户信用等级审核，并经具有相应权限的人员审批。

（2）赊销商品一般应取得客户的书面确认，必要时应要求客户办理资产抵押、担保等收款保证手续。

（3）应完善应收款项管理制度，落实责任、严格考核、实行奖惩。销售部门负责应收款项的催收，催收记录（包括往来函电）应妥善保存。

（4）加强对代销业务款项的管理，及时与代销商结算款项。

7.3.2 商业票据的管理

对于以商业票据为结算方式的货款，企业应结合销售政策和信用政策，建立票据管理制度，明确应收票据的受理范围和管理措施。

对商业票据的管理主要包括 4 点内容。

（1）对票据的取得、贴现、背书、保管等活动予以明确规定。

（2）严格审查票据的真实性和合法性，防止票据欺诈。

（3）由专人保管应收票据，对即将到期的应收票据应及时办理托收，定期核对、盘点票据。

（4）票据贴现、背书应经恰当审批。

7.3.3 会计系统控制

销售业务与会计系统息息相关，而会计系统控制也是收款环节的重要控制措施。因此，企业应建立完善的会计系统控制制度。

（1）财会部门开具发票时应当依据相关单据（计量单、出库单、货款结算单、销售通知单等）并经相关岗位审核，严禁开具虚假发票。对于销售报表等原始凭证，财会部门应审核销售价格、数量等，并根据国家统一的会计准则制度确认销售收入、登记入账。财会部门与相关部门应于月末核对当月销售数量，保证各部门销售数量的一致性。

（2）企业应建立应收账款清收核查制度，销售部门应定期与客户对账，并取得书面对账凭证，财会部门负责办理资金结算并监督款项回收。

（3）企业应及时收集应收账款相关凭证资料并妥善保管；及时要求客户提供担保；对于未按时还款的客户，采取申请支付令、申请诉前保全和起诉等方式及时清收欠款。收回的非货币性资产应经评估和恰当审批。

（4）企业对于可能成为坏账的应收账款，应当按照国家统一的会计准则规定计提坏账准备，并按照权限范围和审批程序进行审批。对于确定发生的各项坏账，企业应当查明原因、明确责任，并在履行规定的审批程序后做出会计处理。企业应当对核销的坏账进行备查登记，做到账销案存；已核销的坏账又收回时应当及时入账，防止形成账外资金。

7.3.4　应收账款坏账的管理

企业应当加强对应收账款坏账的管理。应收款项全部或部分无法收回的，企业应当查明原因、明确责任，并在履行审批程序后作出会计处理。

对于应收账款坏账，除需按照国家统一的会计准则制度进行处理之外，企业还需制定相应的管理措施，以减少坏账损失、维护企业利益。

一般而言，可将应收账款确认为坏账的情形主要包括 3 类。

（1）债务人死亡，其遗产清偿后仍无法收回全部款项。

（2）债务人破产，其剩余财产清偿后仍无法收回全部款项。

（3）债务人长期（一般为 1 年）未履行偿债义务，并有足够证据表明该款项无法收回或收回可能性极小。

7.4 销售交易的内部控制要点

对于销售交易环节的内部控制，企业应遵守职责分离、授权审批的原则，并确保相关凭证和记录的准确、完整，以便于内部核查的实施。

7.4.1 适当的职责分离

销售交易环节涉及企业货、款、账等各项要素的变动，因此，企业需遵守职责分离原则，妥善设计销售交易环节的职能分布。

（1）销售、收款、发货3项业务应分属3个部门（或岗位）负责。

（2）在销售合同订立前，企业应当指定专人就此进行谈判，谈判内容包括销售价格、信用政策及收款方式等具体事项。需要注意的是，谈判人员应至少有2人，且其职务要与订立合同的人员的职务相互分离。

（3）编制销售发票通知单与开具发票应分属不同人员负责。

（4）销售人员应当避免接触销货款项。

（5）应收票据的取得和贴现必须获得具有相应权限的主管人员的书面批准，该主管人员的职务须与发票保管人员的职务相互分离。

7.4.2 恰当的授权审批

销售交易环节的授权审批主要包含4点内容。

（1）如需进行赊销，则必须在销售业务办理之前审批通过。

（2）如未经过正当审批程序，仓储部门不得发出货物。

（3）销售合同里的重要内容必须经过审批，如销售价格、销售条件、运费、折扣等。

（4）企业需制定销售与收款授权批准制度，严格规定审批人员的权限范围，禁止超越权限审批。

7.4.3 完整的凭证和记录

只有具备完整的凭证和记录，才能确保各项控制目标的实现。为此，企业可以从两个方面着手。

（1）预先给凭证编号，并定期清点凭证，确保凭证编号连续。给凭证编号的做法能够有效防止销售人员忘记开具账单或登记入账，也能避免重复开具账单或重复记账。

（2）按月向客户寄发对账单，与客户核对收款情况，避免应付账款不一致的情况。在此环节同样要遵循职责分离的原则，寄发账单的人员应与现金出纳人员、销售人员及应收账款记账人员相互分离。

7.4.4 内部核查

内部核查是指企业安排内部审计人员或独立的稽查人员定期对销售交易流程进行核查，核查重点包括销售交易流程是否符合既定规则，有无违规或存在疏漏的情况。

在内控实务中，企业一般会设置独立的内部稽查部门，其职责就是监督销售交易内部控制制度的正常运行，并对企业销售业务控制体系进行完善。

案例：销售货款讨债不成，如何处置左右为难

小王是某食品公司的区域经理，他最近因为货款讨债不成的事情十分烦恼。原来，在今年春节前，小王负责的 A 经销商要求公司给予一定的授信，以加大力度迎接春节市场。小王和公司商量了一下，考虑到 A

经销商已经与公司合作了4年，且一直有较大的销量而且信誉状况良好，于是就同意A经销商延期1个月汇款。

但是，时间已经过去了2个月，还款日也早就已经过了，即使小王多次前去催款，A经销商也只是抱怨"资金被套牢在股市，实在无力还款"。虽然A经销商说过段时间就还钱，但小王却感到为难：A经销商是大客户，且之前一直信誉良好，需要妥善维护；如果不采取强硬手段，货款很难收回，自己的业绩也会受到影响，公司还会进行罚款。

其实，小王之所以会对此感到左右为难，正是因为公司缺乏完善的信用管控措施以及应收账款管理办法。

基于完善的信用管控措施，经销商必须符合相应标准才能获得相应的授信，而不会存在"商量一下就同意"的情况。进一步来说，当经销商因为将资金用于股市投资而拖欠货款时，小王则应该果断按照规定加大催款力度，避免应收账款成为坏账。

第 8 章

企业工程项目内控管理

工程项目是企业经营的主要内容。工程项目的内控管理水平将在很大程度上影响着企业内控管理的整体效率。

8.1　工程立项主要风险点及管控措施

"凡事预则立，不预则废"。在工程立项阶段，企业应着眼于分析和发现主要风险点，并形成具有针对性的管控措施，以确保使相关风险在处于萌芽状态时就消失。

8.1.1　工程立项主要风险点

工程立项是工程项目流程的初始环节，也是防范风险的最基础、最重要的阶段。

工程立项环节的主要风险包括以下几种。

（1）工程项目建议书内容不合规、不完整。项目的性质与用途模糊不清，拟建规模和标准不明确，项目投资估算金额和进度安排不协调。

（2）工程项目决策失误，可能会造成企业资产损失或资源浪费。项目如未经过适当审批，或超越权限审批通过，有可能导致重大差错或出现舞弊、欺诈行为，从而使企业遭受资产损失。

（3）工程项目决策不当、盲目立项，可能导致企业难以实现预期收益，甚至导致项目失败。

（4）工程项目缺乏可行性研究，或可行性研究流于形式，其分析深度未达到质量标准和实际要求，则无法为项目决策提供充分可靠的依据。

（5）工程项目评审如果流于形式，可能误导项目决策。权限配置不合理、决策程序不规范，都会导致决案失误。

8.1.2　项目立项流程

为了在工程项目立项阶段做好风险管控工作，企业应注意从以下两方面着手。一方面，企业要在工程立项阶段落实授权分工制、岗位责任制，对于不相容的业务和职权，要分配给不同的人员，以避免人为操作因素造成风险。另一方面，在确定项目之前，企业应该充分了解自身实际经营情况和经营能力，全面收集所处行业的最新信息、项目工程所在地的相关政策和信息。

做好上述工作，企业就能在遵守法律条例和规章制度的基础上做出立项决策，并顺利将项目工程立项阶段的风险控制在最小范围内。而这也对企业项目立项流程的管理水平提出了更高的要求。

图 8.1-1 所示是项目立项流程。

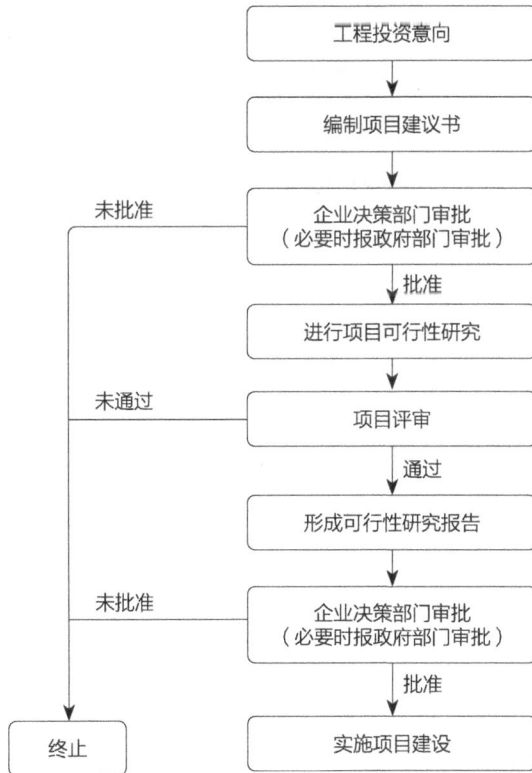

图 8.1-1　项目立项流程

项目立项流程的初始环节是编制项目建议书。此环节的要点如下。

1. 项目建议书的主要内容

项目建议书的主要内容如下。

（1）项目的必要性和依据。

（2）产品方案、拟建规模和建设地点的初步设想。

（3）投资估算、资金筹措方案设想。

（4）项目的进度安排。

（5）经济效果和社会效益的初步估计。

（6）环境影响的初步评价等。

2. 编制项目建议书环节的主要风险

编制项目建议书环节中可能隐藏以下风险。

（1）项目建议书中的投资意向与国家产业政策和企业发展战略脱节。

（2）项目建议书内容不合规、不完整，项目性质、用途模糊，拟建规模、标准不明确，项目投资估算金额和进度安排不协调。

3. 主要管控措施

针对编制项目建议书环节存在的风险，企业应积极实施如下管控措施。

（1）企业应明确岗位职责，不同人员分别对项目建议书的分析、编制和评审进行负责。

（2）企业应全面了解所处行业和地区的相关政策规定，以法律法规和政策规定为依据，结合实际建设条件和经济环境变化趋势，对投资机会进行客观分析，确定工程投资意向。

（3）企业应遵照国家和行业有关要求，结合本企业实际情况，规定项目建议书的主要内容和格式，并明确编制要求。在编制过程中，要对工程质量标准、投资规模和进度计划等进行分析论证，做到协调平衡。

（4）对于专业性较强和较为复杂的工程项目，可以委托专业机构进行投资分析，并编制项目建议书。

（5）企业决策机构应对项目建议书进行集体审议。必要时可以成立专家组或委托专业机构进行评审。承担评审任务的专业机构不得参与项目建议书的编制。

（6）根据国家规定应报批的项目建议书必须及时报批并取得有效批文。

8.1.3 项目评价分析

企业应围绕工程项目效益的高低、企业抗风险能力的强弱来对项目进行评价分析，并形成准确的评价结果，进而明确工程项目在经济和技术方面是否合理。

1. 项目评价分析的主要内容

项目评价分析的主要工作内容是可行性研究。国家规定，凡是经可行性研究未通过的项目，不得进行下一步工作。因此，项目建议书经批准后，企业应着手进行可行性研究。

所谓可行性研究，是企业为了解项目在技术上是否可行、在经济上是否合理而进行的科学分析论证。承担可行性研究工作的单位通常应是经过资格审定的规划、设计和工程咨询单位。这些单位就工程项目在技术上是否先进、适用、可靠，在经济上是否合理，在财务上是否能够营利进行多方面比较，提出综合评价意见，并推荐最佳方案。国家规定可行性研究报告应包含的基本内容如下。

（1）项目提出的背景和依据。

（2）建设规模、产品方案、市场预测和确定的依据。

（3）技术工艺、主要设备、建设标准。

（4）资源、原材料、燃料供应、动力、运输、供水等协作条件。

（5）建设地点、平面布置方案、占地面积。

（6）项目设计方案、协作配套工程。

（7）环保、防震等要求。

（8）劳动定员和人员培训。

（9）建设工期和实施进度。

（10）投资估算和资金筹措方式。

（11）经济效益和社会效益等。

2. 项目评价分析的主要风险

项目评价分析的主要风险如下。

（1）缺乏可行性研究，或可行性研究流于形式，可能导致项目无法实现预期效益，甚至可能导致项目失败。

（2）可行性研究的深度难以达到质量标准和实际要求，无法为项目决策提供充分、可靠的依据。

3. 项目评价分析的主要管控措施

（1）企业应根据国家和行业有关规定以及本企业实际情况，确定可行性研究报告的内容和格式，并明确其具体编制要求。

（2）委托专业机构进行可行性研究的企业，应制定专业机构的选择标准，确保可行性研究科学、准确、公正。在选择专业机构时，应重点关注其专业资质、业绩和声誉、专业人员素质、相关业务经验等。

（3）企业应切实保证投资、质量和进度控制有机统一，即技术先进性和经济可行性要有机结合。建设标准要符合企业实际情况和财力、物力的承受能力，技术要先进、适用。对于拟采用的工艺，既要考虑其对产品质量的提升作用，又要考虑企业的营销状况和走势，避免盲目追求技术先进而忽视了经济效益。

4. 项目评价分析的流程

项目评价分析流程如图 8.1-2 所示。

不相容责任部门及责任人的职责分工与审批权限划分						阶段
总经理	工程部	技术管理部	评价小组	市场部	财务部	

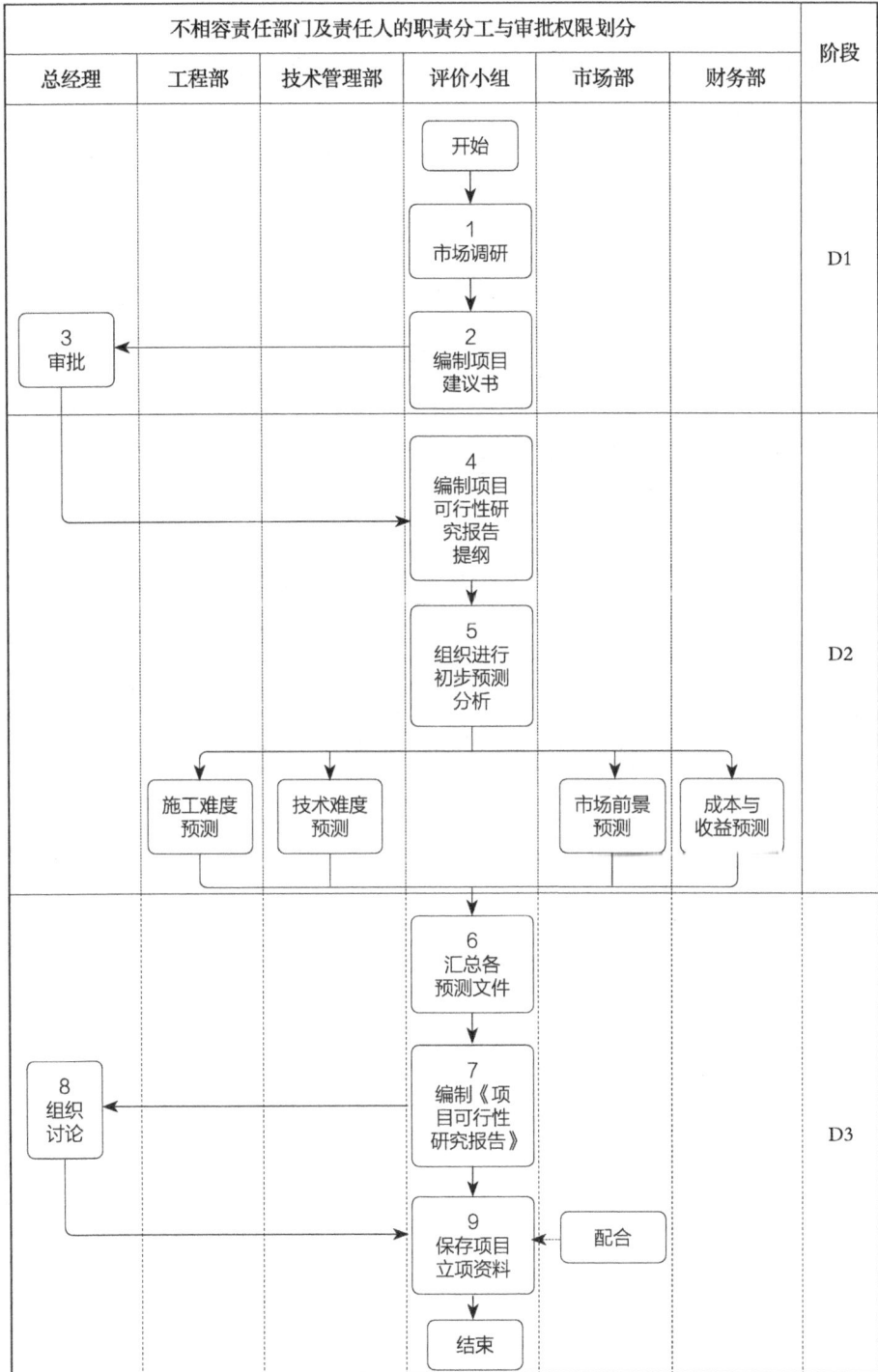

图 8.1-2　项目评价分析流程

通过以上流程，企业可以保证工程项目的评价分析高效、合理。不过，这个流程要受到严格控制，否则就会流于形式。

企业可以按照表 8.1-1 所示的内容对项目评价分析流程进行有力的控制。

表 8.1-1　项目评价分析流程控制

项目评价分析流程控制		
控制事项		**详细描述及说明**
阶段控制	D1	1.评价小组根据企业年度计划，按照企业发展规划进行先期市场调查，了解市场需求及国家有关规定、规划、政策等 2.评价小组根据市场调查结果、需求状况等编制项目建议书，并报总经理审批
	D2	3.评价小组编制项目可行性研究报告提纲 4.评价小组将项目可行性研究报告提纲送交工程部、技术管理部、市场部和财务部，让各部门对项目进行初步的研究和预测，并递交项目预测文件
	D3	5.评价小组汇总各部门的项目预测文件（工程部对项目的施工难度进行的预测、技术管理部对项目的技术难度进行的预测、市场部对项目的市场前景进行的预测、财务部对项目的成本与收益进行的预测） 6.评价小组根据汇总的项目预测文件，编制项目可行性研究报告，并报总经理审批 7.总经理组织召开会议，就评价小组申报的工程项目进行讨论，并形成一致意见 8.评价小组根据讨论的结果，将项目可行性研究报告备案留存，并办理项目立项手续
相关规范	应建规范	■ 工程项目决策管理制度
	参照规范	■ 企业内部控制应用指引 ■《企业会计准则——基本准则》
文件资料	■ 项目建议书 ■ 项目可行性研究报告提纲 ■ 项目可行性研究报告 ■ 施工难度预测报告 ■ 技术难度预测报告 ■ 市场前景预测报告 ■ 成本与收益预测报告	
责任部门及责任人	■ 工程部、技术管理部、评价小组、市场部、财务部 ■ 总经理、工程部人员、其他相关部门人员	

8.1.4 项目立项审批

项目立项审批是企业正式开展工程项目前的最后一道关卡，其意义和重要性不言而喻。对于项目立项审批，应掌握以下重点。

1. 项目立项审批环节的主要风险

在实践中，部分企业的项目立项审批环节只是"走过场"，从而导致项目决策中的风险未能被发现；或者由于审批程序不规范，企业对项目建设权限进行错误配置，从而埋下将会给企业造成重大损失的隐患。

2. 项目立项审批环节的主要管控措施

（1）企业应组建项目评审组或委托具有资质的专业机构对可行性研究报告进行评审。项目评审组成员不得参与可行性研究；委托专业机构进行评审的，该专业机构不得参与项目可行性研究。项目评审组成员应熟悉工程业务，并具有较广泛的代表性。项目评审组的决策机制不能简单按照"少数服从多数"原则，而要充分兼顾项目投资、质量、进度各方面的不同意见。项目评审应实行问责制，项目评审组成员要对其出具的评审意见承担责任。

（2）项目评审组或专业机构在进行项目评审时，应重点关注项目投资方案、投资规模、资金筹措、生产规模、布局选址、技术、安全、环境保护等方面的情况，核实相关资料的来源和取得途径是否真实、可靠，尤其要对经济与技术的可行性进行深入分析和全面论证。

（3）企业应按照规定的权限和程序对工程项目进行决策。决策过程必须有完整的书面记录，并实行决策责任追究制度。对于重大工程项目，应报经董事会或类似决策机构集体审议批准。

（4）在工程项目立项后、正式施工前，企业还应依法取得建设用地、城市规划、环境保护、安全、施工等方面的许可。例如，通过招标、拍卖、挂牌等方式获得土地使用权后，企业应向人防主管部门报批人防规划设计，向园林主管部门报批绿化规划方案，在开工前向建设行政主管部门申请办理施工许可证等。

3. 项目立项审批表

企业可利用项目立项审批表在工程项目的审批决策过程中形成完整的书面记录，以控制审批流程、明确审批责任。表 8.1-2 所示的项目立项审批表可以直接用于决策审批。

表 8.1-2　项目立项审批表

项目名称					
申请单位 （盖章）			单位负责人		
项目概述（必要时需附页或附专题报告）	项目建设必要性：				
	项目建设内容：				
	技术可行性分析：				
	预期效果：				
	项目实施计划 工期：　天				
主管部门初步意见：			签字　　　　年　月　日		
项目预算构成：			签字　　　　年　月　日		
技术发展部组织会审（必要时需报公司董事会）	评审会意见：				
	与会人员签字				
	财务部	企业管理部	生产机动部	党群工作部	安全生产部
	相关职能部门		公司主管领导	总经理（50万~100万元的大型项目）	董事长（100万元以上的大型项目）
技术发展部立项意见： 项目名称： 立项编号：			年　月　日　盖章		

结合项目立项审批表，企业应建立项目立项审批环节的内部控制制度，各部门应根据规定的职责分工和审批权限进行审批决策。审批决策过程应有完整的书面记录。重大工程项目应报经董事会或类似决策机构集体审批，严禁任何个人单独决策或擅自改变集体决策意见。同时，企业还应建立工程项目审批责任制度，明确相关部门及人员的责任，并定期或不定期对项目进展情况进行检查。

8.2 工程建设主要风险点及管控措施

企业工程建设项目投资大、周期长，而工程建设项目在开始后又容易受到多种因素的影响与干扰，因此，企业必须充分明确工程建设的主要风险点，并对其加强管控。

8.2.1 工程建设主要风险点

工程建设阶段是工程形成阶段，是企业人力、物力、财力的主要消耗阶段。该阶段是工程管理中最复杂和最关键的部分，企业需加强控制，以解决工程的造价和质量问题。其中主要风险点包括以下几点。

（1）施工方任意压缩工期，盲目追求进度，有可能导致工程质量低劣、费用增加。

（2）企业对质量的安全监管不到位，导致质量隐患；项目现场控制不当、项目内容变更未经严格审核、工程变更频繁等问题，会导致费用超支、工期延误。

（3）工程物资采购、收发、保管、记录等工作不符合要求，或材料质次价高，引发成本风险。

（4）工程监理不到位，或监理员工不遵守职业道德，会导致工程质量出现问题。

（5）工程价款结算管理不规范，影响价款结算、项目资金使用，会导致工程质量低劣或进度延迟。

8.2.2 工程建设业务流程

工程建设业务流程规范化不仅能够提升工程效率、确保工程质量，也能有效减少隐藏的风险。

图 8.2-1 所示为工程建设业务流程。

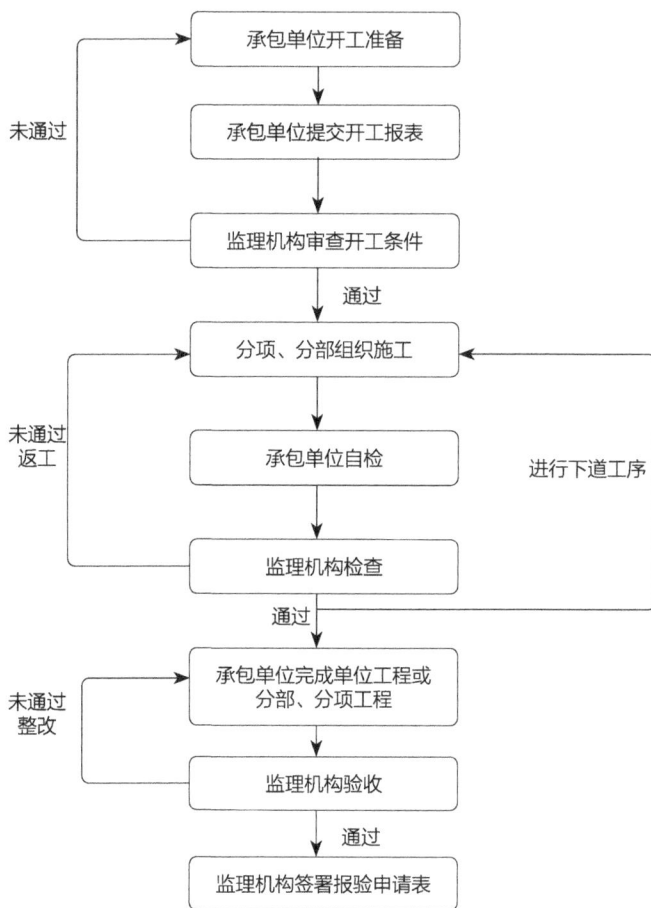

图 8.2-1 工程建设业务流程

在工程建设业务流程的推进中，企业应主要运用以下管控措施。

（1）工程进度管控措施。

①企业应要求监理单位提前建立监理进度控制体系，明确相关程序、要求和责任。

②企业应要求承包单位按合同规定的工程进度，编制详细的分阶段或分项进度计划，报送监理机构审批后，严格按照进度计划开展工作。

③企业应要求承包单位制订的进度计划适合建设工程实际条件和施工现场的实际情况，并与承包单位劳动力、材料、机械设备的供应计划协调一致。确需调整进度的，必须优先保证质量，并同企业和监理机构达成一致意见。

④企业应要求承包单位至少按月对工程完成情况进行统计、分析和对比。当发现工程的实际进度与批准的合同进度计划不符时，承包单位应提交修订合同进度计划的申请报告，并附原因分析和相关措施，报监理机构审批。

（2）工程质量管控措施。

①企业应要求承包单位建立全面的质量控制制度，严格按照国家相关法律法规和本企业质量控制体系进行建设。在施工前，承包单位应列出重要的质量控制点，报经监理机构同意后，在此基础上实施质量预控。

②质量控制的重点对象包括员工行为，关键过程，关键操作，施工设备材料的性能和质量，施工技术参数，工序之间的作业顺序，作业之间的技术间歇时间，新工艺、新技术、新材料的应用，对工程质量产生重大影响的施工方法等。

③企业应通过合同对承包单位进行约束，要求其对材料、工程设备以及施工工艺等进行全过程质量检查和检验，定期编制工程质量报表，并报送监理机构审查。其中，关键工序作业人员必须持证上岗。

④监理机构有权对工程的施工工艺进行检查验收，发现工程质量不符合要求的，应要求承包单位立即返工修改，直至符合验收标准为止。对于主要工序作业，只有监理机构审验后，才能进行下道工序。

（3）安全建设管控措施。

①企业应加强对承包单位的安全检查，并授权监理机构职责使其按合同约定的安全工作内容监督、检查承包单位。此外，企业不得对承包单位、监理机构等提出不符合建设工程安全生产法律法规和强制性标准规定的要求，不得压缩合同约定的工期。在编制工程概算时，企业应确定维护建设工程安全作业环境及采取安全施工措施所需的费用。

②企业应要求监理单位和监理工程师按照法律法规和工程建设强制性标准实施监理，并对工程安全生产承担监理责任。在实施监理的过程中，发现存在安全事故隐患时，监理单位应要求施工单位整改。情况严重的，应立即要求施工单位暂时停止施工，并及时报告企业。

③企业应要求承包单位设立安全生产管理机构，配备专职安全生产管理人员，依法建立安全生产、文明施工管理制度，细化各项安全防范措施；对所承担的建设工程进行定期和专项安全检查，并做好安全检查记录。

8.2.3　工程发包招标控制流程

企业在进行工程建设时，可申请工程发包，这样能选择更好的承包单位，保质、保速地完成工程。

1. 工程发包的风险点

（1）发包模式。在实践中，工程发包通常分为 3 类。

①平行发包模式，即企业将工程发包给项目总承包单位，然后将其中的如机电安装、弱电安装、装修等专业工程分别发包给不同的承包单位。

②工程总包模式，即企业将工程全部发包给施工总承包单位，后者则将主体以外的专业工程分包给专业工程承包单位。

③总承包加指定分包模式，即企业将工程全部发包给施工总承包单位，随后再指定施工总承包单位的分包单位。

（2）风险种类。企业在工程发包过程中，会由于各种不确定因素而面对以下风险。

①社会风险，即在建设工程合同履行过程中的社会环境、风俗习惯等因素，可能对工程建设产生不利影响。

②自然风险，即恶劣的自然条件可能会给企业带来损失。例如，在实践中，如果建设工程所在地突发暴雨，或者长期出现高温天气，都会导致工程进度变慢。

③监理单位、承包单位资信风险。承包单位技术水平的高低、管理能力的优劣，以及监理单位服务水平的高低，将直接决定工程实体的最终质量。由于企业与监理单位、承包单位之间存在直接的信息不对称，所以很容易发生道德风险，从而给企业带来经济和技术风险。

④企业在选择工程发包模式、合同种类时，需要考虑不同的应用条件、权责分配和风险类型。如果工程发包模式或合同种类选择错误，或相应条款约定不明，则可能给企业带来风险。

2. 工程招标流程

企业应建立清晰、严谨、公平、公正的招标流程，以减少发包过程中可能出现的风险。

图 8.2-2 所示为工程招标流程。

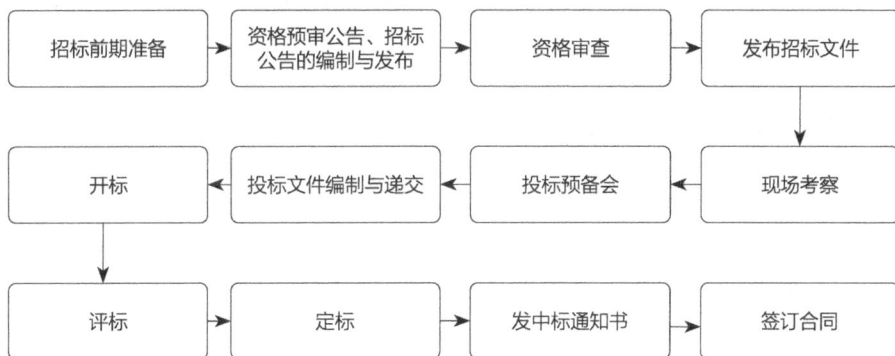

图 8.2-2　工程招标流程

工程招标一般包括招标、投标、开标、评标和定标 5 个主要环节。

（1）招标。

①企业应按照《中华人民共和国招标投标法》《工程建设项目施工招标投标办法》等相关法律法规，结合实际情况，本着公开、公正、平等竞争的原则，建立健全招投标管理制度，明确应进行招标的工程项目范围、招标方式、招标程序，以及投标、开标、评标、定标等各环节的管理要求。

②工程立项后，对于是否采用招标方式以及其他相关事项，应由企业工程管理部门牵头提出方案，报经企业招标决策机构集体审议通过后执行。

③企业确需划分标段组织招标的，应进行科学分析和评估，并提出专业意见。划分标段时，应充分考虑项目的专业特点、管理要求，项目对工程投资的影响，以及各项工作的衔接情况；不得违背工程施工组织设计和招标设计方案，将应由一个承包单位完成的工程项目分解成若干部分发包给多个承包单位。

④招标公告的编制要公开、透明，严格根据项目特点确定投标人资格要求，不得根据"意向中标人"的实际情况确定投标人资格要求。企业不具备自行招标能力的，应委托具有相应资质的招标机构代理招标。

⑤企业应根据项目特点决定是否编制标底。需要编制标底的，标底编制过程和标底应严格保密。

（2）投标。

①对投标人的信息采取严格的保密措施，防止投标人之间串通舞弊。

②科学编制招标公告，合理确定投标人资格要求，尽量扩大潜在投标人的范围，增强市场竞争性。

③严格按照招标公告或资格预审文件中确定的投标人资格条件，对投标人进行实质审查。通过查验资质原件、实地考察，或到市场监管和税务机关调查核实等方式，确定投标人的实际资质，预防假资质中标。

④企业应办理完备的标书签收、登记和保管手续。签收人要记录投标文件的签收日期、地点和密封状况，签收标书后应将投标文件存放在安全保密的地方，任何人不得在开标前开启投标文件。

（3）开标、评标和定标。

①开标过程应邀请所有投标人或其代表出席，并委托公证机构进行检查和公证。

②依法组建评标委员会，确保其成员具有较高的职业道德水平，并具备招标项目专业知识和丰富的经验。评标委员会成员名单在中标结果确定前应严格保密。评标委员会成员和参与评标的有关工作人员不得私下接触投标人，不得收受投标人任何形式的商业贿赂。

③企业应为保证评标委员会独立、客观地进行评标工作创造良好条件，不得向评标委员会成员施加影响，干扰其客观评判。

④评标委员会应在评标报告中详细说明每位成员的评价意见以及集体评审结果，对于中标候选人和落标人要分别陈述具体理由。评标委员会的每位成员应对其出具的评审意见承担个人责任。

⑤中标候选人为 1 人以上时，招标人应按照规定的程序和权限，由决策机构审议决定中标人。

（4）签订合同。确定中标人后，企业应在规定的期限内同中标人订立书面合同，双方不得另行订立背离招标文件实质性内容的其他协议。

在工程项目的合同管理方面，企业应特别注意以下几个方面。

①企业应制定工程合同管理制度，明确各部门在工程合同管理和履行中的职责，严格按照合同行使权力和履行义务。

②建设工程施工合同、各类分包合同、工程项目施工内部承包合同应按国家或本企业制定的示范文本的内容填写；列明质量、进度、资金、安全等各项具体标准；有施工图纸的，施工图纸是合同的重要附件，与合同具有同等法律效力。

③企业应建立合同执行情况台账，记录合同的实际履约情况，并随时督促对方当事人及时履行其义务。企业也应及时做好有关自身履约情况的记录并经对方确认。

8.3　工程验收主要风险点及管控措施

工程验收是指在工程项目竣工后，由企业会同设计、施工、监理单位以及工程质量监督部门等，对该项目是否符合规划设计要求以及建筑施工和设备安装的质量进行全面检验的过程。

8.3.1　工程验收主要风险点

工程验收一般建立在分阶段验收的基础之上，因此前一阶段已经完成验收的工程项目在验收全部工程时原则上不再重新验收。

工程验收环节的主要风险点如下。

（1）企业对工程文件的管理不到位，验收结算时难以及时、准确收集所有资料，从而导致验收未能通过。

（2）竣工验收过程不规范、质量检验把关不严格，可能导致工程存在重大质量隐患。

（3）企业不能及时组织工程竣工验收结算，导致施工结算久拖不决。

（4）虚报项目投资完成额、虚列建设成本或者隐匿结余资金，致使竣工决算失真。

（5）固定资产达到预定可使用状态后，未及时进行估价、结转。

8.3.2　工程竣工验收流程

工程竣工验收是全面检验建设项目质量和投资使用情况的重要环节。工程竣工验收流程如图 8.3-1 所示。

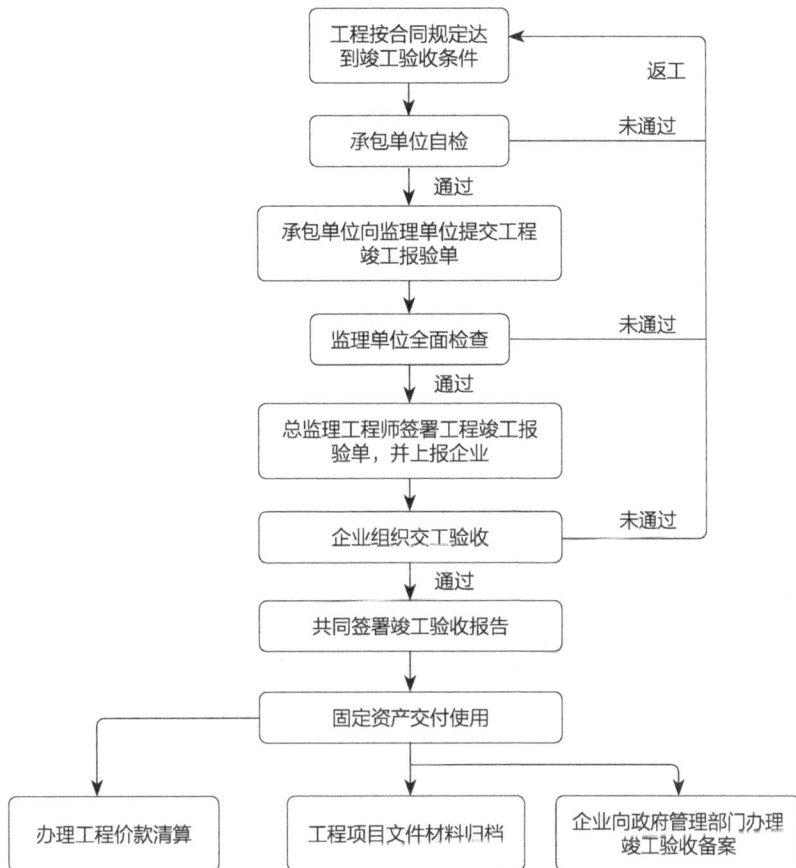

图 8.3-1　工程竣工验收流程

在工程竣工验收流程中，关键的管控措施如下。

（1）企业应健全竣工验收各项管理制度，明确竣工验收的条件、标准、程序、组织管理和责任追究等。

（2）竣工验收必须履行规定的程序，至少应经过承包单位初检、监理单位审核、正式竣工验收 3 个程序。正式竣工验收前，根据合同规定应进行试运行的，应由企业、监理单位和承包单位共同参与试运行；只有试运行符合要求，才能进行正式验收。正式验收时，应由企业、设计单位、施工单位、监理单位等组成验收组，进行共同审验。对于重大项目的验收，可以让相关方面的专家组进行评审。

（3）初检后，确定固定资产达到预定可使用状态的，承包单位应及时通知企业，由企业会同监理单位审核后，对项目价值进行暂估并转入固定资产核算。企业财务部门应定期根据所掌握的工程项目进度核对项目固定资产暂估记录。

（4）企业应加强对工程竣工决算的审核，应先自行审核，再委托具有相应资质的中介机构实施审计。未经审计的，不得办理竣工验收手续。

（5）企业应加强对完工后剩余物资的管理。工程竣工后，企业应对各种节约的材料、设备、施工机械工具等进行清理核实、妥善处理。

（6）企业应按照国家有关档案管理的规定，及时收集、整理工程建设各环节的文件资料，建立工程项目档案。需报政府有关部门备案的，应及时备案。

8.3.3 工程竣工决算流程

在工程竣工验收环节，企业除了要对工程质量进行验收，还要做好竣工结算和竣工决算两项重要工作。

1. 工程竣工结算

工程竣工结算是指承包单位按照合同规定的内容完成所承包工程，经验收质量合格并符合合同要求之后，与企业进行的最终工程价款结算。

竣工结算书由承包单位编制，企业可直接进行审查，也可以委托具有相应资质的工程造价咨询机构进行审查。竣工结算办理完毕，企业应根据确认的竣工结算书在合同约定时间内向承包单位支付工程价款。

2. 工程竣工决算

工程竣工决算是指在工程竣工验收交付使用阶段，由建设单位编制的建设项目从筹建到竣工验收、交付使用全过程中实际支付的全部建设费用。竣工决算是整个建设工程的最终价格，是作为建设单位财务部门汇总固定资产的主要依据。

企业应在收到工程竣工验收报告后，及时编制工程竣工决算。表 8.3-1 所示是某企业的工程竣工决算流程。

表 8.3-1　某企业的工程竣工决算流程

步骤	工作内容	责任岗位或部门	工作要求	备注
1	决算资料提交	施工单位	提交完整、有效、准确的竣工决算资料并派专人负责核对	验收合格后 10 天内提交
2	监理审核	监理单位	依据合同价款、各项施工签证、验收证明、合同约定的决算调整规定，确保决算文件完整、有效、准确	认真审核、实事求是
3	竣工文件审查	企业现场代表	核对竣工图与签证，以及工程变更隐蔽项目的各项签证、文件	认真核对各项签证、变更文件是否与竣工图相符，是否缺、漏、错。必须对现场工程实体与竣工图的数据的准确性负责，确保竣工决算资料的真实性
4	决算内审	造价组	（1）检查施工单位报送的竣工决算资料的完整性和有效性 （2）踏勘现场，考察竣工工程的实际情况，尤其要对变更部分进行核查 （3）检查现场造价洽商手续是否完备，是否可进入结算 （4）提出现场验收质量评定意见 （5）对甲供材料、设备的耗损情况进行复核 （6）查核是否有甲方代付现场工程款、水电费、材料款的情况 （7）查核施工过程中有无其他费用 （8）编写审核意见书 （9）将所有文件编号并报送审计 （10）整理内部审计意见并存档备案	（1）造价为 1 000 万元以下的工程，文件完整接收后 45 天内审核完成；造价为 1 000 万元以上、较复杂的项目，文件完整接收后 60 天内审核完成 （2）工程竣工后必须有合格证明才能进入决算阶段 （3）以实事求是、健康的心态，良好的职业道德，熟练的预算、结算业务能力，遵循国家有关规定，合理、公正、及时、准确地做好工作
5	决算外审	审计单位	工程造价审计	时效：根据审计委托合同确定
6	财务结算	财务部门	（1）工程尾款支付审核 （2）工程保修金支付审核 （3）工程相关押金退还、收回	保修金必须有回访保修的相关证明；相关押金应结清后，才能由财务部门支付余款

案例：承包单位前期考察不充分，被迫终止跨国承建合同

2008 年，某工程联合体承建国外某企业的公路项目，签署合同期为 4 年。尽管期间投入了大量人力、财力和物力，但由于多种因素，合同到期时，实物工程量只完成了 45%。合同到期后，企业和监理工程师单方面启动每天罚款 5 000 美元的措施。经协商，企业同意延长期限 3 年，不再进行任何工期罚款，但条件是工程联合体需出具一份由银行开具的 1 200 万美元的无条件履行保函。而工程联合体拒绝出具该保函，由此，双方谈判破裂，只得终止了合同。

该工程之所以失败，问题在于在立项过程中未能管控好风险。该工程联合体在立项环节的管控措施不足，未能对该地区的可施工日、土地所有权、土地征用程序及纠纷问题等方面的风险进行充分评估和管控。其沉痛教训说明，只有管控好立项环节，才能从根本上规避类似的后续风险。

第 9 章

企业担保业务内控管理

　　担保是指企业作为担保人按照公平、自愿、互利的原则与债权人约定，当债务人不履行债务时，其依照法律规定和合同协议承担相应法律责任的行为。该项业务属于企业的负债，关系着企业的资金运转和生存。因此，企业必须积极建立内部控制体系，防范担保风险。

9.1　担保基础知识

如果缺乏对担保基础知识的了解，企业领导者就不可能识别出有关担保业务风险，并建立相应的内部控制流程。为此，必须先理清关于担保的各项概念。

9.1.1　担保与反担保

担保与反担保是两个既有联系、又有区别的重要概念。

1. 担保

担保是指按法律规定或当事人约定，为确保合同履行并保障债权人利益的法律措施。企业在经营的过程中，可能会出于多种原因为其他企业提供担保，例如为下属企业提供担保，或者为长期稳定的客户提供担保等。

企业提供担保的主要方式包括以下几种。

（1）一般保证。通过保证合同约定，当债务人无法履行债务时，由企业承担责任。

（2）连带责任保证。通过保证合同约定，企业与债务人对债务承担连带责任。当债务履行期届满，债务人未能履行债务时，债权人可以要求债务人履行债务，也可以要求企业履行保证范围内的责任。

（3）抵押。企业提供抵押财产并与债务人以书面形式约定，不转移对抵押财产的占有，而是将该财产作为债权的担保。当债务人无法履行债务时，债权人有权将抵押财产折价、拍卖、变卖，并以所得价款优先受偿。

2. 反担保

反担保，又被称为求偿担保，即债务人反过来为担保人提供担保。反担保是指债务人或第三人做出保证或设定物的担保，当企业因清偿债务人的债务而遭受损失时，企业可以此向债务人追偿。

可以通过下面的例子来理解担保和反担保。

A 公司（简称 A）和 B 公司（简称 B）签订合同，约定由 B 借给 A 一定数目的款项，并为此请 C 公司（简称 C）做 A 的担保人。C 同意成为担保人。如果 A 借债不还，C 会承担相应的责任，甚至替 A 清偿。同时，C 为了保证自身利益不受损害，便要求 A 为其提供反担保。

9.1.2　担保内部管控目标

企业担保内部管控目标分为业务和财务两个方面的目标。

1. 业务目标

企业担保内部管控的业务目标是指企业在担保业务实施过程中，应建立起组织结构设置和人员配备合理的管理体系、科学合理的评估控制体系，以有效避免担保行为不规范给企业带来的损失。具体业务目标如下。

（1）规范担保业务审核、审批程序建立组织机构设置和人员配置合理的管理体系。

（2）建立科学合理的评估控制体系。

（3）逐步完善担保执行控制体系。

（4）建立担保业务规范，对风险进行防范和控制。

2. 财务目标

企业担保内部管控的财务目标是指企业在担保业务实施过程中，需建立完善的担保财务监控体系，以确保企业担保业务的财务管理符合国家有关法律法规要求。具体财务目标如下。

（1）建立规范的担保事项台账记录制度。

（2）建立并完善担保业务实施过程中的财务监控管理体系。

（3）保证担保业务的相关财务信息真实、完整和准确，能够满足担保信息披露的需要。

9.1.3 担保业务的风险

担保与风险有着密切的联系。当企业为其他企业或组织提供债务担保时，一旦债务人无法履行应尽的偿还义务，企业必然要承担连带责任。因此，担保业务开展不当会给企业带来巨大的风险与损失。

企业应着重关注以下风险。

1. 担保业务流程不规范

担保业务未经过集体决策，由少数人决定；相应控制流程只是走过场；担保业务未经过严格审批和控制。

2. 担保合同或协议不规范

由于企业未能严格遵守相关法律规定，没有进行全面审查，可能导致企业参与签订的担保合同或协议的手续不齐全、内容不规范、法律条款含糊不清、合同或协议到期时无法执行等。

3. 担保风险控制机制存在漏洞

企业在担保有效期内，未能对被担保方的生产经营情况、财务情况进行实时监控，导致企业未能及时了解和掌握被担保方发生的重大变化，以致无法执行债务合同，使企业需承担相应责任。

4. 担保过程中的信息不对称

对担保申请人的资信状况调查不深、审批不严或越权审批，可能导致企业担保决策失误或遭受欺诈。担保过程中存在舞弊行为，可能导致经办审批等的相关人员涉案或企业利益受损。

9.2 担保业务关键控制点和主要控制措施

企业办理担保业务时，一般包括担保申请与审批、担保风险评估、担保管理与控制、担保合同签订和担保信息披露等环节，这些环节共同构成担保业务的主要流程。

9.2.1 担保风险评估与控制

在担保风险评估与控制阶段，企业有可能对担保申请人的资信调查不深入、不透彻，对担保项目的风险评估不全面、不科学，导致企业担保决策失误或遭受欺诈，从而为担保业务埋下巨大隐患。为了规避这些风险，企业应积极采取如下措施。

（1）委派具备胜任能力的专业人员开展调查和评估，调查评估人员与担保业务审批人员应相互分离。如果担保申请人为企业关联方，那么与关联方存在经济利益或近亲属关系的有关人员不得参与调查和评估。企业可以自行对担保申请人进行资信调查和风险评估，也可以委托中介机构负责这一工作，同时企业应加强对中介机构工作情况的监控。

（2）对担保申请人的资信状况和有关情况进行全面、客观的调查和评估。

（3）对担保业务经营前景和盈利能力进行合理预测。

（4）划定不予担保的"红线"，并结合调查和评估的情况做出判断。尤其应注意规避以下 5 类属于不予担保的情形。

①担保业务不符合国家法律法规和本企业担保政策的。

②担保申请人已进入重组、托管、兼并或破产清算程序的。

③担保申请人财务状况恶化、资不抵债、管理混乱、经营风险较大的。

④担保申请人与其他企业存在经济纠纷，面临法律诉讼且可能承担主要赔偿责任的。

⑤担保申请人与本企业已经发生过担保纠纷且仍未妥善解决的，或不能及时、足额交纳担保费用的。

（5）形成书面评估报告，全面反映调查评估情况，为担保决策提供第一手资料。企业应规范评估报告的形式和内容，妥善保管评估报告，并将其作为日后追究相关人员担保责任的重要依据。

（6）企业应结合实际情况制定相应的担保风险评估制度，详细规定如何就担保业务开展风险评估。

下面是某企业制定的担保风险评估制度。

第 1 章　总则

第 1 条　目的

1. 防范担保业务风险，确保担保业务符合国家法律法规和本企业担保政策。

2. 规范企业的担保风险评估工作，确保评估工作客观、合理，为担保决策提供科学依据。

第 2 条　责任部门

1. 成立担保风险评估小组，由财务部担保业务负责人、审计部、法务部共同组成，负责担保业务风险评估工作。

2. 在担保业务经办人员受理担保申请，并经过财务部担保业务负责人、财务总监审核通过后，担保风险评估小组将开展担保业务的风险评估工作。

第 2 章　担保风险评估程序

第 3 条　收集担保风险评估资料

担保风险评估小组应认真收集或要求担保人申请提供下列资料。

（1）担保申请人的营业执照、法定代表人的身份证明、企业章程复印件、反映与本企业关联关系的资料等基础性资料。

（2）担保申请书、担保资金使用计划或项目资料。

（3）近 5 年经审计的财务报告等财务资料。

（4）担保申请人资信等级评估报告及还款能力分析报告等资料。

（5）担保申请人与债权人签订的主合同复印件。

（6）担保申请人提供反担保的条件和相关资料。

第 4 条　评估担保风险

企业对担保业务风险进行评估，至少应采取以下措施。

（1）就担保业务是否符合国家有关法律法规、企业发展战略和经营需要进行审查。

（2）就担保业务是否合法、是否可行进行审查。

（3）评估担保申请人的资信状况，其中包括申请人基本情况、资产质量、经营情况、行业前景、偿债能力、信用状况、用于担保和第三方担保的资产及权利归属。

（4）综合考虑在担保业务方面的可接受风险水平，并设定担保风险限额。

（5）评估与反担保有关的资产状况。

第 5 条　撰写评估报告

担保风险评估结束后，担保风险评估小组应向企业财务总监提交担保风险评估报告，评估报告应至少包括以下内容。

（1）担保申请人提出担保申请的经济背景。

（2）接受担保业务的利弊分析。

（3）拒绝担保业务的利弊分析。

（4）评估结论和建议。

担保风险评估报告应按照规定，经财务总监、总经理审批通过后，为企业担保决策提供依据。

第3章 附则

第6条 本制度根据国家有关担保的法律法规及本企业有关担保业务的政策制定，由董事会负责解释。

第7条 本制度自企业董事会审议通过后实施。

9.2.2 担保业务流程

担保业务流程如图9.2-1所示。

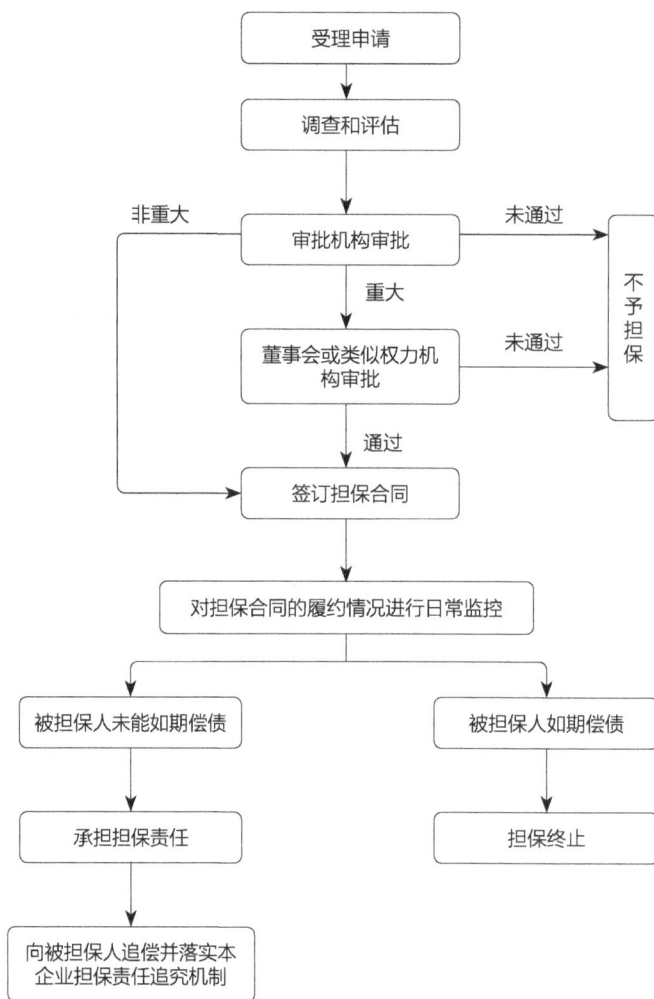

图 9.2-1 担保业务流程

在上述流程中，关键环节的主要风险及控制措施如下。

1. 受理申请

（1）主要风险。企业担保政策和相关管理制度不健全，导致企业难以对担保申请人提出的担保申请进行初步评价和审核；或者企业虽然制定了担保政策和相关管理制度，但对担保申请人提出的担保申请的审查把关不严，导致申请受理流于形式。

（2）主要控制措施。企业应依法制定和完善本企业的担保政策和相关管理制度，明确担保的对象、范围、方式、条件、程序、担保限额和禁止担保的事项；严格按照担保政策和相关管理制度对担保申请人提出的担保申请进行审核。

2. 审批

（1）主要风险。授权审批制度不健全，导致企业对担保业务的审批不规范；审批不严格或者越权审批，导致担保决策出现重大疏漏，可能引发严重后果；审批过程中存在舞弊行为，可能导致经办审批等的相关人员涉案或企业利益受损。

（2）主要控制措施。

①企业应建立和完善担保授权审批制度，明确授权批准的方式、权限、程序、责任和相关控制措施，并规定各层级人员应在授权范围内进行审批，不得超越权限审批。企业内设机构不得以企业名义对外提供担保。同时，企业还应加大对分公司对外提供担保的管控力度，严格限制分公司的担保行为，避免因分公司违规担保而为本企业带来不利后果。

②建立和完善重大担保业务的集体决策审批制度。企业应根据《中华人民共和国公司法》等国家法律法规，结合企业章程和有关管理制度，明确重大担保业务的判断标准、审批权限和程序。上市公司的重大对外担保业务，应取得董事会全体成员 2/3 以上签署同意或者经股东大会批准，如果未经董事会或者类似权力机构批准，不得对外提供重大担保。

③企业应指定专门的担保业务经办人员负责受理担保业务申请，具体人选可由财务部或担保部提名，经总经理审批后确定。担保业务经办人员应对担保

申请进行初审，确保担保申请人满足初选条件；担保业务经办人员还应认真审查关于担保申请人的调查评估报告，在充分了解并掌握有关情况的基础上，权衡比较本企业净资产状况、担保限额与担保申请人提出的担保金额，确保将担保金额控制在企业设定的担保限额之内。

④财务部或担保部负责人将审核通过的担保申请提交财务总监审核，并于审核通过后组织开展担保业务风险评估工作。根据评估结果，将担保申请提交董事会进行审批。

⑤从严办理担保审批。担保业务在发生之前，必须经过审批。非经正当审批，不得签订担保合同。担保责任、标准和条件等，必须经过审核批准。为被担保人履行债务、支付或垫付款项，必须经过审批。

⑥被担保人要求变更担保事项的，企业应重新履行调查评估程序，根据新的调查评估报告重新办理审批手续。

3. 签订担保合同

（1）主要风险

未经授权对外订立担保合同，或者担保合同内容存在重大疏漏和欺诈，可能导致企业诉讼失败、权利追索被动、经济利益和形象信誉受损。

（2）主要控制措施。

①企业应严格按照经审核批准的担保业务订立担保合同。负责合同订立的经办人员应在职责范围内，按照审批人员的审批意见拟订合同条款。

②企业应认真审核合同条款，确保担保合同条款内容完整、表述严谨准确、相关手续齐备。在担保合同中，应明确被担保人的权利、义务、违约责任等相关内容，并要求被担保人定期提供财务报告和有关资料，以及及时通报担保事项的实施情况。如担保申请人同时向多方申请担保，企业应在担保合同中明确约定本企业的担保份额和相应的责任。

③实行担保合同会审联签。除担保业务经办部门之外，企业还应鼓励和倡导企业法律部门、财会部门、内审部门等参与担保合同会审联签，以增强担保合同的合法性、规范性、完备性，从而有效避免权利义务约定、合同文本表述等方面的疏漏。

④加强对有关身份证明和印章的管理。例如，在担保合同签订过程中，依照法律规定和企业内部管理制度，正式提供、使用企业法定代表人的身份证明、个人印章和担保合同专用章等。

4. 履行担保责任

履行担保责任时的主要控制措施如下。

（1）被担保人债务到期后在规定期限内未能履行还款义务，或被担保人破产、清算，债权人主张企业承担担保责任时，担保业务员经办人员应受理债权人发出的履行担保责任通知书。

（2）财务部或担保部负责人审核履行担保责任通知书的有效性及相关证据文件。核对款项后，报财务总监或具有相关权限的人员审批。

（3）财务总监或具有相关权限的人员审批通过后，财务部或担保部负责人向债权人支付或垫付款项。

9.2.3　担保管理与控制

从本质上看，担保活动是一种民事活动。企业进行担保管理与控制时，必须以民法的基本原则为依据，严格把握管控流程中的关键点，以实现管控目标。

1. 管控目标

担保管控的目标主要包括以下几点。

（1）健全企业担保政策与相关管理制度，对担保申请人提出的担保申请进行严格评价与审核。

（2）对担保申请人的资信进行深入、全面的调查，对担保项目的风险进行科学评估。

（3）健全授权审批制度，规范对担保业务的审批程序，严禁审批过程不严格或越权审批。

（4）确保担保合同内容严谨、无重大疏漏并能有效防范欺诈。对担保合同履行情况保持监控，及时、妥善处理被担保人的异常情况。

（5）全面记录担保业务的相关信息；按照监管要求对担保业务进行会计处理并充分披露信息。

（6）明确担保责任，并将其控制在企业能够承受的范围内。

2. 管控风险

担保管控的主要风险点如下。

（1）对担保业务进行审查的结果显示其不符合国家有关法律法规，或不符合本企业发展战略和经营需要，可能导致担保业务不具有可行性、风险过高。

（2）未能经过适当审批，或超越权限审批，可能导致担保过程中出现重大差错、舞弊或者欺诈行为，使企业遭受损失；对担保合同执行情况的监控不当，可能导致企业经营效率低下或遭受损失。

（3）担保风险评估不准确，可能导致企业因诉讼、代偿而遭受损失。

（4）风险评估报告缺乏参考价值，可能导致企业错误决策。

（5）未能及时发现被担保企业经营中存在的问题，尤其是隐藏的财务问题，可能导致企业承担不必要的代偿责任。

（6）企业未能及时了解被担保企业的项目执行情况、资金使用情况、贷款归还情况、财务运行和风险情况，可能导致企业风险增加。

（7）担保业务信息记录不完整、不及时，可能导致担保业务会计报表或信息失真。

3. 管控关键点

（1）职务分离管控。在担保业务流程中应适当分离的职务主要如下。

①评估的受理和核准职务分离。

②审批和执行职务分离。

③审批和监督职务分离。

④执行和监督职务分离。

⑤拟订和复核职务分离。

⑥记账和核实职务分离。

⑦合同订立和支付或垫付款项职务分离。

⑧审核款项和付款职务分离。

⑨审核是否履行担保责任、支付或垫付款项和从被担保人处收回款项职务分离。

（2）日常管控。

①企业应指定专人对被担保人的经营情况和财务状况进行监控，对被担保人进行监督，了解担保项目的执行、资金使用、贷款归还、财务运行及风险情况，促进担保合同有效履行。

②企业有关部门和员工在日常监控的过程中发现被担保人存在经营困难、债务沉重，或者违反担保合同等情况，应在第一时间向企业有关部门进行报告，以便于及时采取具有针对性的应对措施。

（3）会计控制。

①建立担保业务经办部门与财会部门的信息沟通机制，促进担保信息的及时、有效沟通。

②建立担保事项台账，对担保对象、金额、期限、抵押物品或权利以及其他有关事项进行详细记录；及时、足额收取担保费用，维护企业担保权益。

③严格按照国家统一会计准则制度进行担保会计处理；发现被担保人出现财务状况恶化、资不抵债、破产清算等情形时，应对预计负债和损失进行合理确认。

④切实加强对反担保财产的管理，妥善保管被担保人用于反担保的权力凭证，定期核实财产的存续状况与价值，及时发现并处理问题，确保反担保财产安全、完整。

⑤加强对担保合同的基础管理，妥善保管担保合同、与担保合同相关的主合同、反担保函或反担保合同，以及抵押等的相关权利凭证和原始资料，确保担保业务档案完整。当担保合同到期后，企业应全面清查用于担保的财产和权利凭证，并依据合同约定及时终止担保关系。

（4）代为清偿与权利追索。

①强化法制意识与责任观念。当被担保人确实无法偿付债务或履行相关合同义务时，企业应自觉按照担保合同履行代偿义务，以维护企业信誉和口碑。

②企业应通过法律手段向被担保人追索赔偿权利。在此过程中，企业担保业务经办部门、财会部门、法律部门等应通力合作，确保在诉讼中能有力举证，并依法处置被担保人的反担保财产，尽力减少企业的经济损失。

③启动担保业务后评估工作，严格落实担保业务责任追究制度。对于在担保过程中出现重大决策失误、未能履行集体审批程序，或不按规定管理担保业务的部门和人员，严格追究其行政责任与经济责任、并总结分析，举一反三，不断完善担保业务内部管理和控制制度。

9.2.4 担保业务内部管控的制度文本

担保业务内部管控的方法应通俗易懂、便于操作，要使各部门、各岗位能准确把握控制要点。企业应根据相关法律规定，建立担保业务内部管控制度并加以应用。同时，企业应将担保业务内部管控的方法落实为文字，确保管理措施实施到位。

下面是某公司的担保业务内部管控制度，该制度围绕各主要控制点对担保业务形成了有力的管控。

第1章 总则

第1条 为降低担保风险,保证公司资产安全,规范公司对外担保行为,保证对外担保真实、合法，特制定本制度。

第2条 本制度适用于公司为外单位（包括为子公司）提供担保的行为。

第2章 担保申请、审批

第3条 公司可以为具有独立法人资格、较强偿债能力，并具有下列条件之一的单位提供担保。

1. 公司自身。

2. 分公司具有相互担保关系、银行信用资质良好、财务状况良好的单位。

3.与公司有现实或潜在的重要业务关系的单位。

4.董事会认可的其他情况。

第 4 条 公司不得为控股股东及本公司持股 50% 以下的其他关联方、任何非法人单位或个人提供担保。不得以公司资产为公司的股东、股东的控股子公司、股东的附属企业或者个人债务提供担保。不得直接或间接为资产负债率超过 65% 的被担保对象提供担保。

第 5 条 公司在决定担保前应掌握担保申请人的资信状况，并要求担保申请人报送资料，资料应至少包含以下内容。

1.企业基本资料，包括营业执照、企业章程复印件、法定代表人的身份证明、反映与本公司的关联关系及其他关系的相关资料等。

2.担保方式、期限、金额等。

3.近 3 年经审计的财务报告及还款能力分析报告。

4.与借款有关的主要合同的复印件。

5.担保申请人提供反担保的条件。

6.其他重要资料。

第 6 条 经办责任人应根据担保申请人提供的基本资料，对担保申请人的财务、经营状况，信用、信誉情况，以及其所处行业的前景进行调查，确认资料的真实性，报公司分管领导审核后提交董事会。公司可在必要情况下，聘请外部专业机构对实施对外担保的风险进行评估，并将评估结果作为董事会决策的依据。

第 7 条 董事会应根据有关资料认真审查担保申请人的情况。有下列情形之一或提供的资料不充分的，不得为其提供担保。

1.资金投向不符合国家法律法规或国家产业政策的。

2.在最近 3 年内财务会计文件有虚假记载或提供虚假资料的。

3.公司曾为其担保，出现过银行借款逾期、拖欠利息等情况的。

4.经营状况已恶化、信誉不良的。

5.上年度亏损或预计本年度亏损的。

6. 未能提供用于反担保的有效财产的。

7. 董事会认为不能提供担保的其他情形。

第 8 条 对于董事会同意担保的项目，公司应尽快了解担保申请人的资信状况，对担保事项的风险进行深入分析，并在董事会公告中详尽披露。对于董事会同意担保的项目，公司应要求担保申请人提供反担保或采取其他有效防范风险的措施，反担保的金额必须与需担保的金额相对应。如果担保申请人将反担保的财产设定为法律法规禁止流通或不可转让的财产，公司应拒绝担保。

第 9 条 公司对外担保总额不得超过最近一个会计年度净资产的 50%。

第 10 条 公司对外提供担保，应经董事会全体成员 2/3 以上签署同意。

第 11 条 董事会就担保事项做出决议时，与该担保项目有利害关系的董事应回避。

第 12 条 经公司董事会批准后，由经办负责人拟订担保合同。合同内事项记载应完整、明确，必须符合有关法律法规。除银行出具的格式担保合同外，其他形式的担保合同需由公司法务顾问审查。

第 13 条 为加强对担保合同的管理，公司为他人提供担保时，应与被担保人约定其必须履行以下义务。

1. 主合同的修改、变更须经担保人同意，并重新签订担保合同。

2. 被担保人在履行债务后 5 个工作日内，应及时通知担保人。

3. 被担保人若不能按期履行主合同义务或发生影响履约能力的重大事项时，应在 5 个工作日内函告担保人。

4. 被担保人应按要求定期提供财务报告，并接受担保人对其资金使用情况、经营状况、资产状况的检查监督。

第 14 条 担保合同审定后，由董事长对外签署担保合同。

第 15 条 在接受反担保抵押、反担保质押时，由公司计划财务部、法律顾问对有关法律手续加以完善。

第 3 章　担保管理

第 16 条　计划财务部是担保合同的职能管理部门，负责担保事项的登记与注销。

第 17 条　担保合同订立后，由计划财务部指定专人对担保文件及相关资料进行确认备案，并妥善管理相关原始资料，及时进行清理、检查，以保证存档资料的完整、准确、有效。

第 18 条　经办责任人应持续关注被担保人的情况，收集被担保人最近一期的财务报告和审计报告，定期分析其财务状况及偿债能力，关注其生产经营、资产负债、对外担保以及合并分立、法定代表人变化等情况，建立相关财务档案，并定期向董事会报告。

第 19 条　经办责任人如发现被担保人经营状况严重恶化或发生公司解散、分立等重大事项，应及时报告董事会。董事会应采取有效措施，以及时将损失降低到最低限度。

第 20 条　公司所担保的债务到期前，经办责任人要积极督促被担保人按约定的期限履行债务。

第 21 条　对于主债务到期且未履行完债务的，公司应按批准担保的权限，决定是否延长担保期。如必须延长担保期，应由担保的直接或间接受益人提供反担保，在反担保的有关抵押或质押登记手续办理完成前，公司不得延长担保期。

第 22 条　公司担保的债务到期后，需展期且需继续由其提供担保的，应将其作为新的对外担保，重新履行担保审批程序。

第 23 条　经办责任人应及时跟踪、掌握被担保人的相关情况，特别是被担保人的债务偿还情况，对可能出现的风险加以分析，并根据情况及时报告计划财务部。

1. 对于未约定保证期间的连续债权保证，经办责任人发现继续担保存在较大风险，有必要终止保证合同时，应及时向计划财务部报告。

2. 计划财务部应根据上述情况采取有效措施，对有可能出现的风险提出相应的处理办法，在报公司领导审定后提交董事会。

第 24 条 当出现被担保人在债务到期后 15 个工作日内未履行还款义务，或被担保人破产、清算，债权人主张担保人履行担保义务等情况时，公司应及时了解被担保人的债务偿还情况，并在知悉情况后及时披露相关信息，准备启动反担保追偿程序。

第 25 条 当被担保人不能履约，债权人向公司主张债权时，公司应立即启动反担保追偿程序，经办责任人同时向董事会秘书报告，由董事会秘书立即报告公司董事会，并予以公告。

第 26 条 公司作为一般保证人时，在主合同纠纷未经审判或仲裁，并就债务人财产依法强制执行仍不能履行债务前，未经公司董事会同意不得对债权人拒绝承担保证责任。

第 27 条 公司作为保证人，对于同一债权有物的担保的，若债权人放弃物的担保，应在债权人放弃权利的范围内拒绝承担保证责任。

第 28 条 公司作为保证人，对于同一债务有 2 个以上保证人且约定按份额承担保证责任的，应拒绝承担超出公司约定份额外的保证责任。

第 29 条 人民法院受理债务人破产案件后，债权人未申报债权时，经办责任人应当提请公司参加破产财产分配，预先行使追偿权。

第 4 章 担保信息披露

第 30 条 公司董事会秘书是公司担保信息披露的责任人，董事会办公室负责有关信息的披露、保密、保存和管理工作。

第 31 条 公司对外提供担保，对于同一担保对象单项担保金额或累计担保金额在最近一个会计年度会计报表净资产的 10% 以上的，应及时披露有关信息。

第 32 条 公司有关部门应采取必要措施，在担保信息未依法公开披露前，将信息知情者控制在最小范围内。任何依法或非法知悉公司担保信息的人员，均负有保密义务，直至该信息依法公开披露之日，否则将自行承担由此招致的法律责任。

第 5 章 违规责任

第 33 条 公司对外提供担保，但未严格执行担保规定时，公司董事会视公司的损失、风险的大小、情节的轻重决定予以责任人相应的处分。

1. 公司董事、总经理及其他管理人员未按规定的程序私自越权签订担保合同的，应追究当事人的责任。

2. 责任人违反法律规定或本制度规定，无视风险擅自保证，从而给企业带来损失的，应承担赔偿责任。

3. 责任人怠于行使其职责，给公司造成损失的，应视情节轻重予以其经济处罚或行政处分。

4. 法律规定保证人无须承担的责任，责任人擅自承担的，应予以其行政处分并使其承担赔偿责任。

第 34 条 在担保过程中，责任人触犯刑法的，应依法追究刑事责任。

案例：某企业担保内部控制问题分析

2012 年 5 月，J 房地产开发公司（简称 J 公司）由于资金短缺，以该公司所拥有的一宗市郊土地的使用权以及地上建筑物作为抵押，向当地某商业银行申请借款 4 000 万元。银行要求 J 公司必须有第三人做担保才能签订贷款合同。J 公司的总经理王某向 X 股份有限公司寻求帮助。X 股份有限公司的总经理李某与王某的私人关系很好，在没有对 J 公司申请担保的事项进行任何调查的情况下，凭着个人关系在保证人一栏中写下"愿意承担连带责任"并签字盖章。

当年 6 月，J 公司获得银行贷款，但并未将贷款用于合同约定的房产开发，而是挪作他用。2014 年 6 月贷款到期后，J 公司无力偿还贷款，银行将其起诉到法院，要求 X 股份有限公司偿还 J 公司的欠款并支付迟延利息。法院经审理做出判决：将抵押物土地使用权拍卖，拍卖所得价款共计 2 000 万元，该价款由银行优先受偿，其余 2 000 万元债务及相应利息由 X 股份有限公司偿还。这笔债务对于规模并不大的 X 股份有限公司来说是一笔不小的数目。

X 股份有限公司的担保业务存在的问题主要表现为：未对被担保人的资信状况与风险进行评估，从而导致担保决策失误。

实际上，无论担保申请人是谁，企业都应严格遵照相关制度对担保申请进行审核，考虑担保业务是否符合国家法律法规和企业担保制度的要求，分辨担保申请人是否属于可以提供担保的对象范围。

该案例中，由于两家公司总经理的私人关系较好，因此，X 股份有限公司总经理在未对担保事项进行调查和评估的情况下就签订了担保合同，这种管理上的巨大漏洞直接导致了担保风险的产生。

此外，该公司担保业务的授权审批制度形同虚设。案例中公司总经理李某一人即可全权决定担保业务，说明 X 股份有限公司的担保业务内部控制制度存在严重漏洞。实际上，这笔担保金额本应由公司董事会或类似权力机构进行审批，而不应由总经理一人独断。

第 10 章

企业业务外包内控管理

过去 20 年以来，企业的经营模式和组织结构发生了很大的变化，业务外包渐成趋势。业务外包内部控制管理由此成为企业内部控制层面的重要内容，包含了系列与业务外包相关的内部控制设计及运行方法。企业应充分认识到业务外包经营模式的重要性，并加强对业务外包的内控管理，以降低业务外包的风险。

10.1 业务外包的基础知识

业务外包是一种企业的经营行为，能为企业带来价值。

10.1.1 什么是业务外包

业务外包是指企业利用专业化分工优势，将日常经营中的部分业务委托给本企业以外的专业服务机构或其他经济组织（承包单位）完成的经营行为。

业务外包作为企业的一种经营行为，在企业生产经营中长期发挥着重要作用。目前，业务外包已经广泛应用于电信、金融等各行各业，有助于企业降低交易成本、实现规模经济、获取外部稀缺资源、提高经营效率。

然而，由于业务外包过程中会出现许多不确定因素，这些因素必然会给企业的生产经营带来一定风险。为此，企业应制定和完善业务外包制度，加强对业务外包的风险管理，从而有效规避风险，充分发挥业务外包的优势。

10.1.2 外包业务的分类和内容

企业外包业务通常分为重大外包业务和一般外包业务。

重大外包业务是指对企业生产经营有重大影响的外包业务。一般外包业务的范围则较广，其具体内容如图 10.1-1 所示。

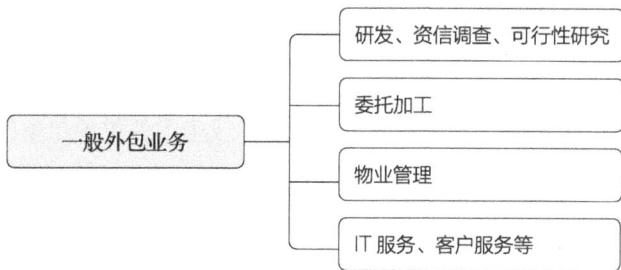

图 10.1-1　一般外包业务

10.2　业务外包管理风险与关键点控制

业务外包在给企业带来收益的同时，也带来了风险。业务外包流程主要包括制定业务外包实施方案、审核批准、选择承包单位、签订业务外包合同、组织实施业务外包活动、业务外包过程管理、验收、会计控制等环节。每个环节都有可能产生一定的风险，进而直接关系到业务外包能否为企业带来预期的利润、能否促进企业实现战略目标，因此，企业必须控制关键风险点。

10.2.1　业务外包管理风险

一般来说，企业业务外包的风险有四大类。

1. 外包业务选择不当所发生的风险

在业务外包决策过程中，企业应尽量选择那些与自身核心业务的关联性不大，且相对独立的非核心业务进行外包。

在实践中，企业的核心业务和非核心业务的边界往往不清晰，管理层受制于专业知识和能力，有可能将不宜外包的业务外包出去，从而使企业丧失核心竞争力，这将给企业带来不可估量的损失。

2. 外包承包单位选择不当所发生的风险

外包承包单位的选择对于外包业务能否有效开展具有重要影响。企业对于重要业务的外包未能建立承包单位遴选机制，或确定外包承包单位的决策权过于集中，容易导致权力失去制衡，产生商业贿赂等舞弊行为。

例如，外包承包单位定价过高，会使外包成本超过外包收益，导致企业遭受损失。

又如，缺乏外包承包单位资格审查制度会使企业对承包单位的专业能力、财务状况、经营状况以及信用水平缺乏了解。如果外包承包单位不具备相应的专业资质，从业人员不具备相应的专业技术与职业资格，或者只是缺乏相关经验，都可能导致双方产生严重分歧而陷入法律纠纷。

3. 合同不完备所引发的风险

确定承包单位后，企业应及时与选定的承包单位签订业务外包合同，约定业务外包的内容和范围、双方权利和义务、服务和质量标准、保密事项、费用结算标准和违约责任等事项。

该环节的主要风险在于：合同条款未能针对业务外包风险做出明确的约定，对承包单位的违约责任的界定不够清晰，导致企业陷入合同纠纷和诉讼；或者合同约定的业务外包价格不合理或成本费用过高，导致企业遭受损失。

4. 业务外包过程中的管理风险

在业务外包执行过程中，管理风险按种类可分为以下几种。

（1）承包单位在合同期内因市场变化等而不能保持履约能力，无法继续按照合同约定履行义务，导致业务外包失败和本企业生产经营活动中断。

（2）承包单位出现未按照业务外包合同约定的质量要求持续提供合格的产品或服务等违约行为，导致企业难以发挥业务外包优势，甚至遭受重大损失；企业管控不力，导致商业秘密泄露；企业与承包单位签订协议后，往往不进行后续的监督管理，从而使业务外包活动处于失控状态。

（3）承包单位陷入财务困境而无法及时提供外包产品或服务，或未能持续提供与合同规定相符的产品或服务；承包单位没有严格按照合同规定履行保密义务，泄露了企业的商业秘密。

10.2.2　业务外包关键点控制

评估业务外包各个环节所存在的风险后，企业应根据业务外包内部控制目标，实施具有针对性的关键点控制措施。企业主要应从 5 个方面加强管控。

1. 不相容岗位分离

通过对业务外包流程的梳理，企业可以明确不同岗位的职责和权限，形成相互制约和相互监督的机制，避免在实施业务外包的过程中出现舞弊行为。

关于业务外包的不相容岗位主要包括以下几项。

（1）业务外包的申请与审批。

（2）业务外包的审批与执行。

（3）外包合同的订立与审核。

（4）业务外包的执行与进行相关会计记录。

（5）付款的申请、审批与执行。

2. 授权审批

企业应建立业务外包审核批准制度，明确授权批准的方式和程序、各部门的审批范围和权限，保证申请、审批、执行和监督等环节按相关管理制度和规范进行，禁止出现无权审批或越权审批的情况。

在审批业务外包实施方案时，企业应根据自身业务特点，着重对比分析该项目在自营和外包情况下的风险和收益，确定外包的合理性和可行性。涉及企业核心竞争力，或对企业发展有较大影响的重大业务外包，应提交董事会或类似权力机构审批。

3. 优选承包单位

承包单位的选择对于业务外包的成败具有重要的意义。企业在选择承包单位时应注意以下几个方面。

（1）调查候选承包单位。对于候选承包单位的调查主要包括以下内容。

①合法性。候选承包单位是否为依法成立和合法经营的专业服务机构，是否具有相应的经营范围和固定的办公场所。

②专业资质。候选承包单位是否具备相应的专业资质，其从业人员是否符合岗位要求和任职条件并具有相应的专业技术资格。企业应委派能够胜任的专业人才进行充分的调查，并根据搜集到的信息形成调查评估报告。

（2）引入竞争机制。企业可以采用公开招标的方式来挑选优质承包单位；也可以选择多家企业作为承包单位，这样可以降低一方服务失败可能给企业带来的损失。

（3）确定承包单位。企业应严格按照规定的程序和权限确定最终的承包单位，防止出现徇私舞弊的行为。

4. 建立有效沟通机制

对于通过招标竞争机制挑选出来的优质承包单位，企业应加强双方的交流与沟通：一方面，使承包单位能够了解企业的文化，从而提供更符合企业需要的产品或服务；另一方面，企业也能够对承包单位在行业中的地位、提供的产品或服务的质量、生产经营状况等形成更为深入的认识。

对于资金雄厚、服务质量高、规模大、信誉好的承包单位，企业应与其长期合作，这样既有利于企业得到优质、专业、快捷的服务，又能够让承包单位开拓更多的业务，从而使双方通过建立战略合作伙伴关系来实现共赢。此外，企业还应建立承包单位档案，对承包单位的经营范围、产品质量、服务质量与效率进行跟踪记录，有利于企业与其开展进一步合作。

5. 加强业务外包过程监控

对业务外包风险的监控应贯穿整个业务流程，属于全过程监控。由于业务外包是介于市场交易和纵向一体化的中间形式，企业和承包单位之间实际上形成了委托—代理关系。承包单位比企业拥有更多的关于产品和服务的质量、成本等的信息，很可能导致信息不对称。另外，合作双方理念和文化的差异、无效的沟通机制等因素都可能导致业务外包失败。

因此，加强对业务外包过程的管理是非常必要的。企业可以通过建立相应的管理协调机构来构建畅通的沟通渠道，以解决业务外包过程中的问题和矛盾，防止意外的发生；还可以通过细化外包合同、建立质量保证体系等管理控制手段，加强对业务外包过程的监督，从而减少外包过程中因信息不对称而造成的风险。

在业务外包实施过程中，企业应密切关注重大业务外包的承包单位的履约能力。企业应对承包单位的履约能力持续进行评估，分阶段检查其业务完成进度以及资源投入状况，通过对其生产规模和能力，财务状况和经营状况的评估来预测其是否能够在合同期限内完成任务。对于对企业影响重大的业务外包，企业应事先充分预计各种可能出现的意外情况，建立相应的应急机制，并制定备选方案，以避免因业务外包失败造成企业生产经营活动中止。

企业应搜集相关信息，如果有确凿证据证明承包单位有重大违约行为，导致业务外包合同无法履行，应及时终止合同，以免造成更大损失。同时，企业也应指派有关部门按照合同约定向承包单位就因违约行为而造成的损失进行索赔。

10.3 承包单位的选择与控制

企业是否对承包单位进行了正确的选择与控制，决定着企业外包策略能否得到科学合理的实施。其中主要包括承包单位业务资质审查、业务外包审批两大环节。

10.3.1 承包单位业务资质审查

对承包单位业务资质进行审查是开展外包业务的必要前提，也是企业利益与合作质量的重要保证。

1. 业务资质审查流程

承包单位业务资质审查流程如下。

（1）充分调查候选承包单位的合法性，即是否为依法成立、合法经营的专业服务机构或经济组织，是否具有相应的经营范围和固定的办公场所。

（2）调查候选承包单位的专业资质、技术实力及其从业人员的履历和专业技能掌握情况。

（3）考察候选承包单位从事类似项目的成功案例、业界评价和口碑。其中，与本企业有较长合作历史、忠诚度较高的承包单位，企业应优先选用。

（4）综合考虑企业内外部因素，对业务外包的人工成本、营销成本、业务收入、人力资源等指标进行测算分析，合理确定外包价格，严格控制业务外包成本。对于未与本企业合作过，但经济实力雄厚的承包单位，企业可以采取交纳加盟保证金的形式与其开展合作，以实现利益共享、风险共担。

（5）引入竞争机制。按照有关法律法规，遵循公开、公平、公正的原则，采用招标等适当方式，择优选择承包单位。对于只合作经营本企业业务，不与本企业其他竞争对手开展合作的承包单位，企业应重点考虑。

（6）按照规定的程序和权限从候选承包单位中做出选择，在建立严格的回避制度和监督处罚制度，避免相关人员在选择承包单位的过程中出现受贿和舞弊行为。

2. 业务资质审查内容

企业应编制承包单位业务资质审查内容清单，建立相关的审核和遴选制度，以确保选择合格的外包合作伙伴。

对承包单位业务资质的审查，企业应主要考察以下因素。

（1）承包单位的服务能力、资格认证和信誉。

（2）承包单位与本企业是否存在直接或间接的竞争关系。

（3）承包单位对与产品相关的知识产权等方面的保护力度和效果。

（4）承包单位的排名。

在选择承包单位时，企业可以引入竞争机制，即选择多家企业同时作为业务承包单位，以便促进各承包单位不断提高服务能力，并降低可能由于承包单位失误而给企业带来的损失风险。

结合对承包单位的审查情况，企业一方面应充分了解对方情况，另一方面也应坦诚提出严格要求，让对方清楚自身是否与企业的要求存在差距。如果审查过程无法令企业充分确信承包单位的实力情况，那么企业还可以进行小范围的尝试，即将业务的一小部分承包给对方；如果效果好，再继续进行审查，从而逐步增加分量、平衡风险。

10.3.2　业务外包审批

即便选择了正确的承包单位，企业对业务外包的审批也不能有丝毫懈怠，严格的流程是审批效果的重要保证，否则难免会出现风险。

1. 业务外包审批风险

（1）企业未能健全审批制度，可能导致对业务外包的审批不规范。

（2）审批不严格或越权审批，可能导致业务外包决策出现重大疏漏，从而引发严重后果。

（3）企业未能对业务外包实施方案进行审核并做出恰当判断，不了解其是否符合成本效益原则，可能导致业务外包不经济。

2. 业务外包审批的控制措施

（1）建立和完善业务外包的审核批准制度。明确授权批准的方式、权限、程序、责任和相关控制措施，规定各层级人员应在授权范围内进行审批，不得超越权限审批。加大对下属企业重大业务外包的管控力度，避免因下属企业越权进行业务外包给企业带来不利后果。

（2）在对业务外包实施方案进行审查和评价时，应着重对比分析该业务项目在自营与外包情况下的风险和收益，确定业务外包的合理性和可行性。

（3）总会计师或企业分管会计工作的负责人应参与重大业务外包的决策，对业务外包的经济效益做出合理评价。

（4）对于重大业务外包方案，应提交董事会或类似权力机构审批。

10.3.3　业务外包流程

业务外包流程主要包括制定业务外包实施方案、审核批准、选择承包单位、签订业务外包合同、组织实施业务外包、业务外包过程管理、验收、付款和会计控制等环节。

图 10.3-1 所示是业务外包流程。

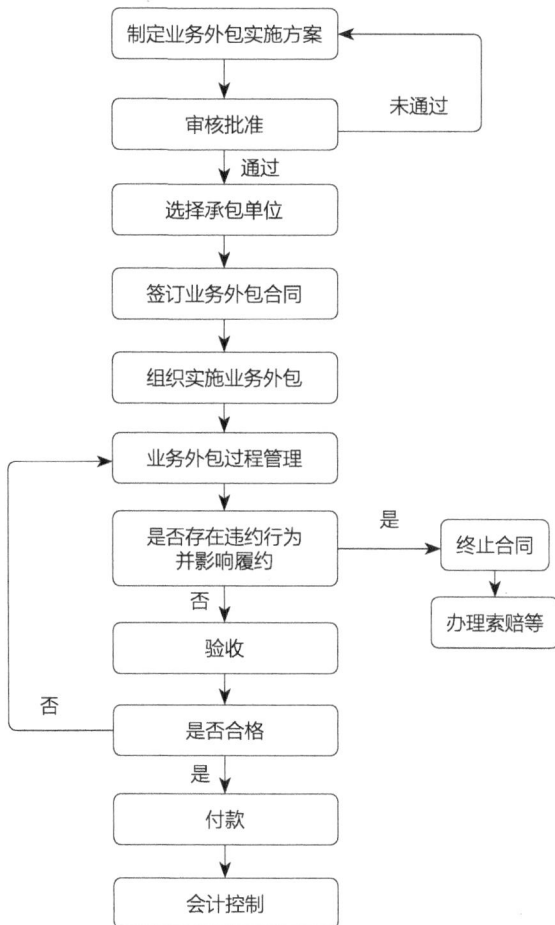

```
制定业务外包实施方案 ←──────────────┐
        │                              │
        ↓                              │
     审核批准 ────── 未通过 ───────────┘
        │ 通过
        ↓
    选择承包单位
        │
        ↓
   签订业务外包合同
        │
        ↓
   组织实施业务外包
        │
        ↓
┌→ 业务外包过程管理
│       │
│       ↓
│  是否存在违约行为 ── 是 ──→ 终止合同
│  并影响履约                    │
│       │ 否                     ↓
│       ↓                   办理索赔等
│     验收
│       │
│       ↓
└── 是否合格 (否)
        │ 是
        ↓
      付款
        │
        ↓
    会计控制
```

图 10.3-1　业务外包流程

1. 制定业务外包实施方案

业务外包实施方案是指企业根据年度生产经营计划和业务外包管理制度，

结合确定的业务外包范围，制定的具体实施方案。业务外包方案主要包括外包条件、外包范围、外包方式和外包程序等内容。

在制定业务外包实施方案时，企业如果缺乏相应的业务外包管理制度，就可能导致实施方案无据可依。如业务外包管理制度未明确业务外包范围，也可能导致有关部门在制定实施方案时，将不宜外包的核心业务进行外包。当实施方案不合理、不符合企业生产经营特点或内容不完整时，可能导致业务外包失败。

在制定业务外包实施方案时，企业应注意采取以下管控措施。

（1）建立和完善业务外包管理制度。企业应根据各类业务与核心主业的关联度、对外包业务的控制程度以及外部市场成熟度等标准，合理确定业务外包的范围；根据外包业务是否对企业生产经营有重大影响，实施分类管理，以突出管控重点；同时明确规定业务外包的方式、条件、程序和实施等相关内容。

（2）严格按照业务外包管理制度规定的业务外包范围、方式、条件、程序和实施等内容制定实施方案，避免将核心业务外包，同时确保方案的完整性。

（3）根据企业年度预算以及生产经营计划，对实施方案的重要方面进行深入评估以及复核，包括承包单位的选择方案、外包业务的成本效益及风险、外包合同期限、外包方式和员工培训计划等，以确保方案的可行性。

（4）认真听取外部专业人员对业务外包的意见，根据其合理化建议完善实施方案。

2. 审核批准

企业制定业务外包实施方案后，应按规定权限与程序对其进行审核和批准。企业应对业务外包实施方案的合理性、可行性、经济性进行审批，严格执行授权审批程序，以防止业务外包决策出现重大疏漏，引发严重后果。

3. 选择承包单位

业务外包实施方案经过审核批准后，企业应选择与方案相对应、具有合法资质的承包单位来完成企业外包业务。承包单位在整个业务外包流程中扮演着重要角色，其技术水平、项目经验、相关资质等将直接影响外包业务的完成情况是否符合企业的既定目标。

4. 签订业务外包合同

确定承包单位后，企业应及时与选定的承包单位签订业务外包合同。合同主要内容应包括业务外包的内容和范围、双方权利与义务、服务和质量标准、保密事项、费用结算标准和违约责任等事项，从而为业务外包提供保障。

5. 组织实施业务外包

业务外包的实施需要企业严格根据业务外包制度、工作流程与相关要求，组织分配业务外包过程中人、财、物等方面的资源，并建立与承包单位的合作机制，以便为业务外包过程管理做好准备，确保承包单位严格履行业务外包合同。

6. 业务外包过程管理

业务外包部门应加强业务外包实施的管理，采取有效的控制措施，确保承包方严格履行业务外包合同。同时做好与承包方的对接工作，加强与承包方的沟通与协调，及时搜集相关信息，发现和解决外包业务日常管理中存在的问题。

此外，业务外包部门应当密切关注承包方的履约能力，建立相应的应急机制，避免业务外包失败造成公司生产经营活动的中断。要对承包方的履约能力进行持续评估，有确凿证据表明承包方存在重大违约行为，导致业务外包合同无法履行的，应当及时向公司提出，并终止合同。

7. 验收

当承包单位依据业务外包合同完成业务外包项目后，企业应组织相关部门或人员，根据相应验收标准与验收程序对完成的业务外包项目进行验收，以便及时发现可能存在的质量问题，避免企业遭受损失。

8. 付款和会计控制

企业应根据国家统一的会计准则制度对外包业务进行核算与监督，做好业务外包中的会计控制工作。企业通过实施会计控制，能全面、真实地记录并反映企业业务外包流程的各环节的资金流与实物流情况，以确保企业资产的完整性。

10.4 业务外包流程控制

业务外包的完成情况关系到企业整体项目的进度，企业必须围绕外包业务本身，根据其在不同环节、不同阶段的特点，采取不同的控制措施。其中最关键的内容包括业务外包需求识别流程、业务外包实施环节的关键控制点、业务外包管控制度和业务外包考核措施。

10.4.1 业务外包需求识别流程

某 IT 公司在选择外包项目时，由于缺乏相关经验，借鉴了行业内其他相似公司的外包项目，进而选出了本公司的外包项目。然而，经过运行后发现，公司制定的业务外包方案并不合理，由于外包项目与实际需求不匹配，导致了风险的出现。

即便在同一个行业，公司不同，其业务构成也不尽相同。如果只是根据主观想法或习惯性思维来制定本公司的业务外包方案，那么在方案的实施过程中就很可能出现问题。公司必须明确本公司的业务外包需求，并根据需求制定符合自身生产经营特点的业务外包实施方案。

图 10.4-1 所示为业务外包需求识别流程。

董事会	总裁	归口管理部门	归口整理部门	相关职能部门

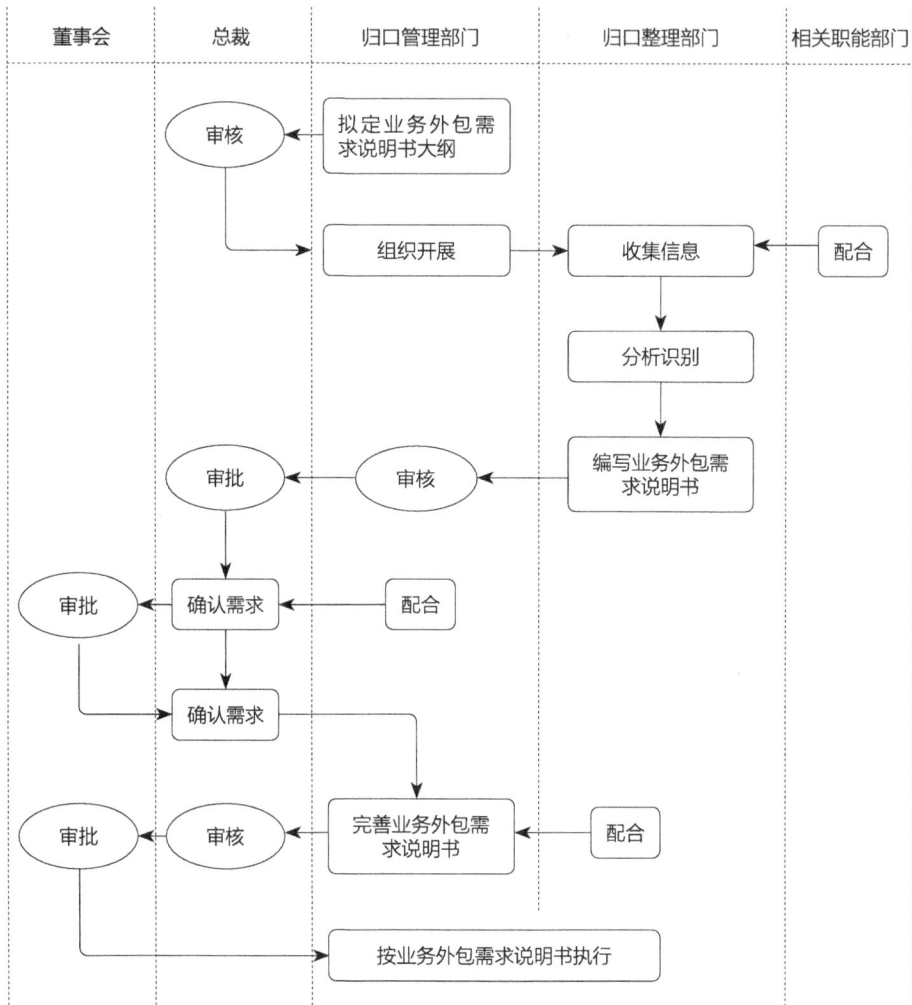

图 10.4-1　业务外包需求识别流程

进行业务外包需求识别是制定业务外包实施方案的起点。在这一环节中，需要注意以下 3 点。

1. 决定因素

在决定是否将业务外包时，企业应考虑以下 3 个方面的因素。

（1）此项业务是否需利用本企业没有的设备、生产系统、专业人员及专门技术。

（2）将此项业务外包是否可以降低一定的成本。

（3）将此项业务外包是否能够产生比企业自身运作更多的收益。

2. 准确把握企业核心竞争力与盈利环节，避免将企业核心业务外包

企业核心竞争力与盈利的环节是每个企业关注的重点；应将其重点把握，尽量避免企业核心业务外包，从而影响到企业的战略发展。

3. 分析外包的利弊

（1）分析承包单位与企业之间可能出现的信息交流障碍，并估算消除障碍的成本，以此判断是否有外包需求。

（2）分析承包单位是否能为企业提供更高质量的产品和服务。

（3）分析业务外包是否会影响员工的士气或降低企业的凝聚力。在通常情况下，业务外包必然会引起企业业务流程与组织结构的转变，在此过程中，企业内部员工的利益可能受到较大的影响，甚至会面临转岗或被裁的困境。因此，在进行业务外包需求调查时，有必要考虑企业为此付出的隐性成本。

（4）分析灵活性降低带来的成本。市场变化多端，难以预测，当企业决定将部分业务外包出去后，很可能影响自身竞争力的灵活性。例如，当企业要求承包单位对产品的某一零部件进行修改，而这种要求会使得承包单位更换生产线。此时，将增加企业和承包单位之间的交易成本。为此，企业必须充分预测成本，并以此评估外包需求。

10.4.2　业务外包实施环节的关键控制点

经过需求识别、制定外包实施方案、选择承包单位、签订外包合同等一系列前期工作，业务外包实施环节得以有效开展，企业在该环节中如何把握关键控制点，成为决定外包工作质量的重要因素。

1. 制定管控措施

企业应按照业务外包制度、工作流程和相关要求，制定并执行业务外包实施全过程的管控措施，包括落实与承包单位之间的资产管理、信息资料管理、人力资源管理、安全保密管理等机制，以确保承包单位在履行业务外包合同时有章可循。

2. 做好对接工作

企业应通过培训等方式，使承包单位充分了解企业的工作流程与质量要求，以便从供应链的起点开始控制产品质量。同时，企业应积极与承包单位建立并保持畅通的沟通协调机制，以便及时发现并有效解决业务外包过程中存在的问题。

3. 建立管控机制

企业应积极梳理与业务外包相关的工作流程，明确不同环节、不同岗位的职责分工、运营模式、管理机制、质量水平等方面的要求，并建立对应的即时监控机制，以便及时检查、收集和反馈业务外包实施过程中的相关信息。具体的关键管控要点如下。

①在承包单位制造产品或提供服务的过程中，企业应密切关注承包单位的履约能力，采取动态管理的方式，对承包单位开展日常绩效评价与定期考核。

②企业应持续评估承包单位的履约能力，包括评估承包单位对该项目的投入能否确保产品或服务质量达到企业预期目标，承包单位自身的财务状况、生产能力和技术创新能力等是否满足该项目的要求。

③建立即时监控机制，一旦发现承包单位的运营偏离合同目标等情况，企业应及时要求承包单位进行调整和改进。

④企业应充分预计重大业务外包的意外情况，建立相应的应急机制，并制定临时替代方案，以避免业务外包失败给企业生产经营活动带来更大损失。

⑤如有确凿证据表明承包单位存在重大违约行为，并导致业务外包合同无法履行，企业应及时终止合同，并指定有关业务部门按照法律程序向承包单位索赔。

10.4.3 业务外包管控制度

业务外包全流程的管控需要有严格的制度对其进行约束。企业应根据自身特点和需要有针对性地建立下列制度。

1. 业务外包申请授权审批制度

建立业务外包申请授权审批制度。其中外包项目计划书应包括项目背景、内容、实施程序、主要风险和预期收益等内容；同时，企业应明确对外包项目计划书进行审核、审议、审批的相关部门负责人的职位和流程等。

2. 业务外包合同协议管理制度

建立规范的业务外包合同协议管理制度。根据外包业务性质的不同，企业应及时与承包单位签订不同形式的合同协议文本，包括技术协议书、外包加工协议、规划试验大纲和咨询合同协议等。

（1）业务外包合同协议的订立、履行和流程控制应符合相关法律法规的规定。

（2）除了合同协议约定的保密事项之外，企业应根据外包项目的实施情况与外界环境的改变更新与修正保密条款，必要时还应与承包单位补签保密协议。

（3）企业应清楚自己的发包底价，每一年都应回顾上一年的价格，并通过科学计算来测试当前情况是否与预测情况一致。如果不一致，企业就应进行积极调整，不得草率决定。

（4）企业应根据业务外包合同协议规定的合同金额来分别明确审批人。例如，某公司管理制度规定：合同金额在 200 万元以内的外包协议由总经理审批；合同金额为 200 万 ~ 500 万元的外包协议由董事长审批；合同金额在 5 000 万元以上的外包协议应提交董事会或股东大会审批。

3. 外包业务管理制度

（1）外包项目计划书管理制度。企业应通过该制度确定外包项目计划书中应载明的背景、内容、具体实施程序、主要风险和预期收益。

（2）外包业务归口管理制度。该制度应规定在外包项目计划书通过审核后，企业应如何成立外包业务归口管理部门，并明确限制归口管理部门的人员组成。该部门通常由业务部门负责人、有关咨询专家、外包项目协调管理人员、合同协商管理人员等组成，必要时还应包括法律和财会专业人员。

（3）承包单位资质预审制度。该制度应规定归口管理部门对承包单位资质进行预审评估的内容，主要包括承包单位的经验、实力、竞争关系和性价比等。

（4）承包单位培训制度。该制度应规定对承包单位进行培训的责任部门、内容、考核方式等事项，以确保员工能正确理解并掌握业务外包项目的相关内容。

10.4.4　业务外包考核措施

业务外包的考核是确保外包工作质量的最后防线。企业必须围绕考核的相关事项，设定必要的措施。

1. 验收环节的关键控制措施

（1）验收方式。根据承包单位产品或服务交付方式的特点，企业应制定不同的验收方式。在通常情况下，企业可对最终产品或服务进行一次性验收，也可在整个外包过程中分阶段验收。

（2）评价方式。企业相关部门应根据业务外包合同的约定，在日常绩效评价的基础上，对外包业务质量是否达到预期目标进行基本评价，并确定验收标准。

（3）验收过程。企业应组织有关职能部门的相关人员，根据验收标准对承包单位交付的产品或服务进行严格审查和全面测试，以保证产品或服务符合需求。

（4）验收异常。在验收过程中如发现异常，企业应立即分析原因，根据问题的严重性与承包单位协商并采取适当的补救措施，并依法向承包单位索赔。

（5）验收评价。企业相关部门应根据验收结果对业务外包是否达到预期目标进行总体评价，并以此对业务外包管理制度与流程进行改进和优化。

2. 会计控制环节的关键控制措施

（1）企业财会部门应根据国家统一的会计准则制度，对业务外包过程中交由承包单位使用的资产、涉及资产负债变动的事项、外包合同诉讼等进行核算与监督。

（2）企业应根据企业会计准则制度的规定，结合外包业务的特点和企业管理机制，建立完善外包成本的会计核算方法，进行有关会计处理，并在财务报告中进行必要、充分的信息披露。

（3）在向承包单位进行费用结算时，企业应根据验收证明，按照合同约定的结算条件、方式和标准办理支付。

案例：耐克的奥妙

耐克是全球著名的体育用品品牌，公司总部位于美国俄勒冈州。耐克商标的图案象征着希腊胜利女神翅膀的羽毛，代表着速度，同时也代表着动感和轻柔。

作为一家规模较大的运动鞋制造公司，耐克公司却从未生产过一双鞋。公司现在没有自己的存货，也没有自己的运输车队、厂房，甚至没有生产线和工人。耐克总部拥有的是非凡的品牌、卓越的设计能力、合理的市场定位以及广阔的营销网络。拥有这些之后，耐克在全世界范围内寻找优秀的制鞋厂家，并与他们订立外包合同。随后，供应商就按照耐克的设计和要求生产运动鞋。

从 20 世纪 70 年代开始，耐克就从产品导向转变为市场导向。它在全球范围内运营：由公司内部设计高技术和高品质的产品，然后在低成本国家生产，再成功地通过营销来树立品牌形象。

20 世纪 70 年代以后，耐克就把制造环节外包给很多位于亚洲的企业。外包让耐克获得了低成本的劳动力资源，并在供应商处得到了较大的折扣。同时，外包也让耐克的顾客能更快地在市场上购买到新产品，从而减少了公司的风险。

除了生产之外，耐克也将采购列入外包范围之内。以耐克广州分公司为例，该公司向美国耐克公司提供体育产品及相关产品的开发、采购、物流等方面的专业技术咨询与业务运作流程设计的相关管理服务，其中主要包括以下几项服务。

1. 接受订单

耐克广州分公司通过集团统一的网络系统来获得所需开发及生产的产品样式、质量和数量等要求；然后根据生产要求和对国内供应商、生产商的了解，制定出生产和物流的内部管理和运营方案。

2. 进行产品、业务管理并对原材料及生产技术进行改良和研发

根据要求，耐克广州分公司协助集团对原材料及生产技术进行改良和研发，从而使总部能对产品的设计、生产等决策做出及时的调整。此外，耐克广州分公司还积极获取合作厂家的新产品模型和样品，并对其耐磨性、黏合性、耐热性等方面进行测试，将测试结果及时反馈给集团总部。

3. 管理生产厂家、原料供应商等

耐克广州分公司承担着专业数据分析和调研的任务，积极了解供应商和生产厂家的生产水平、技术运用水平，以筛选出符合标准的高端供应商和生产厂家。耐克广州分公司也搜集了本地供应商和生产厂家的信息，并与他们进行沟通，明确技术和设备要求、生产计划、物流安排等细节，以确保最终产品或服务达到要求。

4. 产品质量监督，提供技术支持

耐克广州分公司及时更新生产进度和状态，以便集团及时了解生产信息。耐克广州分公司还在产品生产过程中与厂家保持良好沟通，以便为产品质量检测及售后服务提供有效支持并对其进行监控与管理。

5. 负责物流供应链管理、配送方案设计和相关技术研发，并提供数据库服务

根据生产进度和集团要求，耐克广州分公司全程跟踪出货和物流等过程，处理这一过程中出现的问题，并将最新状态与数据及时反馈给集团，以便其更好地监控整个供应过程。

在激烈的市场竞争中，耐克把握住了核心价值，并将非核心业务外包出去，形成了积极且实用的经营战略。

第 11 章

企业财务报告内控管理

财务报告是指反映企业某一特定日期财务状况和某一会计期间经营成果、现金流量的文件。加强对财务报告的内部控制和管理，能为企业降低经营风险，确保企业健康、平稳发展。

11.1　财务报告编制阶段及其主要风险点与控制措施

在财务报告编制阶段，企业应依据真实的交易或事项、完整准确的账簿记录等资料，按国家会计准则和统一的会计政策规定的基础、依据、原则和方法编制财务报告，以便有效控制主要风险。

11.1.1　财务报告编制阶段

财务报告的编制有其自身的特点。为了更深入地了解并掌握其特点，必须先清楚财务报告的相关概念。

1. 财务报告的定义

财务报告的定义包含以下几方面内容。

（1）财务报告应是对外报告，其报告对象主要是投资人、债权人等与企业有利益关系的外部人士。专门为内部管理需要而编制的具有特定目的的报告，则不属于财务报告。

（2）财务报告应综合体现企业的经营状况，包括企业在某一时间点的财务状况和某一时期的经营成果与现金流量等信息。

（3）财务报告应形成系统文件，而不应是零星的或者不完整的信息。

财务报告是企业对自身情况进行会计计量并经过确认的最终结果的体现。通过财务报告，外界可以了解企业当前的财务状况、经营成果与现金流量，并预测企业未来的发展趋势。因此，财务报告是投资者做出决策的重要依据，能够将投资者、债权人与企业有效联系起来。

2. 财务报告的内容

财务报告的内容主要包括财务报表和其他应披露的信息和资料。具体而言，财务报告由资产负债表、利润表、现金流量表及附注等内容构成。

（1）资产负债表。资产负债表是反映企业在某一特定日期的财务状况的会计报表，能够反映企业的资产、负债和所有者权益及其构成情况。

（2）利润表。利润表是反映企业在一定会计期间的经营成果的会计报表，能够反映企业实现的收入、发生的费用以及应计入当期利润的利得和损失及其构成情况。

（3）现金流量表。现金流量表是反映企业在一定会计期间的现金和现金等价物流入和流出情况的会计报表，能够反映企业参与各项活动时现金流入、流出的情况。

（4）附注。附注包括对财务报表中所列出的项目的进一步说明，以及对未能在这些报表中所列出的项目的说明等，以便更全面、系统地反映企业的财务状况、经营成果和现金流量。

在财务报告编制过程中，企业还应积极关注其他信息，具体可以根据有关法律法规的规定与外部使用者的需求而定。通过编制财务报告，企业可以披露其承担的社会责任、对社会的贡献、可持续发展能力等信息。

11.1.2 财务报告编制阶段的主要风险点

财务报告编制阶段的主要风险点包括以下几点。

（1）没有严格、正确地编制财务报告，违背了企业会计准则及企业会计核算办法，导致财务报告信息失真，可能进一步导致企业承担法律责任和声誉受损。

（2）财务报告编制前期的准备工作不够充分，结账之前未能及时发现差错。

（3）财务报告的编制要求不够明确、培训不到位，或报表格式不统一，导致报表合并困难。

（4）纳入财务报告的报表的范围不够准确，调整或合并事项不够完善，导致企业财务报告信息不够真实、完整；进而会难以及时发现企业经营管理中存在的问题，可能导致企业财务和经营风险失控。

（5）未对财务报告进行充分审核，无法确保财务报告的真实性、完整性、准确性、时效性。误导财务报告使用者，造成决策失误，干扰市场秩序。

（6）超越权限审批财务报告，可能导致差错、舞弊或欺诈行为的出现。

11.1.3　财务报告编制阶段的控制措施

财务报告编制阶段，包括制订财务报告编制方案、确定重大事项的会计处理、清查资产核实债务结账、编制个别财务报告、编制合并财务报告等环节。

财务报告流程（见图11.1-1）由财务报告编制阶段、财务报告对外提供阶段、财务报告分析利用阶段共3个阶段组成。其中，企业应在财务报告编制阶段集中运用控制措施，以最大程度降低风险。

在财务报告编制阶段的不同环节，存在着不同的主要风险，企业可有针对性地采取相应的措施，以降低风险解决问题。

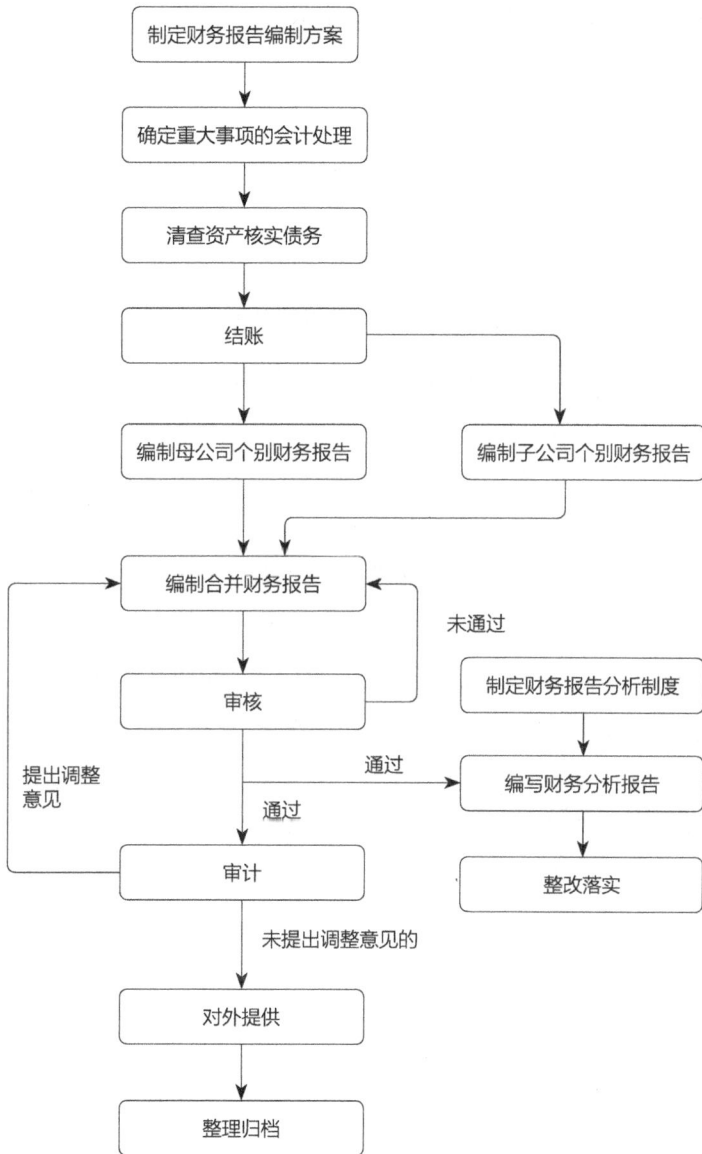

图 11.1-1　财务报告流程

1. 制定财务报告编制方案

（1）主要风险。

①会计政策未能有效更新、不符合有关法律法规，重要会计政策、会计估

计变更未经审批，都可能导致会计政策使用不当。

②会计政策未能有效贯彻、执行，各部门职责分工不清，可能会导致数据传递出现差错、遗漏、格式不一致等。

③方案内各步骤时间安排不明确，会导致整体编制进度延后，违反相关报送要求。

（2）主要管控措施。

①财务报告编制所遵循的会计政策应符合国家有关会计法规和最新监管要求的规定。企业应按照国家最新会计准则制度规定，结合自身情况制定企业统一的会计政策。企业应指定专人关注与会计相关的法律法规、规章制度的变化及监管机构的最新规定等，并及时对企业的内部会计规章制度和财务报告流程等做出相应的更改。

②企业会计政策和会计估计的调整，无论是强制还是自愿，均需按照规定的权限和程序审批。

③企业的内部会计规章制度至少应经财会部门负责人审批后才能生效，财务报告流程、年报编制方案应经公司分管财务会计工作的负责人核准后签发。

④企业应建立完备的信息沟通渠道，将内部会计规章制度、财务流程、会计科目表和相关文件及时、有效地传达至相关人员和部门，确保其了解相关职责要求、掌握适当的会计知识和政策并加以妥善执行。企业还应采用内部审计等方式定期对信息沟通渠道进行测试，以此保证会计政策有效执行，且在不同业务部门、不同期间保持一致性。

⑤企业应明确各部门的职责分工。例如，总会计师或分管会计工作的负责人负责组织领导。财会部门负责财务报告编制工作；各部门应及时向财会部门提供编制财务报告所需的信息，并对所提供信息的真实性和完整性负责。

⑥企业应根据财务报告的报送要求来倒排工时，为各步骤设置关键时间点，并由财会部门负责督促和考核各部门的工作进度，及时进行提醒，对未能及时完成工作的部门或专员进行相关处罚。

2. 确定重大事项的会计处理

（1）主要风险。企业对债务重组、非货币性交易、公允价值的计量、收购兼并、资产减值等重大事项的会计处理不合理，将导致会计信息扭曲，使财务报告无法如实反映企业实际情况。

（2）主要管控措施。

①企业应对重大事项予以关注，通常包括以前年度审计调整以及相关事项对当期的影响、会计准则制度的变化及其对财务报告的影响、新增业务和其他新发生的事项及其对财务报告的影响、年度内合并报告范围的变化及其对财务报告的影响等。企业应建立重大事项的处理流程，报适当管理层审批后，予以执行。

②对于需要专业判断的重大会计事项，企业主管部门应及时组织沟通，并确定相应的会计处理。企业应规定下属各部门、各单位人员及时将重大事项信息报告至同级财会部门。财会部门应定期研究、分析，与相关部门组织沟通重大事项的会计处理，并逐级报请总会计师或分管会计工作的负责人审批后下达各相关单位执行。尤其在在面对资产减值损失、公允价值计量等涉及重大判断和估计时，财会部门应定期与资产管理部门进行沟通。

3. 清查资产核实债务

（1）主要风险。资产、负债账实不符，虚增或虚减资产、负债；资产计价方法随意变更；提前、推迟甚至不确认资产、负债等。

（2）主要管控措施。

①确定具体可行的资产清查、负债核实计划，合理安排时间和工作进度，配备足够的人员，确定实物资产盘点的具体方法和过程，同时做好业务准备工作。

②做好各项资产、负债的清查、核实工作。其中包括：与银行核对对账单、盘点库存现金、核对票据；核查应收款项、应付款项、应交税金等是否存在，与债务、债权单位的相应债务、债权金额是否一致；核查原材料、在产品、自制半成品、库存商品等各项存货的实存数量与账面数量是否一致，是否有报废损失和积压物资等；核查账面投资是否存在，投资收益是否按照国家统一的会

计准则制度的规定进行确认和计量；核查房屋建筑物、机器设备、运输工具等各项固定资产的实存数量与账面数量是否一致，清查土地、房屋的权属证明，确定资产归属情况；核查在建工程的实际发生额与账面记录是否一致等。

③对清查过程中发现的差异，应分析原因，提出处理意见，取得合法证据和按照规定权进行审批，将清查、核实的结果及其处理办法向企业的董事会或者相应机构报告，并根据国家统一的会计准则制度的规定进行相应的会计处理。

4. 结账

（1）主要风险。结账时的账务处理可能会出现错误，导致账证、账账不符；虚列或隐瞒收入，推迟或提前确认收入；随意改变费用、成本的确认标准或计量方法；虚列、多列、不列或者少列费用和成本；结账的时间、程序不符合相关规定；关账后又随意打开已关闭的会计期间等。

（2）主要管控措施。

①积极核对各会计账簿记录与会计凭证的内容、金额等是否一致，记账方向是否相符。

②检查相关账务处理是否符合国家统一的会计准则制度和企业制定的核算方法。

③调整有关账项，合理确定本期应计的收入和应计的费用。例如，计提固定资产折旧、计提坏账准备等；各项待摊费用按规定摊配并分别计入本期有关科目；属于本期的应计收益应确认计入本期收入等。

④检查是否存在因会计差错、会计政策变更等而需要调整前期或者本期相关项目的情况。对于调整项目，需取得和保留审批文件，保证调整有据可依。

⑤企业不得为赶编财务报告而提前结账，或把本期发生的经济业务事项延至下期登账，也不得先编财务报告后结账；而是应在当期所有交易或事项处理完毕并经财会部门负责人审核签字确认后，实施关账和结账操作。

⑥如果在关账之后需要重新打开已关闭的会计期间，须填写相应的申请表，经总会计师或分管会计工作的负责人审批后进行。

5. 编制个别财务报告

（1）主要风险。编制个别财务报告时，员工或部门提供虚假财务报告，将会误导财务报告使用者，进而造成决策失误进行，并干扰市场秩序。同时，在个别财务报告的编制过程中也可能出现报表数据不完整、不准确，报表种类不完整，附注内容不完整等问题。

（2）主要管控措施。

①编制个别财务报告时，其中所列示的资产、负债、所有者权益金额应真实可靠。各项资产计价方法不得随意变更，如有减值，应合理计提减值准备，严禁虚增或虚减资产。各项负债应反映企业的现时义务，不得提前、推迟或不确认负债，严禁虚增或虚减负债。所有者权益应反映企业资产扣除负债后由所有者享有的剩余权益，由实收资本、资本公积、留存收益等构成。企业应做好所有者权益的保值、增值工作，严禁虚假出资、抽逃出资、资本不实。

②个别财务报告应如实列示当期收入、费用和利润。各项收入的确认应遵循规定的标准，不得虚列或者隐瞒收入、推迟或提前确认收入。各项费用、成本的确认应符合规定，不得随意改变费用、成本的确认标准或计量方法，且不得虚列、多列、少列或者不列费用、成本。利润由收入减去费用后的净额、直接计入当期利润的利得和损失等构成，不得随意调整利润的计算、分配方法和编造虚假利润。

③个别财务报告列示的各种现金流量由经营活动、投资活动和筹资活动的现金流量构成，企业应按照规定划清各类交易和事项的现金流量的界限。

④企业应按岗位分工和规定程序编制财务报告。财会部门制定本企业财务报告编制分工表，并由财会部门负责人审核，确保报告编制范围完整。同时，报告编制岗位的员工应根据登记完整、核对无误的会计账簿记录和其他有关资料对相关信息进行汇总编制，确保财务报告项目与相关账户对应关系正确、计算公式无误。校验审核工作包括期初数核对、财务报告内有关项目的对应关系审核、报表审核前后勾稽关系审核、期末数与试算平衡表和工作底稿核对、财务报告主表与附表之间的平衡及勾稽关系校验等。

⑤企业应按国家统一的会计准则制度编制附注。附注是财务报告的重要组

成部分，企业应对其中反映企业财务状况、经营成果、现金流量的报表中的相关事项进行真实、完整、清晰的说明。尤其要注意检查担保、诉讼、未决事项、资产重组等重大事项是否在附注中得到反映和披露。

⑥财会部门负责人审核报表内容和种类的真实性、完整性，通过后予以上报。

6. 编制合并财务报告

（1）主要风险。编制合并财务报告时，容易出现合并范围不完整、合并内部交易和事项不完整、合并抵销分录不准确等问题。

（2）主要管控措施。

①财会部门应依据经同级法律事务部门确认的股权结构图。并考虑所有相关情况来确定合并范围，以使其符合国家统一的会计准则制度的规定，并最终由财会部门负责人负责审核、确认合并范围是否完整。

②财会部门负责收集、审核下级单位的财务报告，并汇总本级次的财务报告，经汇总单位财会部门负责人审核。

③财会部门制定内部交易和事项核对表及填制要求，报财会部门负责人审批后下发至纳入合并范围内的各单位。财会部门核对本单位及纳入合并范围内的各单位之间的内部交易的事项和金额，如有差异，应及时查明原因并进行调整。编制的内部交易表及内部往来表应交财会部门负责人审核。

④合并抵销分录应有相应的标准文件和证据进行支持，并由财会部门负责人审核。

⑤对合并抵销分录实行交叉复核制度，具体编制人员完成调整分录后即提交相应复核人进行审核，审核通过后才可录入试算平衡表。进行交叉复核可保证合并抵销分录的真实性、完整性。

11.2　财务报告对外提供阶段及其主要风险点与控制措施

财务报告的价值更多地体现于对外提供后所产生的参考作用。企业必须充分准备，严格控制这一阶段的主要风险点。

11.2.1　财务报告对外提供阶段

财务报告的对外提供是指企业应建立财务报告报送与披露的管理制度，确保在规定的时间以规定的方式向企业内部相关负责人、企业外部使用者及时报送财务报告。其中，负有信息披露责任的企业，还应根据国家法律法规及企业的规章制度，及时对相关信息进行披露，以确保所有使用者都能同时、公平地获取财务报告及相关信息。

通过对外提供财务报告，企业及外部相关人员能够充分利用财务报告反映的综合信息，全面分析企业的经营管理状况并发现企业存在的问题，有助于企业不断提高经营管理水平。

例如，通过对企业资产分布、负债水平和所有者权益结构进行分析，能够了解企业的偿债和营运能力；通过分析企业的各项收入、费用的构成及其增减变动情况，可以了解企业的盈利能力、发展能力及其未来的发展趋势；通过分析经营、投资、筹资活动的现金流量的运转情况，可以了解企业的现金流量是否能够保证其生产经营过程的正常运行。

一般而言，企业的财务报告必须经过完整审核与相关负责人签名盖章后，才可对外提供。如属上市公司，还需经董事会和监事会审批通过后，方能对外提供。财务报告应与审计报告一同向投资人、债权人和政府监管部门等报送。

11.2.2　财务报告对外提供阶段的主要风险点

财务报告对外提供阶段的主要风险点如下。

（1）对外提供财务报告时未遵循相关法律法规的规定，导致企业需承担相应的法律责任。

（2）在财务报告对外提供前未按规定程序进行审核，对内容的真实性、完整性以及格式的合规性等审核不充分。

（3）对外提供的财务报告在编制基础、编制依据、编制原则和编制方法上不一致，影响各方对企业的情况做出判断和经济决策。

（4）财务报告对外提供前未经审计，审计机构不符合相关法律法规的规定，审计机构与企业串通舞弊。

（5）未能及时对外提供财务报告，导致财务报告信息的使用价值降低，同时也违反了有关法律法规。

（6）财务报告在对外提供前提前泄露或使不应知晓的对象获悉，导致发生内幕交易等，从而使投资者或企业本身蒙受损失。

11.2.3　财务报告对外提供阶段的控制措施

为了有效降低财务报告对外提供阶段的风险，企业应采取下列措施。

1. 审核

财务报告在对外提供前，由企业内部对其进行审核。企业应采取的主要管控措施如下。

（1）企业应严格按照规定的财务报告编制的审批程序，由各级负责人逐级把关，对财务报告内容的真实性、完整性以及格式的合规性予以审核。

（2）企业应保留审核记录，建立责任追究制度。

（3）在对外提供财务报告前，应将其装订成册、加盖公章，并由企业负责人、总会计师或分管会计工作的负责人、财会部门负责人签名并盖章。

2. 审计

企业编制的年度财务报告需依法经会计师事务所审计，审计报告应随同财务报告一并对外提供。特定企业应按规定选择为其进行审计的会计师事务所。企业应采取的相关管控措施如下。

（1）企业应根据相关法律法规的规定，选择具有资质的会计师事务所对财务报告进行审计。

（2）企业不得干扰审计人员的正常工作，并应对审计意见予以落实。

（3）注册会计师及其所在的事务所出具的审计报告，应随财务报告一并提供。

3. 对外提供

（1）企业应根据相关法律法规的要求，在企业相关制度中明确负责财务报告对外提供的部门，并由企业负责人进行监督。例如，国有企业应依法定期向监事会提供财务报告，至少每年一次向本企业的职工代表大会公布财务报告；上市公司的财务报告需经董事会、监事会审核通过后向全社会提供。

（2）企业应严格按照规定的财务报告编制的审批程序，由财会部门负责人、总会计师或分管会计工作的负责人、企业负责人逐级把关，对财务报告内容的真实性、完整性以及格式的合规性等予以审核，确保提供给投资者、债权人、政府监管部门、社会公众的财务报告的编制基础、编制依据、编制原则和编制方法完全一致。

（3）企业应严格遵守相关法律法规和国家统一的会计准则制度，在财务报告的编制、审核、报送流程中的每一步骤设置时间点，对未能按时完成工作的相关人员进行处罚。

（4）企业应设置严格的保密程序，对能够接触财务报告信息的人员进行权限设置，保证财务报告信息在对外提供前被控制在适当的范围；并对财务报告信息的访问情况予以记录，以便了解情况、及时发现可能的泄密行为，这样在泄密后也易于找到相应的责任人。

（5）企业对外提供的财务报告应及时整理归档，并按有关规定妥善保存。

11.3 财务报告分析利用阶段及其主要风险点与控制措施

企业对财务报告进行深入分析，可以充分发挥财务报告的作用。围绕财务报告的分析利用阶段，企业应确定并实施相关措施，以控制其中所存在的主要风险点。

11.3.1 财务报告分析利用阶段的主要风险点

财务报告的分析利用阶段包括制定财务报告分析制度、编写财务分析报告和整改落实 3 个部分。其主要风险点如下。

1. 制定财务报告分析制度阶段主要风险点

在制定财务报告分析制度时，可能出现制定的财务报告分析制度不符合企业实际情况，财务报告分析制度未充分利用企业现有资源，财务报告分析制度的流程、要求不明确，财务报告分析制度未经审批等问题。

2. 编写财务分析报告阶段主要风险点

在编写财务分析报告时，可能出现财务分析报告的目的不正确或者不明确、财务分析方法不正确等现象，导致财务分析报告的内容不完整。例如，未对本期生产经营活动中发生的重大事项做专门分析，导致财务分析局限于财会部门。另外还可能出现未充分利用相关部门的资源，影响财务分析报告的质量和可用性，以及财务分析报告未经审核等问题。

3. 整改落实环节主要风险点

在整改落实环节，财会部门应将经过企业负责人审批的财务分析报告及时报送各部门负责人，各部门负责人根据分析结果进行决策和整改落实。

该环节可能出现的问题包括：财务分析报告的内容传递不畅，未能及时使有关部门获悉其内容；各部门对财务分析报告不够重视，未对其中的意见进行整改落实。

11.3.2 财务报告分析利用阶段的控制措施

为切实根据财务分析结果进行决策和整改落实，企业应在财务报告分析利用阶段的不同环节采取各类控制措施。

1. 制定财务报告分析制度阶段控制措施

（1）企业在分析基本情况时，应重点了解企业的发展背景，包括企业的发展史、企业组织机构、产品销售及财务资产变动情况等，熟悉企业业务流程，分析、研究企业的资产及财务管理活动。

（2）企业在制定财务报告分析制度时，应重点关注：财务报告分析的时间、组织形式、参与的部门和人员；财务报告分析的内容、分析的步骤、分析的方法和指标体系；财务分析报告的编写要求等。

（3）财务报告分析制度草案经由财会部门负责人、总会计师或分管会计工作的负责人、企业负责人检查、修改、审批之后，根据制度设计的要求进行试行，如发现问题应及时总结上报。

（4）财会部门根据试行情况对财务报告分析制度草案进行修正，确定最终的财务报告分析制度文稿，并由财会部门负责人、总会计师或分管会计工作的负责人、企业负责人进行最终的审批。

2. 编写财务分析报告阶段控制措施

（1）编写时要明确分析的目的，运用正确的财务分析方法，并充分、灵活地运用各项资料。分析内容包括如下几点。

①分析企业的资产分布、负债水平和所有者权益结构。通过资产负债率、流动比率、资产周转率等指标分析企业的偿债能力和营运能力。分析企业净资产的增减变化，了解和掌握企业规模和净资产的不断变化的过程。

②分析各项收入、费用的构成及其增减变动情况。通过净资产收益率、每股收益等指标分析企业的盈利能力和发展能力，了解和掌握当期利润增减变化的原因和企业未来的发展趋势。

③分析经营活动、投资活动、筹资活动的现金流量的运转情况。重点关注现金流量能否保证生产经营过程的正常运行，防止现金短缺或闲置。

（2）总会计师或分管会计工作的负责人应在财务分析工作中发挥主导作用，负责组织领导。财会部门负责人审核财务分析报告的准确性，判断是否需要对特殊事项进行补充说明，并对财务分析报告进行补充说明。对于生产经营活动中的重要资料、重大事项以及与上年同期数据相比有较大差异的情况，要进行重点说明。

（3）企业财务分析会议应使有关部门负责人参加，对各部门提出的意见，财会部门应充分沟通、分析，进而修改、完善财务分析报告。

（4）修订后的财务分析报告应及时报送企业负责人，企业负责人负责审批分析报告，并据此进行决策。对于存在的问题及，应及时采取措施。

3. 整改落实环节控制措施

（1）定期的财务分析报告应构成内部报告的组成部分，充分利用信息技术和现有内部报告体系在各个层级上进行沟通。

（2）根据财务分析报告的意见明确各部门的职责。责任部门应按要求落实整改，财会部门则负责监督、跟踪责任部门的落实情况，并及时向有关负责人反馈落实情况。

第 12 章

企业全面预算内控管理

全面预算是指企业对一定期间内的经营活动、投资活动、财务活动等做出的预算安排。通过对全面预算进行内控管理，企业将获得更强的内控能力。

12.1　全面预算内控管理的基础

理解与认识全面预算是做好全面预算内控管理工作的基础。因此，全面预算不仅属于财务部门的工作，还应被定义为更重要的工作。

12.1.1　如何正确认识和理解全面预算

全面预算，其特点在于"全面"，其本质在于"预算"。要对其进行内控管理，企业应把握以下几个方面的内容。

1. 全方位、全过程、全员参与

全面预算是企业内全方位、全过程、全员参与编制与实施的预算管理模式。

（1）全方位。企业内一切经济活动，包括经营、投资、财务等各项活动，以及人、财、物各个方面，供、产、销各个环节，都必须纳入预算管理。因此，全面预算由经营预算（也称业务预算）、投资预算、筹资预算、财务预算等一系列预算组成，是相互衔接的综合预算体系。

（2）全过程。企业组织各项经济活动的事前、事中和事后都必须纳入预算管理。全面预算不限于预算编制、分解和下达，而是由预算编制、执行、分析、调整、考核、奖惩等一系列执行环节所组成的管理活动。

（3）全员参与。企业内部各部门、各单位、各岗位，上至企业最高负责人，下至各部门负责人、各岗位员工都必须参与预算编制与实施。

2. 实施内部控制、防范风险的重要手段和措施

全面预算的本质是企业内部管理控制的重要工具。预算本身并非最终目标，而是为实现企业目标所采用的管理与控制手段，从而有效控制企业风险。

全面预算的制定和实施过程，就是企业不断使用量化工具来使自身所拥有的资源与发展目标保持动态平衡的过程。在此过程中，企业对所面临的各种风险进行识别、预测、评估与控制。全面预算控制因此成为重要的风险控制措施。

3. 实现发展战略和年度经营目标的有效方法和工具

"三分战略、七分执行"，企业战略制定得再好，如果得不到有效实施，终不能将美好蓝图从愿景转变为现实，甚至还可能因实际运营背离战略目标而导致经营失败。

通过实施全面预算，企业可以将根据发展战略制订的年度经营目标进行分解、落实，以确保企业长期战略规划和年度具体行动方案紧密结合，从而实现"化战略为行动"，推动发展目标的实现。

4. 有利于企业优化资源配置、提高经济效益

全面预算是为数不多的能将企业的资金流、实物流、业务流、信息流、人力流等相整合的管理控制方法之一。全面预算以经营目标为起点，以提高投入产出比为目的，其编制和执行过程就是将企业有限的资源加以整合，协调分配到能够提高企业经营效率和效果的业务、活动、环节中去，从而实现企业资源的优化配置，增强资源的价值创造能力，提高企业经济效益。

12.1.2　全面预算管理方案

全面预算管理方案的内容除了包含传统意义上的预算的各个方面的内容，还包括企业的年度经营计划。因此，全面预算管理方案更能体现出预算与企业战略规划的联系。

在全面预算管理方案的编制过程中，业务部门负责编制收入预算、成本费用预算、投资预算，管理部门负责编制费用预算，财务部门负责汇总编制年度损益预算、现金流量预算、资产负债表预算等。

全面预算管理方案将市场和企业连接起来。在不同的市场环境下，企业所处的发展时期不同，其管理方案的侧重点就有所不同，所对应的全面预算管理

模式也不同。因此，企业在设计全面预算管理方案时，需要根据自身所处的环境、条件以及管理需求，选择合适的全面预算管理模式，以突出管理重点。

概括而言，全面预算管理方案通常可分为 6 类。

1. 资本支出全面预算管理方案

资本支出全面预算管理方案大多为创业期企业所采用。该方案的特点是以投资的净现值作为主导考核目标，以现金收支平衡为辅助考核指标。若采用该方案，企业需从资本投入预算开始介入管理过程，积极进行投资概算，利用财务决策技术来对资本支出的项目进行评价。该方案主要包括项目投资总额预算、各期现金流出总额预算、融资预算等。

2. 销售为主全面预算管理方案

销售为主全面预算管理方案是目前应用最广泛的方案类型。该方案以市场为依托，以提高市场占有率为目标，围绕销售预测来编制综合财务预算。该方案以销售收入为主导指标，以利润和现金回收为辅助指标，适用于以企业价值最大化为目标的企业，以及处于成长期的企业。

在该方案的指导下，企业各部门应基于销售预测，编制采购、生产、库存和成本费用预算。财务部门根据这些预算，结合所掌握的各种信息，编制利润预算来计算企业在预定期内能够获取的利润。

3. 成本控制全面预算管理方案

该方案以市场竞争为原则，在明确企业目前的实际情况的前提下，利用市场调查手段，结合企业潜力和预期利润，对成本预算指标进行分解、整理，形成系统、完善的成本控制主轴。通过编制该方案，企业可将成本预算指标分解、落实到各级责任单位与个人，直至规划出达成每个目标的大致过程。

该方案以成本为主导考核指标，以收入和利润为辅助考核指标，适用于发展比较稳定的传统企业或大型企业集团。

4. 现金流量全面预算管理方案

现金流量全面预算管理方案以现金的流入、流出控制为核心，以现金收支平衡为起点，利用对现金流量的规划与控制来实现对企业内部各项生产经营活动的控制。该方案的基本内容包括现金收入预算、现金支出预算以及二者之间的平衡预算。

该方案以现金净流量为主导考核指标，以利润和销售收入为辅助考核指标。该方案主要适用于资金较为紧张、财务状况比较困难的企业。

5. 目标利润全面预算管理方案

目标利润全面预算管理方案针对企业下属不同子公司、分公司进行经营控制、业绩考评，从而发挥集团的整体优势。该方案将目标资本利润率作为起点，分别编制企业收入与成本预算，进行反复平衡，直至实现目标利润。

该方案以利润为主导考核指标，以销售收入和成本为辅助考核指标，适用于以利润最大化为目标的企业或大型企业集团的利润中心。

6. 综合平衡全面预算管理方案

该方案以财务指标中的盈利指标为起点，包括股东权益报酬率等。该方案不是单纯考核某一项指标，而是对多类指标进行综合考核；适用于注重战略、以可持续发展为目标的企业。

12.2　全面预算内控管理的主要风险点与控制措施

全面预算目标是企业战略规划的直接体现。通过对全面预算内控管理的主要风险点进行识别与管理，企业能够及时消除企业战略规划中的潜在威胁。

12.2.1　全面预算内控管理的主要风险点

对于全面预算内控管理的主要风险点，企业应根据预算编制、预算目标、预算执行加以划分。具体内容如表 12.2-1、表 12.2-2、表 12.2-3 所示。

表 12.2-1　预算编制的风险点

风险点	产生原因	影响	严重程度
编制依据不足	未能全面考虑企业的实际情况，如财务实力、经营状况、战略要求等	预算编制结果不合理	较严重，影响预算编制结果
编制方法不当	未能考虑到企业实际情况、预算性质要求，未能综合考虑特定方法的优缺点、适用范围，未能有效结合使用多种方法	预算编制不科学	适中，使用不同的方法将产生不同的预算结果
编制过程不规范	未能按规定的程序进行编制或忽略了某项环节；与企业领导的纵向信息沟通或与各部门的横向信息沟通不畅	预算编制结果不准确或不全面	适中，导致全面预算的部分内容缺失或不准确
编制审批不规范	未能按照规定的程序进行审批，或未能明确划定审批权责；审批责任人未按要求进行严格审批	审批工作流于形式，无法及时发现存在的问题	适中，可能导致预算不准确

表 12.2-2　预算目标的风险点

风险点	产生原因	影响	严重程度
目标确定不合理	未能结合企业战略目标与实际情况，目标判断出现偏差	预算目标不合理	较严重，影响预算管理的整体效果
目标分解不合理	未使用正确的方法分解目标，未将目标落实到具体业务，未结合实际情况	分解的子目标与总目标出现偏差	较严重，影响预算编制结果
目标下达不合理	沟通不畅导致信息传达不准确	预算编制结果不准确，与目标要求出现偏差	较严重，导致各部门无法准确掌握目标要求
目标未能落实	缺乏明确的约束机制，或未能准确把握目标，导致目标无法发挥指导作用	无法实现预算目标，预算编制结果不合理	较严重，导致预算编制结果不科学

表 12.2-3　预算执行的风险点

风险点	产生原因	影响	严重程度
执行效果不佳	缺乏对预算执行的约束机制，未能对执行结果提出明确要求并制定具体的奖惩措施。或控制要求过于严格，缺失必要的灵活性	执行效果不佳，预算目标无法顺利达成	较严重，预算形同虚设
执行情况反馈不畅或无效	信息沟通不畅，导致执行情况无法及时反馈，或反馈结果未能得到重视	执行效果无法得到有效评估，问题无法得到及时解决	适中，有可能对预算执行效果产生影响
未能及时改进	未能针对执行情况反馈结果进行具体改进，导致问题依然存在	执行过程中发现的问题无法得到有效解决	适中，导致执行效果产生偏差

12.2.2　全面预算内控管理的控制措施

为应对全面预算内控管理的风险，企业应加强对预算执行的管理，明确预算指标分解的方式、预算执行审批权限和要求、预算执行情况报告等，落实预算执行责任制，确保预算刚性，严格控制预算执行过程。同时，企业还应建立严格的预算执行考核制度，对各预算执行单位和个人进行考核，切实做到有奖有惩、奖罚分明。

在执行全面预算之前，企业应采取的内控管理措施如下。

1. 预算编制

（1）全面性控制。

①明确企业各个部门、单位的预算编制责任，使企业各个部门、单位的业务活动全部纳入预算管理。

②将企业经营、投资、财务等各项经济活动的各个方面、各个环节都纳入预算编制范围，形成由经营预算、投资预算、筹资预算、财务预算等一系列预算组成的相互衔接的综合预算体系。

（2）编制依据和基础控制。

①制定明确的战略规划，并依据战略规划制定年度经营目标和计划，作为制定预算目标的首要依据，确保预算编制真正成为战略规划和年度经营计划的年度具体行动方案。

②深入开展对企业外部环境的调研和预测，包括对企业预算期内客户需求、同行业发展情况等市场环境的调研，以及对宏观经济政策等社会环境的调研，确保预算编制以市场预测为依据，与市场、社会环境相适应。

③深入分析企业上一期间的预算执行情况，充分预计预算期内企业资源状况、生产能力、技术水平等自身环境的变化，确保预算编制符合企业生产经营活动的客观实际情况。

④重视和加强预算编制基础管理工作，包括历史资料记录、定额制定与管理、标准化工作、会计核算等，确保预算编制以可靠、翔实、完整的基础数据为依据。

（3）编制程序控制。企业应按照上下结合、分级编制、逐级汇总的程序，编制年度全面预算。其基本步骤及控制措施如下。

①建立系统的指标分解体系，并在与各预算责任中心进行充分沟通的基础上分解、下达初步预算目标。

②各预算责任中心按照下达的预算目标和预算政策，结合自身特点以及预测的执行条件，认真测算并提出本责任中心的预算草案，逐级汇总、上报预算管理工作机构。

③预算管理工作机构进行充分协调、沟通，审查平衡预算草案。

④预算管理委员会应对预算管理工作机构在综合平衡的基础上提交的预算方案进行研究论证，从企业发展全局的角度提出进一步调整、修改的建议，形成企业年度全面预算草案，并提交董事会。

⑤董事会审核全面预算草案，确保全面预算与企业发展战略、年度生产经营计划相协调。

（4）编制方法控制。企业应本着遵循经济活动规律，充分考虑企业自身经济业务特点、基础数据管理水平、生产经营周期和管理需要的原则，选择或综合运用固定预算、弹性预算、滚动预算等方法编制预算。

（5）预算目标及指标体系设计控制。

①按照"财务指标为主体、非财务指标为补充"的原则设计预算指标体系。

②将企业的战略规划、经营目标体现在预算指标体系中。

③将企业产、供、销、投融资等各项活动的各个环节、各个方面的内容都纳入预算指标体系。

④使预算指标体系与绩效评价指标协调一致。

⑤按照各责任中心在工作性质、权责范围、业务活动特点等方面的不同，设计不同或各有侧重的预算指标体系。

⑥预算编制时间控制。企业可根据自身规模大小、组织结构和产品结构的复杂性、对预算编制工具的熟练程度、全面预算开展的深度和广度等因素，确定合适的全面预算编制时间，并在预算年度开始前完成全面预算草案的编制工作。

2. 预算审批和下达

企业全面预算应按照相关法律法规及企业章程的规定报经审议批准。企业全面预算经审议批准后应及时以文件形式下达执行。

3. 预算指标分解和责任落实

（1）企业全面预算一经批准下达，各预算执行单位应认真组织实施，将预算指标层层分解。在横向上，将预算指标分解为若干相互关联的因素，寻找影响预算目标的关键因素并对其加以控制；在纵向上，将各项预算指标层层分解、落实到最终的岗位和个人，明确责任部门和最终责任人；在时间上，将年度预算指标分解细化为季度、月度预算，通过实施分期预算控制实现年度预算目标。

（2）建立预算执行责任制度，对照已确定的责任指标，定期或不定期地对相关部门及人员的责任指标完成情况进行检查，并实施考评。还可以通过签订预算目标责任书等形式明确各预算执行部门的预算责任。

（3）分解预算指标和建立预算执行责任制应遵循定量化、全局性、可控性的原则。预算指标的分解要明确、具体，以便于执行和考核。预算指标的分解要有利于企业经营总目标的实现。赋予责任部门和责任人的预算指标应是通过该责任部门或责任人的努力可以达到的；责任部门或责任人应以其责权范围为限，对预算指标负责。

12.3　全面预算编制控制与执行控制

企业的经济活动是非常复杂的，要确保这些活动相互协调、同步进行，达到战略目标，离不开全面预算的编制控制与执行控制。通过对全面预算的编制和执行进行控制，企业就能够有效控制关乎战略目标的所有经济活动。

12.3.1　预算编制工作流程

全面预算对企业和各部门在预算期内的生产经营活动的目标都进行了规划，为了保证企业内各部门和员工能自觉执行预算，必须突出全面预算的权威性。因此，全面预算的编制工作应该遵循一定的流程。

1. 成立预算委员会

在开始预算编制工作之前，企业应成立预算委员会。该委员会是负责组织和指导全面预算编制工作的机构，通常由企业董事长、总经理及其他高管人员组成，是企业预算组织体系的核心。

预算委员会主要负责结合企业战略提出预算期内的目标；通过综合平衡，拟定预算方案，并报股东大会或董事会批准后组织实施；解决预算方案实施过程中出现的各种问题，并对预算执行情况进行考核。预算委员会下设专职部门，负责预算管理的日常事务。

2. 资料准备

为了及时编制预算，企业应事先准备好编制预算所需的各种资料。主要有以下几种资料。

（1）各种预测和决策结果。这些既是编制预算的初始数据资料，也需要进一步通过预算进行落实。

（2）预先编制的本年度资产负债表。通常情况下，在本年度尚未结束时，企业应编制下一预算期的预算，因此，为了及时提供预算期初的资料，必须预先编制本年度资产负债表。

（3）各种标准耗用量和价格。其中标准耗用量主要指直接材料的标准耗用量、直接人工的标准耗用工时；标准价格主要包括直接材料的标准价格、直接人工的标准工资、制造费用的分配率等。这些都应根据企业预算期内的技术水平、管理水平、市场情况等因素进行制定。

（4）其他资料。包括预计的存货的期末数量、预计现销收入占总销售收入的比例等。

3. 预算编制

通常可以将自下而上和自上而下两种方法相结合来编制预算。

自下而上是指企业各部门根据战略目标及分解目标，编制本部门的预算。例如，销售部门负责编制销售预算，生产部门则编制生产预算等。各部门将预算上报预算委员会进行汇总。

自上而下是指企业预算委员会对各部门上报的预算进行综合平衡，并提出指导性的意见，随后再下发给各部门，由各部门根据其实际情况提出修订意见。企业需要将这两种方法相互结合、反复多次使用，才能确保企业上下就预算达成一致。

预算编制的具体流程如下。

（1）先由预算委员会根据企业的战略目标，在对预算期内的经济形势做出初步预测和决策的基础上，通常于每年 9 月底之前制定企业下一预算期的总目标和部门分目标。其中包括销售目标、成本费用目标、利润目标和现金流量目标等。同时，预算委员会还会确定预算编制政策，由预算管理部门下达各预算执行部门。

（2）各基层部门按照分层级管理汇报的原则，结合自身特点以及预测的执行条件，制定本部门的预算方案，经由各个基层部门负责人签章确认后，于每年 10 月底之前呈报分部门。

（3）分部门再根据各下属部门的预算方案，制定本部门的总体预算方案，并呈报预算委员会。在此过程中，预算委员会需要加强对企业内部各预算执行部门的指导、监督和服务，对于预算编制不及时或编制质量不高的部门，应及时进行通知并督促其采取相应措施，以免影响企业预算汇总的时间和预算编制的质量。

（4）预算委员会对各分部门的预算方案进行审查，通过沟通和综合平衡拟定企业的整体预算方案。企业每个年度的整体预算方案一般应在上一一年度 11 月之前修改完毕。

（5）将整体预算方案反馈给各个部门并征求意见，通过自下而上、自上而下多次反复，形成最终预算。

（6）最终预算最迟应在每年 12 月底之前交由最高决策层审批通过之后，成为下一年的正式预算，并逐级下达各部门执行。

通过执行上述流程，企业能够充分调动从基层到领导层参与预算编制的积极性，同时也有利于之后对预算方案的实施。

12.3.2　全面预算的编制方法

在编制全面预算的过程中，企业应该根据自身经济业务的特点和经济活动规律，结合不同预算项目的性质，选择或综合运用不同的编制方法。

下面是几种主要的全面预算的编制方法。

1.固定预算

固定预算又称为静态预算，即按固定业务量编制预算，通常根据预算期内可实现的某一固定的业务量水平来编制。

采用该编制方法时，企业不需要考虑预算期内业务活动水平可能发生的变动，只需要根据预算期内预计的某一固定的业务活动水平来确定相应的数据。考核时，以预算期内计划的某一固定的业务活动水平所确定的预算数为依据来对实际执行结果进行比较、分析，从而完成业绩评价。

固定预算编制方法更适合业务量水平较为稳定的企业，或针对业务中的固定费用及数额比较稳定的预算项目。

2. 弹性预算

弹性预算又称为变动预算。使用该预算编制方法时，需留出一定的空间，以能够适用于业务量的变化。这种预算编制方法的运用范围比固定预算的运用范围更广，使预算与实际情况具有可比基础，预算的控制和差异分析也更具有意义和说服力。预算编制完成后，只要企业各项消耗的标准、价格等依据不发生变化，即可连续使用，从而大大减少了预算编制的工作量。

3. 定期预算

在编制预算时，以不变的会计期间作为预算期的编制方法即为定期预算。这种方法的优点在于能够使预算期间与会计期间相配合，以便于考核与评价预算执行业绩。

在使用定期预算这一方法时，企业应注意避免其缺点。其缺点主要包括以下几点。

（1）盲目性。定期预算通常需要在当年年初甚至提前两三个月编制完成，因此容易使企业对整个预算年度的生产经营活动的预计不准确，只能做出笼统估算，导致预算缺乏远期指导性。

（2）滞后性。定期预算无法跟随情况变化及时进行调整，如果企业的各种生产经营活动与业务活动在预算期内发生重大变化，就会导致预算滞后、过时。

（3）间断性。定期预算会受预算期的影响，容易导致企业领导者的决策视野局限于本期规划的生产经营活动与业务活动，缺少对下一预算期的关注。

4. 滚动预算

该方法又称为连续预算或永续预算。使用该方法编制的预算能够随着时间的推移而自动递补，始终保持一定的期限（如 1 年）。

滚动预算可以分为逐月滚动预算和逐季滚动预算，前者以月份为单位，后者以季度为单位。具体方法是每过 1 个单位时间，立即根据前 1 个单位时间的预算执行情况对此后的单位时间的预算进行修订。

采用该预算编制方法，能够使企业领导层了解未来时间内企业总体规划与近期预算目标，确保企业预算工作的完整性与稳定性。但这种预算编制方法的唯一的缺点在于预算工作量较大。

5. 增量预算

增量预算是指以基础期内各项预算指标的实际水平作为基础，结合预算期内的业务量水平及有关增产节约的措施，对原有预算指标水平进行调整并编制预算。该方法以企业历史预算方案的编制经验为基础，即承认原有的预算编制方案是合理的，无须在预算内容上进行较大改进。

6. 零基预算

零基预算是指对于任何一个预算期或预算项目，企业都避免以现有的预算数为基数，而是从零开始，完全根据有关部门的职责范围与经营需要安排有关项目的预算数额。

该编制方法能够完全排除前期有关因素对编制预算的影响，并能从现实角度考虑业务量、费用开支和收益情况，重新认识预算必要性和规模，并以此对企业的生产经营活动与业务活动进行客观描述。

12.3.3　预算执行流程中的控制措施

在预算执行流程中，企业可通过采取有效的控制措施来保证预算方案的执行效果，以推动企业从中受益。

图 12.3-1 所示是预算执行流程。

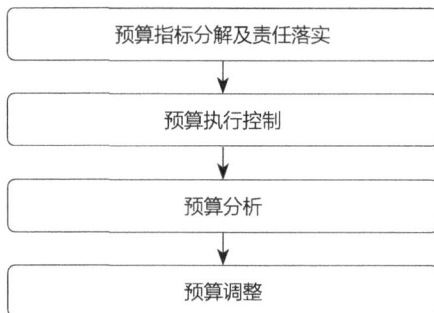

图 12.3-1　预算执行流程

预算执行流程中的控制措施主要包括以下几点。

（1）加强资金收付业务的预算控制，及时组织资金收入，严格控制资金支付，调节资金收付平衡，防范支付风险。

（2）加强对资金支付业务审批的控制，及时制止不符合预算目标的经济行为，确保各项业务和活动都在授权的范围内运行。企业应就涉及资金支付的预算内事项、超预算事项、预算外事项建立规范的授权批准制度和程序，避免出现越权审批、违规审批、重复审批。对于预算内非常规或金额重大事项，应经过较高的授权批准层（如总经理）审批。对于超预算或预算外事项，应实行严格、特殊的审批程序，一般须报经总经理办公会或类似权力机构审批。金额重大的事项，还应报经预算管理委员会或董事会审批。预算执行单位提出超预算或预算外资金支付申请时，应提供有关发生超预算或预算外支付的原因、依据、金额测算等资料。

（3）建立预算执行实时监控制度，及时发现和纠正预算执行中的偏差。确保企业在办理采购与付款、销售与收款、成本费用、工程项目、对外投融资、研究与开发、信息系统、人力资源、安全环保、资产购置与维护等各项业务和事项时，均符合预算要求；对于涉及生产过程和成本费用的，还应严格执行相关计划和定额、定率标准。

（4）建立重大预算项目特别关注制度。对于工程项目、对外投融资等重大预算项目，企业应密切跟踪其实施进度和完成情况，实行严格监控。对于重大的关键性预算指标，也要密切跟踪、检查。

（5）建立预算执行情况预警机制，科学选择预警指标，合理确定预警范围，及时发出预警信号，积极采取应对措施。有条件的企业应推进和实施预算管理的信息化，通过现代电子信息技术手段控制和监控预算执行，提高预警与应对水平。

（6）建立健全预算执行情况内部反馈和报告制度，确保预算执行信息传输及时、畅通、有效。预算管理工作机构应加强与各预算执行单位的沟通，运用财务信息和其他相关资料监控预算执行情况，采用恰当的方式及时向预算管理委员会和各预算执行单位报告、反馈预算执行进度、执行差异及其对预算目标的影响，以促进企业全面预算目标的实现。

12.3.4　预算调整管理办法

在全面预算执行过程中，经常会因企业内外环境的变化，需要对预算加以调整。如果调整依据不充分、方案不合理、审批程序不严格，很容易导致预算调整随意、频繁，从而失去应有的严肃性和约束性。

为此，企业应对预算调整采取以下控制措施。

1. 明确预算调整的条件

市场环境、国家政策或不可抗力等客观因素发生变化，导致预算执行情况出现重大差异确需调整预算的，企业应履行严格的审批程序，并在有关预算管理制度中明确规定预算调整的条件。

2. 强化预算调整的原则

（1）预算调整应符合企业发展战略、年度经营目标和现实状况，调整重点应放在预算执行过程中出现的重要的、非正常的、不符合常规的关键性差异上。

（2）预算调整方案应客观、合理、可行，在经济上能够实现最优化。

（3）预算调整应谨慎，调整频率应予以严格控制，年度调整次数应尽量少。

3. 规范预算调整的程序

预算调整一般由预算执行单位逐级向预算管理委员会提出书面申请，需详细说明预算调整理由、调整建议方案、调整前后预算指标的对比情况、调整后预算指标可能对企业预算总目标的影响等内容。

预算管理工作机构对预算执行单位提交的预算调整申请进行审核和分析，集中编制企业年度预算调整方案，并提交预算管理委员会。预算管理委员会对年度预算调整方案进行审议，根据预算调整事项的性质或预算调整金额的不同，在其授权范围内进行审批，或提交原预算审批机构审议批准，然后下达执行。

12.3.5 预算动态监控措施

对预算进行监控的难点在于其动态性。企业要想不断提升预算执行过程的动态监控水平,更好地发挥预算管控的指导、服务、监督功能,应从以下几个方面进行完善和优化。

1. 建立科学有效的预算控制组织体系

图 12.3-2 所示是全面预算控制组织体系。

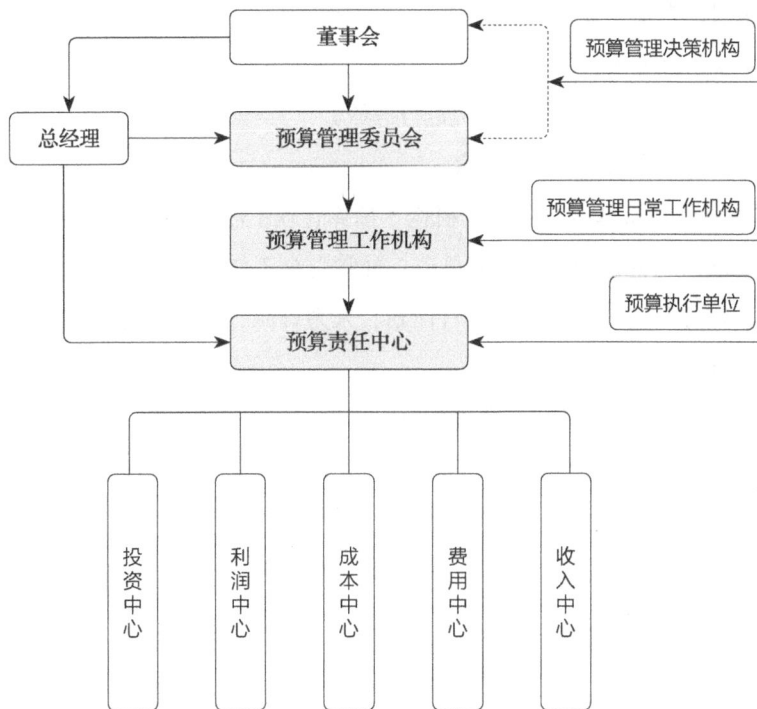

图 12.3-2 全面预算控制组织体系

(1)全面预算管理决策机构。预算管理委员会通常由企业负责人(董事长或总经理)任主任,总会计师(或财务总监、分管财会工作的副总经理)任副主任;其成员一般还包括各副总经理、主要职能部门(财务、战略发展、生产、销售、投资、人力资源等部门)负责人、分(子)公司负责人等。

预算管理委员会的主要职责如下。

①制定并颁布企业全面预算管理制度，包括预算管理的政策、措施、办法、要求等。

②根据企业战略规划和年度经营目标拟定预算目标，并确定预算目标分解方案、预算编制方法和程序。

③组织编制、综合平衡预算草案。

④下达经批准的正式年度预算。

⑤协调解决预算编制和执行中的重大问题。

⑥审议预算调整方案，依据授权进行审批。

⑦审议预算考核和奖惩方案。

⑧对企业全面预算的执行情况进行考核。

⑨负责其他全面预算管理事宜。

（2）全面预算管理日常工作机构。预算管理工作机构一般设在财会部门，其主任一般由总会计师（或财务总监、分管财会工作的副总经理）兼任，工作人员除了财务部门人员外，还应有计划、人力资源、生产、销售、研发等业务部门的人员。

预算管理工作机构的主要职责如下。

①拟订企业各项全面预算管理制度，并负责检查落实预算管理制度的执行情况。

②拟订年度预算总目标分解方案及有关预算编制的程序、方法的草案，并报预算管理委员会审定。

③组织和指导各级预算单位开展预算编制工作。

④预审各预算单位的预算初稿，进行综合平衡，并提出修改意见和建议。

⑤汇总编制企业全面预算草案，并提交预算管理委员会审查。

⑥跟踪、监控企业预算执行情况。

⑦定期汇总、分析各预算单位的预算执行情况，并向预算管理委员会提交预算执行分析报告，为预算管理委员会进一步采取行动拟定建议方案。

⑧接受各预算单位的预算调整申请，根据企业预算管理制度进行审查，集中制定年度预算调整方案，并报预算管理委员会审议。

⑨协调解决企业预算编制和执行中的有关问题。

⑩提出预算考核和奖惩方案，并报预算管理委员会审议；组织开展对企业二级预算执行单位预算执行情况的考核，给出考核结果和奖惩建议，并报预算管理委员会审议。

（3）全面预算执行单位。全面预算执行单位是指根据其在企业预算总目标实现过程中的作用和职责划分的，承担一定经济责任，并享有相应权利和利益的企业内部单位。

企业内部预算执行单位的划分与企业的组织机构设置相适应，可分为投资中心、利润中心、成本中心、费用中心和收入中心。

预算执行单位应在预算管理部门（指预算管理委员会及其工作机构，下同）的指导下，组织开展本部门或本企业全面预算的编制工作，严格执行批准下达的预算。其主要职责如下。

①提供编制预算的各项基础资料。

②负责本单位全面预算的编制和上报工作。

③将本单位预算指标层层分解，落实到各部门、各环节和各岗位。

④严格执行经批准的预算，监督、检查本单位的预算执行情况。

⑤及时分析、报告本单位的预算执行情况，解决预算执行中的问题。

⑥根据内外部环境变化及企业预算管理制度，提出预算调整申请。

⑦组织实施本单位内部的预算考核和奖惩工作。

⑧配合预算管理部门做好企业总预算的综合平衡、执行监控、考核奖惩等工作。

⑨执行预算管理部门下达的其他预算管理任务。各预算执行单位负责人应对本单位预算的执行结果负责。

2. 加强预算动态执行监督

在预算执行过程中，企业应对预算目标进行科学分解，根据时间节点继续层层分解到各个环节和各个部门，从而根据企业实际情况调整预算指标体系，并对预算指标进行明确的解释。同时，企业还应加强对预算指标执行情况的动态考核，定期进行预算分析和总结，分析阶段性预算执行情况；对于发现的问题，企业应及时解决，并严格控制预算追加程序，以减少预算外支出。

3. 建立预算动态报告分析和责任追究制度

（1）企业应及时对监控预警信息进行动态更新，并运用科学的方法对可能发生的内外部风险等进行分析。

（2）进一步细化预算监控反馈机制，定期进行信息反馈处理，建立风险隐患排查机制，加强对可能存在预算执行偏差的环节的重点监督。

（3）做好信息分类处理和综合分析工作，切实从根源上提高经营水平，为经营管理决策制定等提供重要依据。

（4）进一步完善监控系统的功能，积极探索运用现代信息技术，构建适合企业自身的自动化智能预算管控体系，以提高科学化管理水平。

12.4　全面预算执行分析与考核

围绕全面预算执行情况进行分析与考核，不仅能够对已经完成的预算做出评价，还能对即将开始的新的预算执行工作提供宝贵经验。企业必须建立预算执行分析制度和分析流程，以确保全面预算的管控水平不断提高。

12.4.1　预算执行分析制度

预算执行分析制度能够对预算执行的具体分析目标、过程、步骤、责任等提出明确要求，从而确保预算执行的效果。

下面是某企业实际建立的预算执行分析制度。

第 1 章 总则

第 1 条 目的

1. 了解预算执行过程中的差异，为预算考核提供依据，并将考核结果作为进行奖惩的基础。

2. 了解预算与战略的配合程度，为预算修正和调整提供参考依据，发挥预算的指导作用。

3. 为编制下期预算积累经验，加强企业预算管理的科学性、系统性和权威性。

第 2 条 定义

预算分析就是通过对实际预算执行情况与预算目标进行比较，确定是否存在差异，为进行预算调整、预算修正提供依据。

第 3 条 预算分析责任单位

1. 董事会为预算分析的决策机构。

2. 预算委员会为预算分析的管理机构。

3. 各业务部门为预算分析的执行机构，财务部门负责对企业总体预算执行情况进行分析。

第 4 条 预算分析管理方式

企业通过定期召开预算执行分析会议，通报预算执行情况，研究、解决预算执行中存在的问题，并提出改进措施。

第 5 条 预算执行分析的内容

预算执行分析的内容主要包括以下 5 个方面。

1. 差异性分析。定期对实际预算执行情况与预算目标进行比较，提供差异性分析报告，为预警提供依据。

2. 一致性分析。分析预算执行情况与企业长期目标及基本目标的一致性。

3. 例外事项分析。分析由例外事项引起的对整体预算目标的影响。

4.差错分析。分析由于目标理解不一致而造成的错误填报的内容。

5.进度分析。对各项预算目标的完成进度进行分析，为考核工作提供依据。

第2章 编制预算执行分析报告

第6条 执行情况监督

在预算执行过程中，各预算执行部门设专人及时检查、追踪本部门预算的执行情况，并及时收集、汇总有关财务、业务、市场、技术、政策、法律等信息，为预算执行分析报告的编制做好准备。

第7条 预算执行分析报告

预算执行分析报告分临时性报告和定期报告。对重大差异和问题要编制临时报告，定期报告分月度分析报告和年度分析报告，要全面分析本部门的预算执行情况。

第8条 编制预算执行分析报告的要求

1.把握定量分析和定性分析两个角度。

2.采用比率分析、比较分析、因素分析等多种方法。

3.对于预算执行过程中产生的差异，应客观分析原因，提出解决建议。

第3章 预算分析报告的审议和评估

第9条 方式

预算分析报告的审议和评估通过定期召开的预算执行分析会议进行。

第10条 预算执行分析会议的准备

1.各单位提前准备同预算相关的各方面（如财务、业务、市场、技术、政策、法律等）信息、图表资料等。

2.财务部门汇总各预算执行部门编制的预算执行分析报告，在此基础上形成企业总体的预算执行分析报告，并在会议召开前3天内提交给预算委员会。

3.预算委员会工作人员将相关会议资料进行整理后，打印、装订并及时分发给各个参会部门和人员。

第 11 条 参会人员

总经理、预算委员会负责人、财务部门负责人、相关预算执行部门负责人等。

第 12 条 召开时间

1. 季度预算执行分析会议分别在 4 月、7 月、10 月下旬召开，时间为 1 天。

2. 年度预算执行分析会议在 1 月下旬召开，时间为 1 ~ 2 天。

第 13 条 会议规则

1. 对预算执行情况进行分析，不仅是为了揭示和解释问题，更主要的是形成对问题的共识和解决问题的对策。

2. 对于预算执行过程中出现的超出合理范围的差异，应客观分析差异产生的原因，提出解决措施或建议，编制预算执行差异分析报告并提交给董事会审核。预算执行差异分析报告的内容包括但不限于以下内容。

（1）本期预算数、本期实际预算完成数、本期差异、累计预算数、累计实际发生数、累计差异数。

（2）对差异进行具体分析的过程和说明。

（3）产生不利差异的原因、责任归属、改进措施。

（4）形成有利差异的原因和今后进行巩固、推广的建议。

第 14 条 会议议程

1. 企业预算委员会负责人介绍上期企业总体目标的完成情况、主要差异及其产生的原因。

2. 逐一总结各单位上期预算的完成情况，发现问题，分析差异产生的原因，责成有关部门进行解决。

3. 总结会议中得出的需要上报董事会审核解决的问题，并明确改进目标。

4. 总经理进行总结后宣布闭会。

第 15 条　会后事项

1. 预算委员会负责人上报需经董事会审核解决的事项和问题。

2. 预算委员会及各相关单位整理、记录会议产生的资料。

第 4 章　附则

第 16 条　预算委员会负责对本制度进行解释和修改

第 17 条　本制度自颁布之日起执行

12.4.2　预算执行分析流程

企业应在预算执行分析流程中采取的管控措施具体如下。

1. 建立执行情况分析制度

企业预算管理工作机构和各预算执行单位应建立预算执行情况分析制度，定期召开预算执行分析会议，通报预算执行情况，研究、解决预算执行中存在的问题，认真分析原因并提出改进措施。

2. 加强对预算分析流程和方法的控制

企业应当加强对预算分析流程和方法的控制，确保预算分析结果准确、合理。预算分析流程一般包括确定分析对象、收集资料、确定差异及分析原因、提出措施及反馈报告等环节。

企业在分析预算的执行情况时，应充分收集有关财务、业务、市场、技术、政策、法律等方面的信息资料，根据不同情况分别采用比率分析、比较分析、因素分析等方法，从定量与定性两个层面充分反映预算执行单位的现状、发展趋势及其存在的潜力。

3. 采取恰当措施处理预算执行偏差

企业应针对产生预算差异的不同原因采取不同的处理措施：因内部执行而导致的预算差异，应积极分清责任归属，与预算考评和奖惩挂钩，并将责任单位或责任人的改进措施的实际执行效果纳入业绩考核；因外部环境变化而导致的预算差异，应分析该变化是否长期影响企业发展战略的实施，并将其作为下期预算编制的影响因素。

12.4.3 预算执行考核流程

预算考核并不只是对已完成的工作进行总结。如果预算考核不严格、不合理、不到位，就可能导致预算目标难以实现、预算管理流于形式。实际上，预算考核是否合理，会受到考核主体和考核对象的界定是否合理、考核指标是否科学、考核过程是否公开透明、考核结果是否客观公正、奖惩措施是否公平合理且能够落实等多方面因素的影响。

企业应在预算执行考核流程中采取的主要管控措施如下。

1. 建立健全预算执行考核制度

（1）建立严格的预算执行考核制度，对各预算执行单位和个人进行考核，将预算目标执行情况纳入考核和奖惩范围，切实做到有奖有惩、奖惩分明。

（2）制定有关预算执行考核的制度或办法，并认真、严格地组织实施。

（3）定期组织实施预算考核，预算考核的周期应与年度预算细分周期相一致，即一般按照月度、季度实施考核，预算年度结束后再进行年度总考核。

2. 合理界定预算考核主体和考核对象

预算考核主体分为两个层次，分别是预算管理委员会和内部各级预算责任单位。预算考核对象为企业内部各级预算责任单位和相关个人。

界定预算考核主体和考核对象应主要遵循以下原则。

（1）上级考核下级原则，即由上级预算责任单位对下级预算责任单位实施考核。

（2）逐级考核原则，即由预算执行单位的直接上级对其进行考核，间接上级不能隔级考核间接下级。

（3）预算执行与预算考核相互分离原则，即预算执行单位的预算考核应由其直接上级单位来进行，而绝不能自我考核。

3. 科学设计预算考核指标体系

预算考核指标要以各责任中心承担的预算指标为主，同时本着相关性原则，增加一些具有全局性的预算指标和与其关系密切的相关责任中心的预算指标。考核指标应以定量指标为主，同时根据实际情况辅以适当的定性指标。考核指标应具有可控性、可达到性和明晰性。

4. 按照公开、公平、公正原则实施预算考核

（1）考核程序、标准、结果要公开。企业应将全面预算考核程序、考核标准、奖惩办法、考核结果等及时公开。

（2）考核结果要客观、公正。预算考核应以客观事实为依据。预算执行单位上报的预算执行报告是预算考核的基本依据，应经本单位负责人签章确认。企业预算管理委员会及其工作机构定期组织预算执行情况考核时，应将各预算执行单位负责人签字上报的预算执行报告和已掌握的动态监控信息进行核对，确认各执行单位的预算完成情况。必要时，实行预算执行情况内部审计制度。

（3）奖惩措施要公平合理并得以及时落实。预算考核的结果应与各执行单位以及员工的薪酬、职位等进行挂钩，实施预算奖惩。企业设计预算奖惩方案时，应以实现全面预算目标为首要原则，同时还应遵循公平合理、奖罚并存的原则。

案例：某企业的全面预算管理

G 钢铁集团是 S 省最大的工业企业，拥有全资、控股企业 38 家，总资产 92 亿元，净资产 41 亿元。其主业为钢铁，同时涉足国内外贸易、机械制造、建筑安装、工业设计、房地产、电子信息、环保、旅游餐饮、教育等行业。

长期以来，该集团通过对全面预算的探索和实践，保证了企业资金的有序控制，为企业的持续发展提供了有力保障。

为了确保预算的权威性，同时确保能够充分发挥全面预算管理的作

用，G 钢铁集团在管理中尤其注重下列措施。

1. 建设预算控制组织体系

G 钢铁集团成立了预算委员会，其由该集团的主要领导及各专业主管部门的领导组成，下设办公室。各二级单位根据集团有关规定设立对应的组织机构，由集团赋予相应的权限和责任。预算委员会的日常办事机构是预算委员会办公室设立在公司的财务部门，财务部门设立了预算成本科，负责管理公司预算的编制、分解、分析和考核以及责任制的建立。这样的组织结构，避免了以往管理方式中存在的各个部门难以实现充分沟通的缺陷，并以预算控制程序为准绳，协调各部门的业务关系。

2. 授权批准制度

G 钢铁集团在预算管理制度中明确指出，预算编制必须从集团实际和自身出发，并做到实事求是，以便制定出科学合理的各项经济技术指标。同时，预算管理制度还对预算编制所需遵循的各项原则、编制程序、预算调整、审批权限等提出了明确要求，主要体现在集团预算委员会由董事会领导、预算委员会通过董事会授权组织财务部门编制预算、董事会拥有预算最终审批权等方面。

通过设计与执行预算管理制度，G 钢铁集团预算编制的整个过程形成了"自上而下、自下而上"和"谁花钱、谁编预算，谁控制、谁负责"的原则。同时，预算的调整也有了严格的程序。这些制度保证了集团预算的编制和实施始终以集团的战略目标为中心。

3. 预算管理

G 钢铁集团全面预算管理的主要内容包括损益预算、现金流量预算和投资预算。

其中，损益预算包括销售预算、生产预算、物资采购预算、人工费用预算、制造费用预算、期间费用预算及其他项目预算。损益预算以销售预算为起点，根据集团确定的利润目标计算产品销售成本，并以责任制的形式将目标分解落实，形成对生产经营活动全过程的控制。

对于现金流量预算，G 钢铁集团在给定的时间段内，按时间先后顺序对现金流入与支出进行预算，包括对现金收入、现金支出、现金多余以及现金不足的计算，同时还包括多余现金的运用方案与现金不足的应对方案。其编制原则是收支两条线、量入而出、确保重点、略有节余。

投资预算是指根据集团中长期发展规划的要求，确定预算期投资项目所需的现金流出量，并将投资项目所需的现金流量作为集团整个现金流量预算的一部分，纳入集团预算，待综合平衡之后进行确定。

4. 预算编制

在预算编制的过程中，G 钢铁集团重点落实了平衡工作。以销售和生产部门之间的预算平衡为例。首先，G 钢铁集团销售部门对集团所处的市场环境进行分析和预测，结合集团自身生产经营能力，对集团在下一个年度的销售情况进行预测，并编制销售预算。

其次，生产部门结合集团生产能力，对销售部门编制的销售预算中的各项数据进行考察与分析，并编制生产预算。

再次，集团总经理召集相关人员，对销售预算与生产预算二者之间的差异进行平衡、协调，确保生产能够顺利适应市场需求。

最后，由销售部门和生产部门分别对各自的预算进行修订，并报财务部门审批。

利用类似方法，还可以实现分项预算与总预算之间、现金流量预算与投资预算之间的协调一致与综合平衡。

5. 预算控制

G 钢铁集团在经营规模上形成了钢铁主业和非钢铁产业两大部分，在核算体制上也分为独立核算和非独立核算两部分。其中，子公司和分公司采取独立核算方式，各个生产厂和职能部门为非独立核算实体。同时，基于各组织结构的不同特点和经营管理需要，G 钢铁集团还在其内部划分出不同的责任主体，并确定不同的管理方式。

6. 预算调整

G 钢铁集团规定，原则上集团的整体经营目标一经确认不再调整，只是对分项预算中不适应市场需求、影响集团总目标的部分进行调整。例如，当市场需求变化、产品售价波动、产品质量无法达到客户要求等问题造成集团预算执行出现偏差时，集团才会通过主动调整生产工艺、品种结构或采取其他有效措施来调整分项预算，以保证集团预算得到有效实施。

在调整过程中，预算信息的反馈通过定期或不定期的业绩报告来呈现。财务部门通过对各责任中心预算执行情况进行比较、分析，并根据集团制定的预算考核管理办法，每个月对各个责任中心进行考核，以使所有部门及时了解预算执行情况，并针对遇到的问题采取措施进行解决。此外，G 钢铁集团还建立健全了预算指标执行结果分析例会制度，有效完善了预算管理的监控体系。

第13章

企业合同内控管理

合同是具有法律效力的文本，是企业与其他机构开展各类活动的重要证明。合同涉及大量法律信息与内部核心信息签署合同时，企业需要做好合同的编制、订立与审核工作，避免合同中出现漏洞导致企业利益受到损害，或企业核心机密泄露。

13.1　合同管理的基础

合同是指企业与自然人、法人及其他组织等平等主体之间设立、变更、终止民事权利义务关系的协议。做好企业合同的内控管理工作，将风险降至最低，能够有效保证项目活动的正常开展。

13.1.1　合同管理的总体要求

合同是企业开展活动的书面证明，具有严格的法律效应。在进行合同管理时，企业应当遵循如下要求。

1.建立分级授权管理制度

根据经济业务性质、组织机构设置和管理层级安排，企业应当建立完善的合同分级管理制度。例如，属于上级管理权限的合同，下级部门不得签署。

对于重大投资类、融资类、担保类、知识产权类、不动产类合同，上级部门应加强管理。下级部门认为确有需要签署涉及上级管理权限的合同时，应当提出申请，并经上级合同管理机构批准后签署。上级部门应当加强对下级部门合同订立、履行情况的监督检查。

2.实行统一归口管理

企业可以根据实际情况指定法律部门等作为合同归口管理部门，对合同进行统一规范管理，具体负责制定合同管理制度、审核合同条款的权利义务对等性、管理合同标准文本、管理合同专用章、定期检查和评价合同管理过程中的薄弱环节、采取相应控制措施、促进合同的有效履行等。

3. 明确职责分工

企业各业务部门作为合同的承办部门负责在职责范围内承办相关合同，并承担合同调查、谈判、订立、履行和终结责任。企业财会部门侧重于履行对合同进行财务监督的职责。

4. 健全考核与责任追究制度

企业应当健全合同管理考核与责任追究制度，开展合同后评估，对合同订立、履行过程中出现的违法违规行为，应当追究有关机构或人员的责任。

13.1.2 合同管理过程中的风险点及控制措施

在合同管理过程中，存在多种风险点。以下 3 类风险是容易经常出现的。

（1）未订立合同、未经授权对外订立合同、合同对方主体资格未达要求、合同内容存在重大疏漏和欺诈，可能导致企业合法权益受到侵害。

（2）合同未全面履行或监控不当，可能导致企业诉讼失败、经济利益受损。

（3）合同纠纷处理不当，可能损害企业利益、信誉和形象。

企业应当对合同文本进行严格审查，重点关注合同的主体、内容和形式是否合法，合同内容是否符合企业的经济利益，对方当事人是否具有履约能力，合同权力和义务、违约责任和争议解决条款是否明确等。

除了以上内容，还有如下细节需要相关管理人员进一步引起重视。

1. 合同签署的风险点及控制措施

主要风险：超越权限签订合同，合同印章管理不当，签署后的合同被篡改，手续不全导致合同无效等。

对于合同签署的风险点，企业应采取的管控措施如下。

（1）按照规定的权限和程序与对方当事人签署合同。

（2）严格合同专用章保管制度，合同经编号、审批及企业法定代表人或由其授权的代理人签署后，方可加盖合同专用章。

（3）加强对合同的管理，避免已签署的合同被篡改，例如在合同各页码之间加盖骑缝章、使用防伪印记、使用不可编辑的电子文档格式等。

（4）严格遵循国家有关法律法规的规定，对于需要办理批准、登记等手续之后方可生效的合同，企业应当及时按规定办理相关手续。

2. 合同履行的风险点及控制措施

主要风险：本企业或合同对方当事人没有恰当地履行合同中约定的义务；合同生效后，对于合同条款未明确约定的事项没有及时协议补充，导致合同无法正常履行；在合同履行过程中，未能及时发现已经或可能导致企业利益受损的情况等。

对于合同履行的风险点，企业应采取的管控措施如下。

（1）加强对合同履行情况的检查和分析，强化合同检查意识，全面适当履行本企业义务，敦促对方积极执行合同，确保合同全面有效履行。

（2）对合同对方当事人的合同履行情况实施有效监控，一旦发现有违约可能或违约行为，应当及时提示风险，并立即采取相应措施将合同损失降到最低。

（3）根据需要及时补充、变更甚至解除合同。

（4）加强合同纠纷管理，如果发生纠纷，应当依据国家相关法律法规在规定时效内与对方当事人协商并按规定的权限和程序及时报告。

3. 合同调查的风险点及控制措施

主要风险：忽视被调查对象的主体资格审查，准合同对象不具有相应民事权利能力和民事行为能力或不具备特定资质；与不具备代理权或越权代理的主体签订合同，导致合同无效，或引发潜在风险；在合同签订前错误判断被调查对象的信用状况，或在合同履行过程中没有持续关注对方的资信变化，致使企业蒙受损失；对被调查对象的履约能力给出不当评价，将不具备履约能力的对象确定为准合同对象，或将具有履约能力的对象排除在准合同对象之外。

对于合同调查的风险点，企业应采取的管控措施如下。

（1）对被调查对象的相关信息进行严格审查，审查内容包括但不限于对方的身份证件、法人登记证书、资质证明、授权委托书等证明原件。如果有必要，可通过发证机关查询证书的真实性和合法性，关注授权代理人的行为是否在其被授权的范围内，以判断对方是否存在伪造证件的情况。

（2）进行严格的信息审查，审查内容包括但不限于被调查对象经审计的财务报告、以往交易记录等财务和非财务信息，分析其获利能力、偿债能力和营运能力，评估其财务风险和信用状况。在合同履行过程中，还应持续关注其资信变化，建立并及时更新对方的信用档案。

（3）对被调查对象进行现场调查，包括对员工管理、企业规模、生产能力、技术水平、产品类别和质量等多方面的调查。

（4）与第三方机构进行沟通，调查对方的具体情况。第三方机构包括但不限于被调查对象的主要供应商、客户、开户银行、主管税务机关和工商管理部门等。

4. 合同文本拟定的风险点及控制措施

主要风险：选择不恰当的合同形式；合同与国家法律法规、行业产业政策、企业总体战略目标或特定业务经营目标发生冲突；合同内容和条款不完整、表述不严谨准确，或存在重大疏漏和欺诈，导致企业合法利益受损；有意拆分合同、规避合同管理规定等；对于合同文本须报经国家有关主管部门审查或备案的，未履行相应程序。

对于合同文本拟定的风险点，企业应采取的管控措施如下。

（1）对于经济行为，应当订立书面合同。

（2）严格审核，确保合同符合国家法律法规、产业政策、企业整体战略目标的要求。考察合同是否以生产经营计划、项目立项书等为依据，确保完成具体业务经营目标。

（3）合同文本一般交由法律部门审核。对于重大合同，应由法律部门参与起草，以保证合同内容和条款的完整、准确。

（4）通过统一归口管理和授权审批制度，严格合同管理，防止通过化整为零等方式故意规避招标的做法和越权行为。

（5）由签约对方起草的合同，企业应组织法律部门进行严格审查，确保合同内容与谈判的意见一致，尤其应留意"其他约定事项"等需要补充填写的栏目，如不存在其他约定事项则注明"此处空白"或"无其他约定"，防止合同后续被篡改。

（6）合同文本须报经国家有关主管部门审查或备案的，应当及时履行相应程序。

5. 合同审核的风险点及控制措施

主要风险：合同审核人员因专业素质或工作态度未能发现合同文本中的不当内容和条款；审核人员虽然通过审核发现问题但未提出恰当的修订意见；合同起草人员没有根据审核人员的改进意见修改合同，导致合同中的不当内容和条款未被纠正。

对于合同审核的风险点，企业应采取的管控措施如下。

（1）审核人员应具有专业法律知识和经济知识，能够对合同文本的合法性、经济性、可行性和严密性进行有效审核；能够准确、有效判断合同的主体、内容和形式是否合法，合同内容是否符合企业的经济利益，对方当事人是否具有履约能力等。

（2）企业应建立会审制度，对影响重大或法律关系复杂的合同文本进行多部门联合审核，这些部门包括但不限于财会部门、内部审计部门、法律部门、与业务相关的其他部门等。

（3）对于有争论的条款，应慎重审核、认真分析，对审核意见准确无误地加以记录，必要时对合同条款做出修改并再次提交审核。

6. 合同结算的风险点及控制措施

主要风险：违反合同条款，未按合同规定期限、金额或方式付款；疏于管理，未能及时催收到期合同款项；在没有合同依据的情况下盲目付款等。

对于合同结算的风险点，企业应采取的管控措施如下。

（1）财会部门应当在审核合同条款后办理结算业务，按照合同规定付款，及时催收到期欠款。

（2）未按合同条款履约或应签订书面合同而未签订的，财会部门有权拒绝付款，并及时向企业有关负责人报告。

7. 合同登记的风险点及控制措施

主要风险：合同档案不全、合同泄密、合同滥用等。

对于合同登记的风险点，企业应采取的管控措施如下。

（1）合同管理部门应当加强合同登记管理，利用当下电子信息管理技术，对合同进行电子化归类，并定期对合同进行统计、分类和归档，详细登记合同的订立、履行、变更、终结等情况。

（2）建立合同文本统一分类和连续编号制度，以防止或及早发现合同文本的遗失。

（3）加强合同信息安全保密工作，未经批准，任何人不得泄露合同内容或私自查阅合同。

（4）规范合同管理人员的职责，做到精准到岗，并对相应的合同负责。

13.2　合同订立管理

合同订立是合同内控管理过程中的重点。这其中，合同编制、合同订立、合同会审尤为关键，做好这 3 个环节的工作，就能够有效保证合同管理工作在签订与执行过程中有序推进，避免出现隐患。

13.2.1　合同编制控制流程

要想做好合同编制控制工作，首先要确定合同控制目标。

1. 合同控制目标

合同控制目标主要有 3 个方面的内容。

（1）保证合同经过专业审核，避免出现各类风险给合同签订带来隐患。

（2）确保合同有关条款，尤其是价格方面的条款，与前期询价、招标、谈判工作确定的内容保持一致。

（3）各级审核人员必须具备专业从业资质与能力，切实履行职责，详细填写审核意见。

2. 合同编制的主要控制点

在合同编制的过程中，以下这些内容是重点控制点，企业应特别关注。

（1）相关部门的主管应仔细确认数据，保证其与询价报告、招标报告、评标报告中合同有关条款保持一致。

（2）相关部门的主管应根据合同评审记录审批合同有关条款。

（3）企业法律部门应着重审查相关法律规定；财务部门审核合同付款条款。

（4）业务主管应根据采购部门主管、法律顾问、财务部门意见审批合同。

除此之外，企业还应根据对象的综合评价情况、供需关系、采购物资特点来编制不同的付款政策，并事先在财务部门备案。对于新开发的生产用关键原材料采购合同、大型固定资产初次采购合同，或条款复杂的大金额合同，由各部门共同评审，其余部门内部评审。相关内容确定后，还应将相关文件交由企业法律顾问进行最终确认。

13.2.2 合同订立控制流程

对于合同订立控制流程，企业应做好对基本原则、订立内容、签订流程的管理工作，做到科学规范、流程严格。

1. 合同订立的基本原则

企业在订立合同时，应遵循如下原则。

（1）企业各个部门应严肃对待合同，尤其要关注关键数字。在进行合同谈判时，在坚持原则的基础上，也必须有一定的灵活性。

（2）企业只认可书面形式的合同。

（3）企业必须指派专人签订合同，其必须为企业正式员工，并对合同自订立起至履行完毕的全过程负责。

（4）合同签订人员应是企业法定代表人或者获得法定代表人授权的有关人员。

2. 合同订立的内容

合同必须为书面文本形式，包含详细合同条款、合同标的等内容。合同经双方签章后方为正式有效合同。除此之外，合同还应满足如下条件。

（1）语言精练、准确，符合标准。例如，合同条款中有关产品的规格型号、数量、单价等关键信息必须是准确的，不允许出现"暂定量""暂定价""货款月结""多退少补"等文字。

（2）合同条款内容专业、完整。专业、完整的合同必须包括如下条款。

①合同标的。销售合同标的包含经企业批准可以经营的所有产品，包括附属产品等。

②合同数量。合同应写明具体数量，业务员必须跟踪到位，尤其要在发货时进行现场跟踪。

③合同价格。根据双方约定的价格，在合同中以阿拉伯数字和中文大写数字明确，最终成交价需要经过企业主管审批。

④合同时间。根据双方约定，写明合同执行时间与期限。

⑤付款方式。

除了以上内容外，违约责任、其他条款、合同变更的方式等事项都应在合同中详细说明。

3. 合同签订的流程

合同订立结束后，将会进入正式签订环节。对于我方拟定的合同，应按照如下流程进行签订。

（1）合同签订承办人提供签订合同的相关证明材料，起草合同并交给部门主管审核。

（2）部门主管审核无误后，由业务员把合同交给对方签章。

（3）合同签章后，企业内务助理填写合同审核表并把合同和该表交给部门主管。

（4）部门主管在合同审核表上填写客户评级信息后交给企业总经理审定。

（5）若需修改合同，则把合同转回承办人并按上述程序重新进行。

（6）总经理审定无误后，在合同审核表上签署意见，并把合同和合同审核表转至综合部，由综合部人员到企业合同章管理处签章。

由企业律师审查通过的金额在 1 万元以上的合同，由经办人及该部门负责人签字后，交分管领导及总经理签字；1 万元以下的合同及委托工作单，由经办人签字后，交该部门负责人审核签字，并由经办部门对合同负全部责任。

（7）由企业保存的合同文本原件不少于 3 份。

（8）对于国家规定应办理公证或签证的合同，企业合同管理部门应及时到相关机构办理公证或签证手续。

图 13.2-1 所示为合同签订流程，该合同签订流程非常详细，企业应严格遵守。

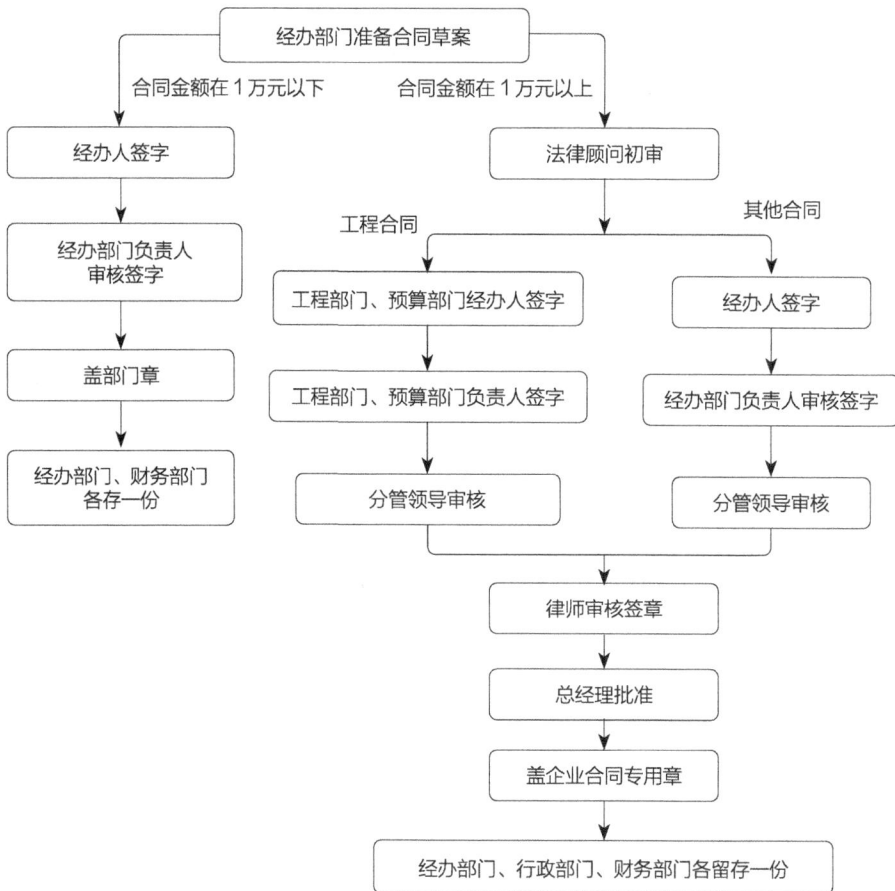

图 13.2-1 合同签订流程

13.2.3　合同会审管理制度

合同会审是指合同在拟稿以后、正式生效之前，由合同关键条款涉及的相关专业部门（如技术、财务、审计等部门）会同企业法律顾问对合同文本进行审查。合同会审分为综合审查与细节审查两种，综合审查是指对合同是否合法、有效、公平以及合同文本的规范性进行的审查；细节审查则是指对合同中技术细节的正确性、合同的可操作性、合同中权利义务的对等性进行的审查。

对于企业来说，合同综合审查与细节审查都需要认真对待。在进行合同会审时，企业应遵循相关原则，各合同会审部门及人员应履行相应的职责。

1. 合同会审原则

企业在进行合同会审时，应遵循如下原则。

（1）合法性。

①合同的主体、内容和形式是否合法。

②合同订立程序是否符合规定，会审意见是否齐备。

③资金的来源、使用及结算是否合法。

④动用资产的审批手续是否齐备。

（2）严密性。

①合同条款及有关附件是否完整、齐备。

②文字表达是否准确。

③附加条件是否适当、合法。

④合同约定的权利义务是否明确。

⑤数量、价款、金额等是否准确。

（3）经济性。

合同内容是否符合企业的经济利益需要。

（4）可行性。

①对方是否具有良好的资信及履约能力，是否具备签约资格。

②担保方式是否可靠。

③担保资产的权属是否明确。

2. 合同会审部门或人员及其职责

合同会审工作贯穿整个企业的生产经营活动。由相关部门的员工确定合同内容，最终由合同会审部门审核通过。合同会审部门或人员的职责包括如下内容。

（1）合同拟稿部门的职责。

①负责拟定因业务而产生的各类合同。

②在会审过程中传递合同。

（2）合同拟稿人的职责。

①合同拟稿人为该合同所指定的业务经办人，负责草拟合同。

②负责在规定的合同会审单上填写需对合同进行会审的部门。

（3）合同拟稿部门负责人的职责。

①负责对合同草案进行初审，保证合同中的文字表达准确、清晰，并确定合同的初稿。

②负责审查合同会审单上所列内容是否按照规定填列齐全。

（4）合同会审部门的职责。

①法律顾问对合同与对方当事人的身份进行确认，并审查合同中的争议条款并提出解决方法。

②对合同标的物的标准进行确认，确认其是否符合国家产品质量标准、卫生标准、技术标准等。

③财务部门主要负责对合同对方的资信情况、价款支付情况进行审查。

④法律顾问和财务部门负责对违约责任条款进行审查，包括违约金的赔偿及经济损失的计算。

13.3　合同履行管理

在合同履行的过程中，实际情况可能会出现一定的变动，从而导致合同变更，甚至出现纠纷。对于这些情况，企业同样应当对其进行管理。

13.3.1　合同变更管理流程

合同变更不仅包括法律规定的变更和人民法院依法要求对合同进行变更，还包括双方当事人基于合同本身产生变更需求。希望变更合同内容的一方首先要向对方提出变更合同的要约，该要约应包括希望对合同的哪些条款进行变更，如何变更，以及需要增加、补充哪些内容。

收到一方的变更需求后，另一方开始对其进行研究，如果同意，则以明示的方式答复对方，即为承诺；如果不同意或部分同意、部分不同意，也可以提出自己的修改、补充意见。双方经过反复协商直至达成一致。

合同变更是具备法律效力的行动，必须经过双方协商并取得一致意见后才能得以实施。所以，变更合同必须采用书面形式，若以口头形式改变书面合同，则极易发生纠纷。如果合同变更内容约定不明确，或者采用口头形式进行变更，而在发生纠纷后又无其他证据证明合同变更内容的，视为合同没有变更。当事人变更的内容不明确的，视为未变更。

如果原合同还经过了公证与鉴证，那么变更后的合同也应按照最初的流程到原公证、鉴证机关进行备案，必要时还可以对变更的事实予以公证、鉴证。如果按照法律、行政法规的规定，原合同经过了有关部门批准、登记，那么合同变更后仍应报原部门批准、登记；未经批准、登记的，变更不生效，仍应按原合同执行。

13.3.2　合同纠纷处理流程

相对于合同变更，发生合同纠纷的情形更加复杂。在进行合同纠纷处理时，企业应谨慎、小心，尽可能有效解决问题，避免合同的废除。

1. 产生纠纷的原因

（1）合同不规范，如数字书写不规范导致双方产生争议。

（2）合同当事人对合同条款和合同履行的理解和看法不同。

（3）出现突发事件、不可抗力等因素，或工程管理出现重大异常。

（4）合同当事人未履行合同义务。

（5）社会、经济环境发生变化。

2. 合同纠纷的处理方式

处理合同纠纷时，企业应遵循如下原则。

（1）协商。最好的处理方式是经过协商双方重新达成一致，避免双方的损失。在友好的基础上进行协商，多数问题都能得到有效解决。

（2）调解。如果双方无法通过协商达成一致，即可进行调解。如有上级部门，可以要求上级部门进行调解，上级部门应在平等的基础上分清是非进行调解，而不能进行行政干预。当事人还可以要求合同管理部门、仲裁机构、法院等进行调解。

（3）仲裁。如果无法通过协商达成一致且不愿调解，则可以根据合同中规定的纠纷处理方式向仲裁机构申请仲裁。

（4）诉讼。如果合同中没有订立仲裁条款，事后也没有达成仲裁协议，合同当事人可以起诉到法院，寻求司法解决。需要注意的是，如为涉外合同纠纷，解决时可能会援引外国的法律，而不会完全遵照国内合同方面的相关法律。

案例：某企业的合同订立管理

2012 年 4 月 26 日，浙江某化工 A 公司（简称 A 公司）的王经理在办公室审阅销售员邓先生的订货意向书，这份意向书已经经过邓先生一个月的跟踪联系。对方是深圳某国际商贸 B 公司（简称 B 公司），需要在 A 公司采购一批产品。

按照 B 公司的需求，A 公司很快就将产品样本与报价发送给 B 公司。B 公司表示希望可以酌情降价。邓先生提出申请，最终降价 5%，然后以每台设备 18 万元的价格，合计 180 万元的订单，与对方达成一致。

王经理对此很高兴，对方没有亲自来考察就决定签约，这是一笔非常划算的买卖。几天后，王经理亲自带领几名员工前往深圳。当他看到 B 公司装修豪华的办公楼时，便认定这是一家实力强劲的企业。

双方进行谈判时，B 公司代表侃侃而谈，不断强调 B 公司的实力，并表示希望 A 公司能够私下给自己一定的回扣。王经理没有多想就答应了这一要求，于是，B 公司代表开始在办公室草拟合同。

拿到合同后，王经理没有多看便选择签约。谁知就在签约后，B 公司代表当场索要回扣，这让王经理措手不及。一番折腾后他终于取到现金并交付对方。

王经理原以为这件事会顺利进行，谁知回到浙江发出货物后，却一直未收到货款，B 公司代表虽然一再表示会按照合同付款，但货物发出半年后却迟迟不肯打款，这让王经理非常恼火。后来，他多次与 B 公司沟通协商，但对方均以种种借口拖延，后来干脆翻脸不认账，与其沟通的 B 公司代表也借口离职而对其不管不顾。最终，王经理只得选择起诉来解决问题。

在本案例中，最终吃亏的 A 公司从一开始就没有对对方进行深入了解与调查，缺少对合同对象的基本了解，所以才会上当受骗，被对方的虚张声势蒙骗，结果导致一系列问题的出现。

对于这类事件，最好的预防方法就是：企业应重视交易对象的实力、生产规模等，不要轻易通过电话、网络沟通就确定订单。如果对方不愿意来厂考察，往往其中都存在陷阱，像案例中这类既不看厂、又不看产品，甚至明目张胆索要回扣的企业，往往存在巨大的经营风险。所以，企业在与对方签订合同前，一定要对对方进行深入调查，这样才能避免被对方钻了空子。

第 14 章

企业内部信息传递及信息系统内控管理

　　企业内部信息通常涉及企业的核心内容。企业各级部门需要通过信息的传递来开展各类活动。保证内部信息及时、准确地传递至需求部门，且在这个过程中信息不被泄露，是内部信息传递的基本要求。另外，加强对信息系统的内控管理是信息时代对企业提出的新要求。

14.1 企业内部信息传递内控管理

内部信息传递是指企业内部各管理层级之间通过内部报告形式传递生产经营管理信息的过程。企业应使信息在企业内部精准、高效地传递，同时保证信息不被泄露。企业内部信息传递的方式有很多，主要包括以下几种。

1. 纵向沟通

纵向沟通包括下行沟通和上行沟通，下行沟通的内容一般涉及企业的管理决策、规章制度、工作目标和要求、工作业绩反馈等；上行沟通的内容主要有工作汇报、工作总结、当前存在的问题、申诉、建议和意见等。

2. 横向沟通

横向沟通存在于同一职能部门内部员工之间、不同部门同级管理者之间、部门管理者与其他部门员工之间以及不同部门员工之间，例如会议、备忘录、报告、面谈、信函等。

3. 内外沟通

内外沟通包括定期向利益相关者提供财务报告，与其他企业或组织进行公函往来等。

4. 举报沟通

除正常传递渠道以外，企业还需建立一些预防信息上报失败的特别沟通渠道，如主要领导接待日、员工信箱、投诉热线、投诉举报制度和举报人保护制度等。

通过采用这 4 种方式所得到的 4 类内部信息中，第 1 类与第 2 类信息是企业关注的重点，企业内部信息传递系统的架构主要围绕二者进行设计；企业应兼顾第 3 类与第 4 类信息，从而形成完善、合理的内部信息传递系统的架构。

14.1.1　企业内部信息传递的总体要求

内部信息传递的总体要求主要包括以下 3 个原则。

1. 真实准确性原则

保证信息准确无误，不会给其他部门带来错误引导；信息应当与所要表达的现象和状况保持一致。

2. 及时有效性原则

及时传递信息，防止信息传递延迟；传递符合信息使用单位需求的有使用价值的信息。

3. 保密原则

企业内部的运营情况、技术水平、财务状况以及有关重大事项等通常涉及商业秘密，内部信息知情者（包括董事会成员、监事、其他高级管理人员以及其他涉及信息披露的有关部门的涉密人员）都负有保密义务。

14.1.2　企业内部信息传递流程

企业内部信息需要按照"报告信息收集—报告内部审核—按规定传递报告—定期全面评估报告"的流程进行传递，每一环节都需要有效、快速推进信息传递。图 14.1-1 所示为内部信息传递流程其是内部信息传递的主要流程。

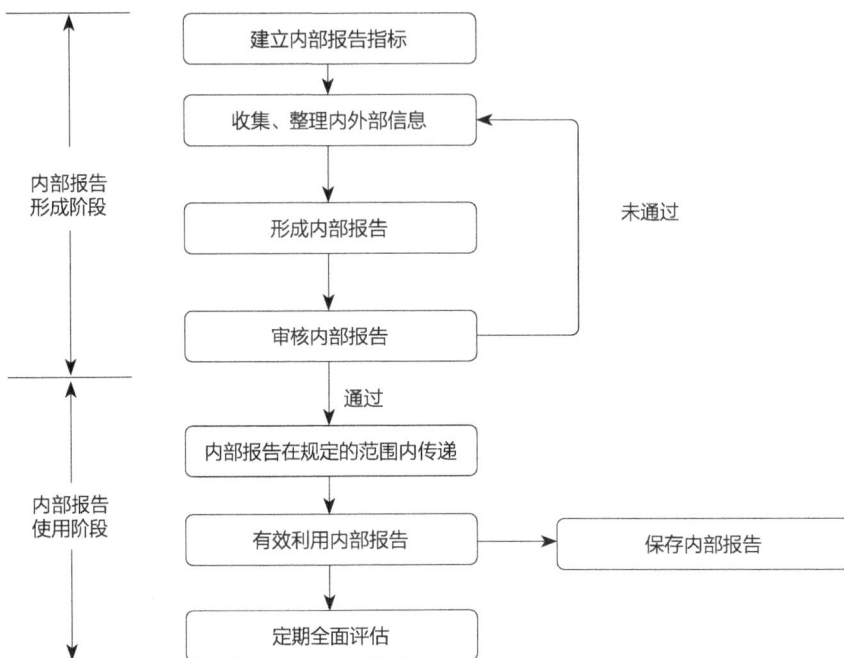

图 14.1-1　内部信息传递流程

图 14.1-1 所示的流程具有普适性，可以在多数企业中得以有效应用。

14.1.3　企业内部信息传递流程的主要风险点

在企业内部信息传递过程中，会存在一定的风险与隐患，企业应特别注意。

1. 收集内外部信息的风险

该环节的风险主要在于信息过于碎片化，没有重点，无法引起企业的重视。同时，该环节还存在信息内容准确性低，据此信息做出的决策容易误导经营活动；获取内外部信息的成本过高，可能会违反成本效益原则等风险。

2. 内部信息传递体系及渠道的风险

企业内部缺乏有效的传递流程，未能设计有效的传递体系，或传递体系无法有效运转，从而导致内部信息传递不及时。具体来说，其主要体现在 3 个方面。

（1）内部报告系统缺失、功能不健全、内容不完整，可能影响生产经营有序运行。

（2）内部信息传递不通畅、不及时，导致决策失误、相关政策措施难以落实。

（3）内部信息传递中泄露商业秘密，可能削弱企业核心竞争力。

3. 内部报告指标体系混乱的风险

部分企业建立了内部报告指标体系，但存在设计不合理、未能与企业的发展战略相结合、指标体系级次混乱、与全面预算管理要求脱节等问题，从而导致信息不能有效传递，内部报告指标体系不适应企业发展和业务变化。

4. 编制及审核内部报告的风险

内部报告不能有效汇总，或内部报告内容不完整、编制不及时，将导致相关信息未经审核即向有关部门传递，给企业带来错误信息。

5. 内部报告流转体系管理的风险

缺乏对内部报告流转体系的管理制度，传递较为混乱，出现未能按时传递的情形。

6. 内部信息的使用及保密的风险

企业管理层并未重视内部信息的重要性，没有正确使用内部信息；同时，忽视对内部报告的风险控制，导致商业机密通过内部报告泄露。

7. 内部报告保管的风险

企业缺少内部报告的保管制度，内部报告的保管和存放杂乱、无序；对重要资料的保管期限过短，保密措施不严。

8. 内部报告评估的风险

企业缺乏完善的内部报告评估体系，对各信息传递环节和传递方式控制不严；对于传递不及时、信息不准确的现象缺乏相应的惩戒机制。

14.1.4 企业内部信息传递流程的管控措施

针对企业内部信息传递流程存在的风险点，企业应制定具有针对性的管控措施，以保证内部信息有效传递。

1. 针对收集内外部信息的风险

（1）根据特定服务对象的需求，对重点信息进行收集和分析。

（2）建立初级审核与鉴别系统，指派专人进行信息审查，确定信息的真实性和合理性。

（3）做好成本控制工作，考虑获取信息的便利性及获取成本的高低。如果需要较大代价才能获取信息，则应当权衡其成本与信息的使用价值，确保所获取信息符合成本效益原则。

2. 针对内部信息传递体系及渠道的风险

（1）企业应当制定内部报告传递制度，根据信息的重要性、内容等特征确定不同的流转环节。

（2）严格按设定的传递流程和规章制度进行传递，以保证企业各管理层对内部报告的传递做好相应的记录。如果出现未按照规定进行操作的情况，应当调查原因，并做相应处理。

（3）及时更新信息系统，保证信息有效传递、内部信息传递体系处于健康运转状态。如果出现紧急信息，可越级向董事会、监事会或经理层直接报告，以便相关负责人迅速做出决策。

3. 针对内部报告指标体系混乱的风险

（1）企业应结合企业发展战略，根据各管理层级对信息的需求情况，建立一套级次分明的内部报告指标体系。企业明确的战略目标和具体的战略规划为内部报告控制目标的确定提供了依据。

（2）企业应对内部报告控制目标进行细化分解，让每一个部门都有明确的目标，并将信息传递与收集工作纳入业绩考核体系。企业还应建立各责任中心以及各职能部门协同运作的体系。

（3）内部报告需要依据全面预算的标准进行信息反馈，将预算控制的过程和结果向企业管理层报告，以有效控制预算执行情况、明确相关责任、科学考核业绩；企业应根据新的环境和业务调整决策部署，更好地规划和控制企业的资产和收益，实现资源的有效配置和管理的协同效应。

4. 针对编制及审核内部报告的风险

（1）企业内部报告的编制单位必须围绕内部报告使用者的信息需求来编制内容全面、简洁明了、通俗易懂的内部报告，便于各个部门快速了解重点信息、正确履行职责。

（2）企业应建立内部报告审核制度，设定相应的审核权限，保证信息质量。企业必须对岗位与职责分工进行控制，内部报告的起草与审核应岗位分离，内部报告在传递前必须经签发部门负责人审核。对于重要信息，企业应当委派专门人员对其传递过程进行复核，确保信息正确地传递给使用者。

5. 针对内部报告流转体系管理的风险

（1）企业应当制定内部报告传递制度。企业可根据信息的重要性、内容等特征，确定不同的流转环节。

（2）企业应严格按设定的传递流程进行内部报告的流转。企业各管理层对内部报告的流转应做好记录，对于未按照流转制度进行操作的事件，应当调查原因，并做相应处理。

（3）企业应及时更新信息系统，确保内部报告有效、安全的传递。企业应在实际工作中尝试精简信息系统的处理程序，使信息在企业内部更快速地传递。对于重要紧急的信息，可以越级向董事会、监事会或经理层直接报告，便于相关负责人迅速做出决策。

6. 针对内部信息的使用及保密的风险

（1）要求企业尽可能利用内部报告的信息对生产、购售、投资、筹资等业务进行因素分析、对比分析和趋势分析等；尽可能用数据说话。

（2）企业应将绩效考评和责任追究制度与内部报告联系起来，依据及时、准确、按规范流程提供的信息进行透明、客观的定期业绩考核，并对相关责任人进行追究惩罚。

（3）企业应从内部信息传递的时间、空间、节点、流程等方面进行控制，通过职责分离、授权接触、监督和检查等手段防止商业秘密泄露。

7. 针对内部报告保管的风险

（1）企业应建立内部报告保管制度，各部门应当指定专人按类别保管相应的内部报告。

（2）企业应对内部报告进行分类。对于影响较大的、金额较高的内部报告（如企业重大重组方案、企业债券发行方案等），企业要严格保管，没有授权不得查阅。

（3）企业应根据内部报告的影响程度设定其保管年限，超过年限的，可以予以销毁。对于影响重大的内部报告，企业应当永久保管，如公司章程及相应的修改记录、公司股东登记表等。有条件的企业应在企业内部建立内部报告电子管理系统，以便快捷、有效地管理内部报告。

（4）企业应制定严格的内部报告保密制度，明确保密内容、保密措施、密级程度和传递范围，防止泄露商业秘密。有关企业商业秘密的重要文件要由企业较高级别的管理人员负责保管，至少由两人共同管理，放置在专用保险箱内。查阅保密文件，必须经管理人员同意，由两人分别开启相应的锁具方可打开。

8. 针对内部报告评估的风险

（1）企业应建立并完善内部报告评估制度，严格按照评估制度对内部报告进行合理评估，考核内部报告在企业生产经营活动中所起的真实作用。

（2）推行奖惩机制，保证信息传递准确、及时。如果多次出现不能及时传递信息的情况，应对相关人员进行批评和教育，并与绩效考核体系挂钩。

除了以上8类情况，还有一种情况需要特别注意——舞弊。舞弊是指以故意的行为获得不公平的或者非法的收益，主要存在于：虚假财务报告、资产的不适当处置、不恰当的收入和支出、故意的不当关联方交易、税务欺诈、贪污以及收受贿赂和回扣等方面。

如果不对舞弊现象进行管理，就容易出现内部审计不严格的情况，重要的内部信息就会被不法分子泄露，甚至在财务会计报告和信息披露等方面存在虚假记录、误导性陈述等，从而给企业带来巨大的负面影响。

为了避免舞弊造成的内部信息传递流程的漏洞，企业应当重视和加强反舞弊机制建设，对员工进行道德准则培训，通过设立员工信箱、投诉热线等方式，鼓励员工及企业利益相关方举报和投诉企业内部的违法违规、舞弊和其他有损企业形象的行为；同时，还应加强内部审计的力度，定期召开反舞弊情况通报会，由审计部门通报反舞弊工作的情况。

14.2　企业信息系统内控管理

企业信息系统是指企业利用计算机和通信技术，对内部控制进行集成、转化和提升所形成的信息化管理平台。借助信息系统，企业可以大大提升内部信息的传递与管理效率，保证信息有效传递。

14.2.1　企业信息系统内部控制概述

在计算机时代，企业信息系统已经不再单纯依靠人工运行，而是借助计算机硬件、计算机软件、人员、信息流和运行规程等要素，成为科技化企业信息系统。

要想实现信息的快速、有效传递，企业依赖的是自身开发的信息系统，将生产经营管理业务流程、关键控制点和处理规则嵌入系统程序，以实现手工环境下难以实现的控制功能。

不同规模的企业对于系统功能有着不同的需求，但都需要遵循以下内容：企业应当根据业务性质、重要性程度、涉密情况等确定信息系统的安全等级，建立不同等级的信息授权使用制度，采取相应的技术手段保证信息系统安全、有序运行；按照不同业务的控制要求，通过信息系统中的权限管理功能控制用户的操作权限，避免将不相容职责的处理权限授予同一用户；对于通过网络传输的涉密或关键数据，采取加密措施。这样就可以保证企业信息系统的完整性、准确性和保密性。

企业在利用信息系统实施内部控制时，需要注意以下几点。

（1）数据保密。不同员工具有不同权限，且只能看到自身负责的信息部分。

（2）体系化的完整控制。要想实现完整控制，企业信息系统应具备信息系统的运行、维护条件，系统的购买、开发和实施，系统的变更及维护，系统的安全管理，系统的操作及运行等功能。

（3）职责分离。录入、批准、经办等职务相互分离，不得混乱交叉。

（4）自动控制。可以借助大数据等技术对数据进行高速处理，加快企业内部信息的传递。

除了注意以上4点外，企业还应关注在该过程中存在的风险。

（1）信息系统缺乏或规划不合理，可能造成信息孤岛或重复建设，导致企业经营管理效率低下。

（2）系统开发不符合内部控制要求，授权管理不当，可能导致无法利用信息技术实施有效控制。

（3）系统运行维护和安全措施不到位，可能导致信息泄露或系统无法正常运行。

14.2.2　企业信息系统开发控制流程

企业需要根据自身的需求开发信息系统，并结合企业发展战略与业务规划，这样才能最大限度提升开发效率和效果。在开发过程中，企业要遵循平台建设的流程，并注意相关风险。

1. 制定信息系统开发的战略规划

企业在开发信息系统前，要做好战略规划，并将其与企业发展战略相结合，否则，就容易造成信息孤岛或重复建设，导致企业经营管理效率低下；同时，如果没有将信息系统与企业业务需求相结合，就会降低信息系统的应用价值。

为应对这类风险，企业可从以下 3 点入手。

（1）制定信息系统开发的战略规划和中长期发展计划，并在每年度末进行数据更新与系统升级，以促进经营管理活动与信息系统的协调统一。

（2）充分调动和发挥信息系统归口管理部门与业务部门的积极性，定期开展平台使用培训，引导各部门广泛参与，以提高战略规划的科学性、前瞻性和适应性。

（3）信息系统开发的战略规划要与企业的组织架构、业务范围、地域分布、技术能力等相匹配，避免相互脱节。

2. 选择适当的信息系统开发方式

企业应根据自身发展特点，在战略规划制订结束后正式开发信息系统。企业可以依据自身技术能力选择不同的开发方式。

（1）自行开发。即企业依托自身力量完成整个开发过程。这要求企业需要配备大量的专业技术人才与测评人才，难度极高。

（2）外购调试。即企业通过购买成熟的第三方软件，进行参数配置和二次开发。这种方式具有模板式操作的特点，优点在于价格较低，但可能不符合企业自身需求。

（3）业务外包。即委托其他单位开发信息系统，基本做法是企业与第三方专业公司进行深度合作，由第三方专业公司负责开发、安装、实施，由企业直接使用。这种方式价格较高，但更符合企业自身需求，大企业通常会采用这种方式。

3. 自行开发

自行开发通常包括项目计划、需求分析、系统设计、编程和测试、上线等环节。

（1）项目计划环节。企业信息系统包含多个子系统，如财务管理系统、人力资源管理系统、MRP（Material Requirement Planning，物资需求计划）系统、计算机辅助设计和制造系统、客户关系系统、电子商务系统等，企业需要根据自身特点分阶段建设不同的子系统。

项目计划环节的主要风险为：信息系统建设缺乏项目计划或者计划不当，导致项目进度滞后、费用超支、质量低下。为了避免相关风险，企业应采取以下控制措施。

①根据信息系统建设整体规划提出分阶段项目的专业建设方案，明确建设目标、人员配备、职责分工、经费保障和进度安排等相关内容，按照规定的权限和程序审批后实施。

②采用标准的项目管理软件制订项目计划；制订计划时，企业应参照国家相应标准和行业标准，以提高项目计划编制水平。

（2）需求分析环节。企业应根据不同子系统的特点进行相应分析，以进一步完善项目计划。这一环节如果没有完善、详细的方案，会导致需求不合理，对信息系统提出的功能、性能、安全性等方面的要求不符合业务处理和控制的需要；会导致需求文档表述不准确、不完整，未能真实全面地表达企业需求；同时，还会导致出现技术上不可行、成本过高，甚至与相关法规相违背的问题。为了避免这些风险，企业应采取以下控制措施。

①信息系统归口管理部门应与各个部门深度合作，了解其各自不同的需求，加强系统分析人员和有关部门的管理人员、业务人员的交流，经综合分析提炼后形成合理的需求。

②编制需求文档，保证其表述清晰、准确。为了使技术人员得到准确的需求信息，必须准确表述系统建设的目标、功能和要求。企业应采用标准建模语言来提高系统需求说明书的编写质量。

③建立健全需求评审和需求变更控制流程。企业应评审需求文档的可行性，由需求提出人和编制人签字确认，由业务部门和信息系统归口管理部门审批。

（3）系统设计环节。系统设计环节的任务包括程序说明书编制、数据编码规范设计、输入输出界面设计等内容。在这个环节，需要设计系统的模块结构，合理划分子系统边界与接口；选择系统实现的技术路线，确定系统的技术架构；进行数据库结构设计、存储设计、数据权限和加密设计等。

这个环节存在的主要风险是设计方案不能完全满足用户需求，不能有效控制建设开发成本，不能保证建设质量和进度，没有考虑信息系统建成后对企业内部控制的影响，从而导致系统运行后衍生新的风险。为了避免此类情况的出现，企业需要采取以下控制措施。

①系统设计负责部门应当与业务部门进行讨论，确定各个部门的需求，并以书面确认的形式进行总结。

②充分考虑信息系统建成后的控制环境，将生产经营管理业务流程、关键控制点和处理规程嵌入系统程序。

③针对不同的数据输入方式强化系统的检查功能，保证将错误率降至最低。

④在信息系统中设置操作日志功能，确保操作的可审计性。

⑤预留后台操作通道，确保后台操作的可监控性。

（4）编程和测试环节。编程环节是将详细的设计方案转换成某种计算机编程语言的过程。在编程结束后，还应当进行测试，以发现系统存在的漏洞并进行解决。

这个环节存在的主要风险是：编程结果与设计方案不相符；不同程序员的编程风格差异较大，导致后期维护困难、维护成本高；测试不充分，导致系统正式上线后问题频出，影响正常工作。为了避免此类情况的出现，企业需要采取以下控制措施。

①项目组应建立并执行严格的代码复查评审制度；建立并执行标准的编程规范，保证程序的统一。

②保证开发人员在相同的组件环境下开发系统，并开设程序修改的端口。

③建立严格的测试工作流程，应区分单元测试、组装测试（集成测试）、系统测试、验收测试等不同测试类型，如发现问题，应及时进行记录并汇总；改进测试流程，尽量采用自动测试工具提高测试工作的质量和效率。

（5）上线环节。系统上线是将开发出的系统部署到实际运行的计算机环境中，使信息系统按照既定的用户需求来运转，切实发挥信息系统的作用。这个环节的主要风险是：缺乏完整可行的上线计划，导致系统上线混乱无序；人员培训不足，导致员工不能正确使用系统，或未充分利用系统功能；初始数据准备设置不合格，导致新旧系统数据不一致、业务处理错误。为了避免此类情况的出现，企业需要采取以下控制措施。

①制订信息系统上线计划，并由信息系统归口管理部门和用户部门审核批准。

②在系统正式上线前，开展全员培训活动，包括人员培训、数据准备、进度安排、应急预案等内容。

③如果企业存在旧系统，应明确应急预案，保证新系统失效时能够顺利切换回旧系统。

④如果系统上线涉及数据迁移，企业应在系统上线前进行数据测试，保证旧数据在新系统上可以正确应用，避免数据缺失给工作带来不便。

14.2.3 企业信息系统的运行与维护

信息系统正式上线后，企业还应关注其运行状态，及时解决出现的问题，以确保系统正常运行。

1. 运行与维护

日常运行与维护环节存在的主要风险如下。

（1）没有建立规范的信息系统日常运行管理规范，计算机硬件频繁出现故障，导致信息系统出现问题。

（2）未进行日常检查工作，一些隐患长期隐藏在系统中，一旦爆发将给企业带来重大损失。

（3）没有进行数据备份，导致系统损坏后无法恢复。

要想避免这些风险，企业应当采取的控制措施如下。

（1）企业应制定信息管理制度、模块子系统的具体操作规范等。技术管理人员可以记录每一名员工的操作过程，及时跟踪、发现和解决系统运行中存在的问题，保证系统稳定运行。

（2）切实做好系统运行记录工作，应对异常现象、发生时间和可能的原因进行详细记录，为解决问题提供依据。

（3）企业要定时、定期进行设备保养与维护，委派专人负责故障的诊断与排除、易耗品的更换与安装等工作。

（4）系统维护人员应具备突发事件处理能力，必要时应会同系统开发人员或软硬件供应商共同解决。

2. 系统变更

在企业信息系统运行的过程中，可能会出现系统变更等情况，如系统升级、系统漏洞修复等。在这个环节，如果企业没有建立严格的变更申请、审批、执行、测试流程，则会导致系统变更随意，不仅会影响正常工作，还有可能导致系统变更后的效果达不到预期目标。

为了保证系统变更合理、规范，企业应做到以下几点。

（1）企业应建立标准流程来实施和记录系统变更，系统变更应由管理层批准后进行，并要对变更后的系统进行测试。如果想要改变软件系统的环境配置或版本，应提交书面说明，经管理层同意后进行操作。

（2）系统变更需要遵循与新系统开发项目相同的验证和测试程序，必要时还应当进行额外测试。

（3）企业应加强对将变更移植到生产环境中的控制管理，包括系统访问授权控制、数据转换控制、用户培训等。

3. 安全管理

企业内部信息的传递依赖于计算机，以及大量的人工工作，这就会造成设备种类繁多的现象，导致安全管理难度增大。同时，如果企业的安全意识薄弱，少数员工就可能恶意或非恶意滥用系统资源，从而导致系统运行效率降低。另外黑客还会借助平台漏洞泄露企业信息。

为了避免这些风险，企业应做到以下几点。

（1）按照国家相关法律法规以及信息安全技术标准，建立信息系统相关资产的管理制度，成立信息系统安全管理机构，由企业主要领导负责，对信息安全进行严格管理。

（2）企业应当有效利用 IT 技术手段，对硬件配置调整、软件参数修改进行严加控制。

（3）如果委托第三方专业机构维护信息系统，企业必须对其进行严格的资格审查和信用状况调查，保证机构有能力做好安全防护，并与其签订正式的服务合同和保密协议。

（4）企业应当购买安全软件，防止系统遭到病毒等的破坏，并定期升级安全信息库。

（5）建立系统数据定期备份制度，明确备份范围、频率、方法、责任人、存放地点、有效性检查等内容。

（6）实行岗位责任制度和不相容职务分离制度，对相关工作人员的操作应进行如实记录，避免其利用计算机舞弊和犯罪。

（7）定期开展系统风险评估，可以与第三方专业机构合作，以及时发现系统安全问题并加以整改。

4. 系统终结

随着系统不断升级，旧系统可能面临终结，并升级至新系统。在这个过程中，可能存在数据泄露与信息档案的保管期限不够长而无法继续被使用的问题。为了避免这些风险，企业应做到以下几点。

（1）做好数据管理工作，无论系统因何种情况停止运行，企业都必须将信息转移和销毁，相关工作应由专人完成，并签字确认。

（2）严格按照国家有关法规制度和企业对电子档案的管理规定，妥善保管相关信息档案。

案例：大众"尾气门事件"

2015年9月，全球最大的汽车生产商之一大众集团忽然被爆出"尾气门事件"，大众集团利用"作弊软件"通过美国尾气排放检测这一事件，一时间在全球范围内引起轩然大波。而大众集团却表示对该起事件毫不知情，并不了解企业内部出现的相关问题，这种态度使其得到了更多的批评。

针对此次事件，各国对大众集团进行巨额罚款，同时大众集团股价的暴跌导致其市值缩水 300 亿欧元，加上大众集团将在全球范围内召回和整改车辆的费用，以及消费者和投资者可能要求的赔偿，其损失总额据估计高达 650 亿欧元。

罚款尚且可以接受，但最重要的是客户已对大众集团失去信心，大众集团甚至考虑出售超豪华品牌宾利、兰博基尼或者摩托车品牌杜卡迪来摆脱困境。

从表面上看，大众集团出现"尾气门事件"是因为其产品品质不过关，但其根本原因却是企业内部信息传递出现问题。早在 2014 年，已经有媒体曝光大众集团存在的内部管理问题，但直到一年后的"尾气门事件"曝光，大众集团监事会成员还都声称无人知晓该事的细节，这表明了大众集团的内部信息传递出现了明显的问题，存在严重的信息漏洞，且监事会形同虚设。

除了高层对这一事件一无所知，一线员工对这一事件同样存在认知混乱的情况。由于发动机的研发过程非常复杂，需要各个部门通力配合，但是诸多部门表示并不了解这一问题产生的原因。大众集团内部的相互协调与沟通机制形同虚设，信息沟通过程存在严重缺陷，最终导致这一事件在全球范围内被公开。

像大众集团这样的企业，都会陷入因内部信息传递出现问题而产生的负面影响，所以其他企业更需要注意加强对内部信息传递的管理，保证信息高效、准确传递，只有这样才能第一时间发现问题、解决问题，以保证企业健康发展。

第 15 章

企业产品、项目研究与开发内控管理

　　产品、项目研究与开发是企业的核心工作，体现了企业的创新能力与生产研发能力。在产品、项目研究与开发的过程中，如果能保证项目立项清晰、研发过程可控、研发成果有效、研发信息不被泄露，以及相关环节符合企业规定，那么企业的核心竞争力就会大大增强。

15.1 企业产品、项目研究与开发控制基础

研究与开发是指企业为获取新产品、新技术、新工艺等所开展的各种研发活动，它体现了企业的创新能力与研发能力。一家成熟的企业必然会不断加强对企业产品、项目研究与开发的控制，以保障产品不断更新，处于市场前列。

15.1.1 企业产品、项目研究与开发的风险

企业在进行产品、项目研究与开发时，可能遇到的风险如下。

1. 论证不足

研究项目未经科学论证或论证不充分，只为应付企业领导层而开展相关工作，可能导致创新不足或资源浪费。

2. 管理不足

研发人员配备不合理或研发过程管理不善，可能导致研发成本过高、舞弊或研发失败。

3. 应用与保护不足

研究成果的转化应用不足，在市场上没有任何竞争力；保护措施不力，产品在设计阶段遭到泄露，都可能导致企业利益受损。

15.1.2 企业产品、项目研究与开发关键点控制

针对企业产品、项目研究与开发过程中存在的风险，企业应当从以下几个角度入手，对关键点实施控制。

1. 研发项目的选择和评价

企业要进行产品和项目研发，必须经过筛选和分析，借助大数据进行汇总，综合考虑企业内外部环境的影响，根据企业现有的技术、资金以及科研人员的实力，运用一定的评价模型及标准，找出最优的项目和项目组合。通常来说，在这个过程中，企业应遵循以下几个原则。

（1）战略一致性原则。对产品和项目进行研发的目的是促进企业实现战略规划。所以，产品和项目的研发要以企业制定的研发战略为依据并最终落脚于企业总战略，若背离这一点，研发过程就会存在巨大的风险。

（2）全面评价原则。产品和项目研发是否成功与诸多因素有关，不仅与技术有关，还与财务有关。所以，在进行产品和项目研发前，要进行深入的经济分析与管理制度分析，确保万无一失才能开始。

（3）先进性与可行性统一原则。研发项目的选择必然要求先进性，但技术的先进性还必须与可行性相结合。因此企业要从现实情况出发做好可行性论证。

2. 研发项目管理的关键点

产品和项目研发是一门软科学，存在众多管理难点。以下 4 个难点是项目管理过程中的关键点。

（1）目标设置。产品和项目研发需要多个部门沟通协作，研发结果是大家共同合作的成果。一个部门很难实现完全量化的测量。例如，组织后勤部门有效服务于组织成员，虽然可以采取一些量化指标来度量，但未必达到了"有效服务于组织成员"这一目标。所以，在进行目标设置时，要尽可能明确每一个部门的职责，并制定相应的奖惩机制，保证每一个部门都能积极投入研发工作。

（2）目标变更。在项目管理过程中，目标不能轻易改变，否则会导致组织混乱、员工不理解研发的目的与方向。

（3）管理的时效问题。企业产品和项目的研发讲究实效。若时间仓促，在研发过程中就容易产生较多失误。许多内容无法得到充分验证，还有许多应该完善的地方未得到改善；若时间过长，则会导致员工的热情下降，产品的市场竞争力不足。所以，必须把握研发的实效。

（4）管理的效果问题。产品和项目的研发工作需要配备负责人。这名负责人不仅应当是技术人才，还应当是管理人才。若项目负责人的权力及威望不足、号召力不够，也会存在项目推动力不足、项目完成质量较差的情况。综合能力较强的员工是最适合担任项目负责人的员工。

3. 研发活动的管理优化措施

为了保证产品和项目研发活动正常开展，企业应对管理措施进行优化。

（1）制定适当的目标。目标的制定要适当，不可过高或过低。过高的目标会让员工压力过大，无法发挥正常水平；过低的目标会使员工不重视研发活动，导致研发活动不能取得预期的效果。所以，必须注意目标的协调性。

（2）制定好各阶段、各部门的目标及执行重点。根据最终目标，每一个部门应设定各自的目标，并建立执行表格，写明各个部门的执行重点、执行阶段、最低期望与最高期望。

（3）制定科学的考评方法。针对每一个部门的目标，制定不同的考评方法。

（4）及时奖惩。应制定相应的奖惩机制。达到最高期望的将获得奖励，以激发员工的创造力；未能实现最低目标的应接受相应的惩罚，以让员工重视研发活动。

15.2 企业产品、项目立项与研究控制

对于多数企业来说，产品、项目研发应当遵循"企业提出新产品开发计划—技术部门组织有关人员进行资料收集、整理—确定新产品开发项目、落实责任人、制订计划—论证项目可行性—上报董事会批准—总经理组织实施—技术部门专人跟踪及现场指导—对实施情况进行评审—资料归档"的流程。图 15.2-1 所示为产品、项目研发流程。

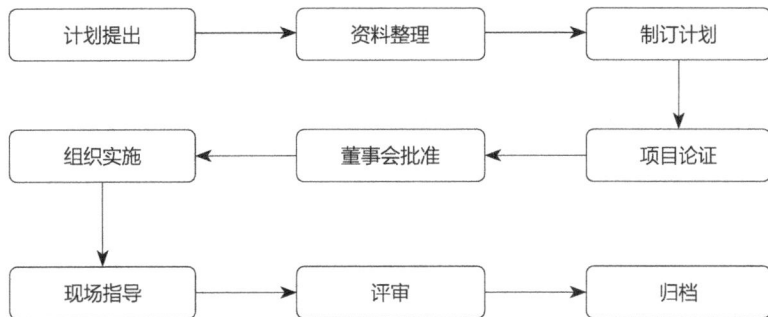

图 15.2-1　产品、项目研发流程

15.2.1　研发产品、项目立项管理流程

研发活动的开始是立项。立项应当按照规定的权限和程序进行审批，重大研究项目应当报经董事会或类似权力机构集体审议决策。在立项过程中，企业需要进行论证和对风险进行管理。

1. 立项阶段的评估论证内容

（1）产品市场背景分析：对行业进行详细调查，对现有产品的市场占有情况、优缺点、产业发展阶段等进行客观描述和分析。

（2）新产品的市场可行性分析：提供充足证据说明可进行新产品开发的原因、新产品的亮点、与现有产品进行竞争的市场切入点。

（3）新产品开发的技术可行性分析：从技术层面出发分析新产品开发的难度、风险，并分析新产品的创新和技术竞争力所在。

（4）成本分析：详细分析新产品的处理成本、制作成本、利润率、产能，并提供初步的定价方案。

（5）开发计划（含人力和资金投入）：编制详细的项目开发计划、包含人力和资金的预算，需明确时间节点、输出物、责任人等。

（6）项目的系统方案：分析并提出项目拟采用的系统方案，并识别关键技术难题和风险点。

2. 立项阶段的主要风险

立项阶段的风险主要包括以下几点。

（1）研发计划与企业的发展战略不匹配，与国家的科技战略不匹配。例如，国家大力提倡使用新能源技术，企业却依然将主要精力放在传统能源的开发上。

（2）研发承办单位或专题负责人不具有相应资质，研究项目未经科学论证或论证不充分。

（3）评审和审批环节把关不严，让已经落后的产品、项目立项，导致资源严重浪费或创新性不足。

3. 立项阶段的管控措施

为了避免立项阶段的风险，企业应采取的管控措施如下。

（1）建立完善的立项、审批制度，确定研究开发计划制订原则和审批人，审查承办单位或专题负责人的资质条件和评估、审批流程等。

（2）结合企业发展战略、市场和技术现状，制订项目研究与开发计划。

（3）企业应当根据实际需要，结合研发计划，提出研究项目立项申请，开展可行性研究，编制可行性研究报告。

（4）研究项目应当按照规定的权限和程序进行审批，重大研究项目应当报经董事会或类似权力机构集体审议决策。在审批过程中，应当重点关注研究项目促进企业发展的必要性、技术的先进性以及成果转化的可行性。

（5）制订开题计划和报告，开题计划经科研管理部门负责人审批，开题报告应对市场需求与效益、国内外在该方向的研究现状、主要技术路线、研究开发目标与进度、已有条件与基础、经费等进行充分论证、分析，保证项目符合企业需求。

15.2.2　研发产品、项目评估论证流程

为了保证产品和项目具备先进性、适用性、可行性，保障其在经济上具有盈利性，企业应当对产品和项目进行评估论证，确认其可行性和风险性。评估

的目的就是保障做"正确的事情""正确地做事情""把事情做正确",评估论证具有以下 3 个特点。

（1）决策的支持性，所有的评估论证都是为项目决策服务的。

（2）通过对项目各种方案的分析，找到技术经济投入和结果的最佳切合点，制定最优方案。

（3）通过评估论证的数据对未来进行描述，并对产品和项目进行精准的预测。

企业在产品、项目立项环节应注意以下内容。

1. 技术文件的正确性和齐全性

图纸、BOM（Bill of Material，物料清单）表、工艺文件等需要提前准备，并查缺补漏。

2. 产品开发文档的齐全性

产品开发文档包括首样验证方案、测试报告、第三方验证报告、小批量试产产品的测试验证报告、工装夹具的使用说明书、标准作业书等。

3. 成本统计表的真实性

进行小规模样本生产试验，结合产品的合格率，对产品立项阶段的成本统计表进行修正，确保成本统计表的真实性和及时性。

4. 外购物料的标准化

确认产品、项目所需的相关物料，对原材料、外购件、外协件、设备等制定详细的参数要求，确保外购物料的标准化和可互换性。

15.2.3　研发产品、项目过程管理流程

产品、项目研发的过程关系着最终结果是否能达到预期的目标、研发成本是否能够保持在合理区间。在这个阶段，企业需要注意风险并采取管控措施。

1. 存在的风险

（1）前期准备不充分，没有合理规划，导致研究人员配备不合理、研发成本过高。

（2）研发过程管理不善，导致成本大幅增加、研发时间过长，进而造成效率过低、资产流失。

（3）新产品或项目过多，相互争夺资源，员工精力被无效分散，导致资源的短期局部缺乏，造成研发效率下降。

（4）没有对研发的错误进行汇总整理，导致修正成本增加。

（5）知识产权存在争议，给未来带来潜在风险。

2. 管控措施

（1）建立研发项目管理制度和技术标准，及时对研发信息进行反馈。对于重要问题，应召开全员会议，并对重大事项进行报告。

（2）制订合理的进度计划，完善组织架构，持续跟踪，保证项目顺利实施。

（3）正式研发前进行成本核算，精准预估所需资源的数量，提高资源使用率。

（4）建立产品、项目研发费用的报销制度，做到责任到岗，每一笔费用的支出需要负责人签字；完善科技经费入账管理程序，准确开展会计核算，建立科技收入管理制度。

（5）开展项目中期评审，及时调整并解决发现的问题。

（6）加强对专利权、专有技术、商业秘密的保护，建立研究成果保护制度，核心设计图纸、程序、资料的内容严禁随意借阅，禁止无关人员接触研究成果。

15.2.4 委托（合作）研发产品、项目管理流程

委托研发是指企业委托具有资质的外部承办单位进行研究和开发。合作研发是指合作双方基于研发协议，就共同的科研项目，以某种合作形式进行研究和开发。二者在研发活动中存在一定的交叉，企业需要注意相关风险。

1. 委托（合作）研发的主要风险

（1）委托（合作）单位选择不当，造成知识产权界定不清，甚至导致企业核心机密被泄露。

（2）委托（合作）过程中沟通不利，设计方案不合理。

（3）资源整合不当，成本大幅增加。

2. 委托（合作）研发的管控措施

（1）加强对委托（合作）单位资信、专业能力等方面的考察。

（2）严格按照规定进行合作招标，杜绝徇私舞弊的情形，明确产权归属、研究进度和质量标准等相关内容。

（3）与委托（合作）单位签订正式书面合同，明确双方的投资、分工、权利义务、研究成果产权归属等。

（4）加强项目的管理监督，严格控制项目费用，防止挪用、侵占等。

（5）根据项目进展情况、国内外行业与技术的发展，对项目的目标、内容、进度、资金进行适当调整。

15.2.5 研发产品、项目验收管理流程

产品、项目研发结束后，需要经过严格的验收才能正式上市。这个阶段需要进行严格评估，同时要规避风险、加强管控。

1. 新产品、项目上市评估

新产品、项目研发结束后，需要进行上市评估。上市评估的主要内容如下。

（1）根据立项申请书，分析新产品、项目所承诺的功能和性能指标。如果不能满足要求，停止上市计划。

（2）分析是否完成上市所需的流程，例如，是否完成相关认证并办理注册手续，是否完成知识产权工作。

（3）对技术文件、开发文档进行归档，并由专人进行管理。

（4）确认产品风险，分析是否已识别并规避法规风险、知识产权风险、产品安全风险等。

（5）认真对待上市评估论证会，总经理、总工程师、研发总监需要共同参加。如果通过，所有人必须书面签字，并将相关文件归档。

2. 验收过程存在的风险

（1）验收人员的技术、能力、独立性不足，导致验收成果与实际情况存在明显偏差。

（2）测试与鉴定准备不足，相关专业设备没有到位，导致测试与鉴定不够充分，不能有效地降低技术失败的风险。

3. 验收过程的管控措施

（1）建立健全技术验收制度，严格执行测试程序。

（2）在评估过程中如果发现异常情况，应立刻暂停上市计划，并重新进行验收或补充研发，直至研发项目达到研发标准为止。

（3）落实技术主管部门的验收责任。若涉及专业性较强的内容，应委派专业的第三方进行鉴定，并按计划进行正式的、系统的、严格的评审。

（4）加大企业在测试和鉴定阶段的投入，如有需要可以与重点机构、专家合作，并进行综合性上市评估。

15.3　企业产品、项目开发与保护控制

15.3.1　企业产品、项目研究成果开发流程

产品、项目开发结束后，企业需要将成果进行转换，并进行批量生产，准备正式上市。企业应遵循如下开发流程。

1. 签订合同

企业与厂家进行正式的合作需求谈判，并签署采购或 OEM（Oringinal Equipment Manufacturer，代工生产）合同。相关信息需要进行完整备案。

2. 供应商资质考察

确认供应商时，产品经理、品控经理必须亲自走访供应商，实地考察供应商的资质与能力，以保证产品的生产质量与效率。考察内容包括：合法手续、工厂规模、生产能力、合作诚信等。实地考察后需整理好所有的供应商资料并备份，作为今后合作的依据，并向中心经理做详细汇报。

3. 首单下达

供应商确认完毕后，应签署合作合同，并由企业领导下达首批订单。研发人员必须与供应商联系，进厂观察首批订单生产过程，提交质量验收标准并上传到 ERP（Enterprise Resource Planning，企业资源计划）系统中。

4. 质检报告

技术人员对首批货物进行检验，制作质检报告，并把报告结果上传到 ERP 系统中，以确定该供应商可以满足企业的生产需求。

15.3.2 企业产品、项目研发成果评估流程

评估是产品、项目研发的重要环节，是正式上市前最后的关键步骤。做好全面评估工作，能够及时发现存在的问题，并总结研发管理经验，不断提高研发活动的管理水平。表 15.3-1 所示为研发项目成果质量等级综合评估参照标准，在评估过程中应按照对应的内容对成果进行等级评分，如果未达到企业要求，应进行产品、项目优化，直到达到要求后才能正式投入生产。

表 15.3-1　研发项目成果质量等级综合评估参照标准

评估项目	评估标准	等级
项目技术、质量、经济等指标	项目技术指标达标（指标实际值与期望值相比，增减幅度在 ±5% 的范围内均视作达标）并且有优质指标 项目质量指标达标（指标实际值与期望值相比，增减幅度在 ±5% 的范围内均视作达标） 项目成本控制达标（指标实际值与期望值相比，增减幅度在 ±5% 的范围内均视作达标） 新产品开发、技术攻关项目涉及的技术要求均达到设计图纸的要求，部分项目优于设计图纸的要求，项次合格率为 100% 项目输出文件包 100% 齐全	优
	项目技术指标达标（指标实际值与期望值相比，增减幅度在 ±5% 的范围内均视作达标），但无优质指标 项目质量指标完成 98% 以上 项目成本控制不超过预算的 10% 新产品开发、技术攻关项目涉及的技术要求均达到设计图纸的要求，项次合格率为 100% 项目输出文件包 98% 齐全	良
	项目技术指标达到 90% 以上 项目质量指标完成 95% 以上 项目成本控制不超过预算的 10% 新产品开发、技术攻关项目涉及的技术要求均达到设计图纸的要求，项次合格率为 90% 项目输出文件包 90% 齐全	合格
	项目技术指标达到 80% 以上 项目质量指标完成 90% 以上 项目成本控制不超过预算的 20% 新产品开发、技术攻关项目涉及的技术要求均达到设计图纸的要求，项次合格率为 80% 项目输出文件包 80% 齐全	基本合格

评估项目	评估标准	等级
项目技术、质量、经济等指标	项目技术指标低于 80% 项目质量指标低于 90% 项目成本控制超过预算的 50% 新产品开发、技术攻关项目涉及的技术要求均达到设计图纸的要求，项次合格率低于 80% 项目输出文件包齐全率低于 80%	不合格

15.3.3 企业产品、项目研发中心保密制度

有效的研发成果保护可保护研发企业的合法权益。建立完善的保密制度是企业不容忽视的工作。

1. 保密过程中存在的主要风险

（1）没有建立有效识别和保护知识产权的机制，权属未能得到明确规定，导致正式上市后新产品、项目被限制使用，甚至引发知识产权纠纷。

（2）没有做好信息管理工作，缺乏对核心研发人员的管理激励制度，导致技术机密被泄露。

2. 保密过程的管控措施

（1）进行知识产权评审，及时取得权属。

（2）建立研究成果保护制度，加强对专利权、非专利技术、商业秘密及研发过程中形成的各类涉密图纸、程序、资料的管理，严格按照制度规定借阅和使用。禁止无关人员接触研究成果。

（3）明确核心研发人员的职责范围，并与之签订保密协议，做好人员管理工作。

（4）与核心研究人员签订劳动合同时，必须特别约定成果的归属问题，同时还要约定离职条件、离职后保密义务、离职后竞业限制年限及违约责任等内容。

（5）对核心研发人员进行有效的激励，激发其企业归属感。

案例：某企业的项目研发管理

陈某就职于一家玩具企业，2017年年初，企业想要开发一个全新项目，便任命陈某为项目经理。很快，陈某便开始正式项目立项。陈某要求企业领导层提供项目委任书和项目团队成员的名单，然而领导却表示："我们是一家小企业，现在其他人都有自己的项目，好几个新项目并行，所以实在无法抽调人手，相关工作由你来完成，实在不行再来找我。"

陈某硬着头皮开始研发项目，所有工作都由他一个人完成。他编制好立项计划书，但领导表示太忙，让陈某自己决定；项目中出现问题时，还是由陈某一个人解决。甚至当他同采购部门的同事表示想要获取采购数据时，采购人员都借口工作过忙，始终没有给他所需要的采购数据。

不得已之下，陈某找到领导，表示项目研发太过困难。但领导表示，目前企业资金严重不足，多个新项目同时推进，希望陈某可以自己克服困难。陈某一个人承担所有工作，最终拿出的成品漏洞百出，3个月后他的项目被"砍"掉。陈某非常郁闷，不知道该如何是好。到了年底，这家玩具企业忽然宣布解散，陈某只得另寻他家。

陈某的项目被"砍"掉，甚至整个企业关门，都与该企业的项目研发管理混乱有关。项目管理的方法不是只适合于大中型企业，而是适合于所有类型、所有规模的企业。企业必须按照科学的思维去研发，才能不断推出新的产品、新的项目。尤其在项目立项阶段，需要企业进行全方位的验证、讨论，确保项目与企业战略一致、确保其能够有条不紊地推进。企业不能贪多求全，同步进行多个项目，因为这样容易导致所有项目都失败。

企业进行产品、项目开发是一种组织行为，它需要企业建立矩阵管理方式并组成项目团队，明确项目团队成员的角色与职责，明确分工与配合的接口关系。陈某在开发过程中，需要其他部门的配合与支持时，却无法获得任何帮助，这也是项目无法推进的重要原因。同时，陈某的项目缺乏考核机制，任由陈某自己决定，也无法保证项目在可控的范围内进行。

还有一个重要的环节：资金规划。任何一个新产品、新项目的研发都需要资金做后盾。如果没有相应的资金规划，用钱的时候才提出申请，就会导致资金断链，项目被迫中止。多数企业出现"烂尾项目"都是因为缺少相应的资金规划。

所以，对于陈某的项目的研究与开发，必须从立项开始进行完善的管理规划，而不是"头痛医头、脚痛医脚"，否则，即便解决了一个问题，也还会出现更多的问题。

第 16 章

风险评估概述及常用方法与操作实战

　　企业在经营过程中会遇到各种各样的风险。能否提前预知风险、能否制定合理的风险规避方案、是否掌握多种风险评估的技巧，是企业战略化发展的重要体现。对于不易被发现的风险，企业更应当借助多种手段进行深层次挖掘，避免风险给企业带来隐患。

16.1 风险评估概述

所谓风险评估，是指在风险事件发生之前或之后（但还没有结束），对可能出现的各种损失与影响提前进行评估，评测某一事件或事物带来的影响或损失的可能程度。

风险评估在各个领域都得到了有效应用，它会对所面临的威胁、存在的弱点、造成的影响进行综合评估，以此给予组织、个人时间进行提前准备。风险评估属于组织信息安全管理体系策划的过程。

16.1.1 风险评估的概念

企业会频繁进行风险评估，无论是新产品、财务还是新的合作，企业都会对其进行针对性的风险评估，从而找出不同环境或不同时期的安全危险性的重点，加强安全管理，采取宣传教育、行政、技术及监督等措施和手段，推动各层级员工做好每项安全工作，以此将风险降至最低。在任何生产经营活动中都会存在相应的风险，企业应加强风险评估，以提前发现安全隐患，保证企业的健康发展。

16.1.2 风险评估的任务

风险评估的主要任务包括以下几类。

1. 识别经营风险

分析经营中存在的风险隐患，尤其是市场风险，如客户兴趣的转移、竞争对手的崛起等。

2. 识别组织面临的各种风险

识别企业组织中存在的风险，如架构的明显漏洞、人员配置不当等。

3. 确定组织承受风险的能力

确定在危机到来时，企业能否承受危机带来的风险，并以系数对风险进行分级。

4. 分析经营风险的根源

针对不同风险，挖掘其存在的关键原因是什么，并寻找解决危机的方案与思路，做好预备工作。

5. 测评风险发生的概率

对每一种风险进行测评，分析其发生的可能性，并制定危机等级排序表。

6. 评估风险可能带来的负面影响

对风险进行长远预测，分析其可能带来的负面影响。

7. 推荐风险消减对策

对每一种可能出现的风险，制定具有针对性的消减策略，提前将风险降至最低。

16.1.3 风险评估的内容

风险评估的内容根据维度的不同可分为多个种类，企业应当根据自身发展的特点进行仔细排查，并制定风险预警方案。

1. 对风险的界定

（1）对风险本身的界定。企业要对各种风险进行界定，包括风险强度、风险持续时间、风险发生的区域等，做到尽可能精准。

（2）对风险作用方式的界定。对每一种风险进行深度分析，判断其对于企业的影响是直接的还是间接的，是否还会引发其他风险。

（3）对风险后果的界定。对损失进行测定，判断风险发生会给企业带来怎样的损失，以及会让企业长期利益呈现怎样的变化。

2. 经营风险和控制的自我评估

（1）识别现有经营控制措施。对当前的风险管理手段进行测评，判断其是否存在漏洞。

（2）评估控制效率，分析当前的风险管理手段是否合理，是否能够达到要求。

（3）分析加强经营控制的关键方法，通过挖掘风险发现企业的新增长点。

16.1.4 风险评估过程中需注意的内容

在进行风险评估时，企业需要关注几个重点信息，以避免风险评估存在漏洞和不足。

1. 风险评估过程中需要注意的内容

以下是风险评估过程中需要特别注意的几点内容。

（1）是否全面。风险评估应对整个机构进行评估，做到覆盖面最大，杜绝顾此失彼。

（2）评估人员的能力。必须保证风险评估人员的综合素质能够支持其对企业进行全方位的考察。

（3）内部控制自我评估应与风险评估相结合，避免单纯的主观判断。应借助大数据等技术来提升风险评估的科学性。

（4）确定风险评估的对象，以及风险评估造成的直接和间接后果。

（5）分析资产面临哪些潜在威胁，导致威胁的问题所在，威胁发生的可能性有多大。

（6）资产中存在哪里弱点可能会被威胁所利用，利用的容易程度又如何。

（7）如果风险事件发生，企业是否能够应对损失，损失会造成怎样的负面影响。

（8）存在多少风险，每种风险是否会引发新的风险。

2. 案例：风险评估不足造成的影响

A 公司是国内规模较大的 OEM 玩具生产商，与世界五大玩具厂商中的 3 家企业都有业务往来，多年来发展良好，并在 2006 年顺利在中国香港上市。

然而就在 2008 年世界金融危机到来之时，这家原本被看好的企业却一路下滑，成了中国企业实体受金融危机影响而倒闭的第一案。究竟是什么原因，让这家企业迅速倒闭。

A 公司的倒闭，就是典型的风险评估不足造成的后果。

（1）融危机带来的催化剂。2008 年全球金融危机爆发，众多行业遭遇寒冬，成本持续上涨。玩具行业同样如此，塑料成本上升 20%，最低工资上调 12% 及人民币升值 7% 等，大环境持续恶化。A 公司没能发现这一风险，没有提前做好准备，从而导致资金链断裂。

（2）盲目多元化导致"失血"严重。金融危机只是外部风险，对于企业来说更重要的则是内部风险。2007 年，A 公司已经意识到过分依赖进口的危险，于是在 2007 年 9 月，A 公司计划进入矿业，以约 3 亿元的价格收购了 B 公司 48.96% 的股权。但是 A 公司没有意识到：这次收购的金额非常大，已经超出企业的安全线。2008 年 2 月、3 月，A 公司付给 B 公司共 2.69 亿元的现金，直接导致集团资金链出现问题，这是企业出现危机的关键原因。没有进行完善的收购风险测评，最终造成企业的倒闭。

（3）内部管理失控导致成本上升。内部管理失控风险同样也是导致 A 公司倒闭的推手。2008 年 6 月，A 公司在樟木头的厂房遭遇水灾，存货因此而遭受损失。水灾导致物料报废及业务中断，集团耗费近一个月时间方才恢复正常生产。在此之前，A 公司并没有对企业内部经营活动进行风险评估，结果这次水灾导致 A 公司的直接损失达 6 750 万港元，直接拖累了集团的现金流运转。

从 A 公司的案例可以看出，如果忽视风险评估，那么这对于企业的发展来说是致命性的。

16.1.5　风险评估与事件之间的关联性

企业的每一个行为都有可能造成关联事件，进而形成新的事件。风险评估同样如此，某一单独事件的风险可以很快得到解决，但如果在各个时间发生关联效果，那么最终就会产生巨大的影响。这就要求企业在进行风险评估时，必须注意事件之间的关联性，根据对一个事件的风险评估来对多个事件进行后果推演，从多维度解决风险。

例如，一家企业在海外建厂，需要雇佣当地的经理，企业进行风险评估时，每一个单项事件看起来都无足轻重，如场地的选择、人员的选择、合作机构的选择，它们都可以独立进行；但从总体上看，如果这名经理选择不慎，未经过深度考察就匆忙让其任职，那么这名经理很有可能依托当地的关系在场地租赁、合作机构的选择上做手脚，从而产生重大的误报风险或形成虚假的财务报告。

事件的性质或者事件相互之间是否存在关联，会影响到具体风险评估技术的采用。企业在进行风险评估时，应当考虑企业的多个单元。先从业务单元层面分析与评估风险，然后再从企业总体单元层面加以考虑，考虑到每一个细节。尤其对于可能产生重大影响的事件，企业管理者应使用压力测试技术、模拟分析或图景分析，推演关联事件和总体后果，避免风险从1扩展到N。

16.1.6　风险评估的途径

所谓风险评估的途径，就是规定风险评估应该延续的操作过程和方式。风险评估既可以应用于某一个具体的事件、一个部门，也可以服务整个组织，或是综合信息系统等。目前，实际工作中经常使用的风险评估途径包括基线评估、详细评估和组合评估3种。

1. 基线评估

基线评估适合商业运作模式较为单一、对信息处理和网络的依赖程度不是很高的企业。采用基线评估，企业需要考察自身的实际情况，如业务环境、主营业务性质，对信息系统进行安全基线检查，得出基本的安全需求，通过选择并实施标准的安全措施来控制和消减风险。

所谓安全基线，是指在诸多标准规范中规定的一组安全控制措施或者惯例。在特定环境下，这些措施或惯例可以得到有效使用，能够达到符合要求的安全防护水平，例如国际标准和国家标准（如 BS 7799-1、ISO 13335-4），再如行业标准或推荐（例如德国联邦安全局 IT 基线保护手册等）。

采用基线评估途径的主要优势就是占用的资源少、操作快捷、周期简单，它是最具性价比和经济效果的风险评估途径。

基线评估途径的弊端就是基线水平的高低难以设定。过高的基线水平会导致资源浪费和限制过度；过低的基线水平则有可能无法达到安全标准。所以，如果有特殊需要，应当在采用基线评估途径的基础上，进行更加详细的评估。

2. 详细评估

详细评估会对资产进行详细的评价，对每一个有可能出现风险的危险点进行评估，并根据识别结果采用不同的安全措施解决问题。这种评估途径集中体现了风险管理的思想，要想将风险降至最低，必须保证安全措施合理、恰当。

详细评估的优点在于：首先，通过评估，每一个风险都会被一一识别，并且可以准确定义出组织目前的安全水平和安全需求；其次，评估的结果可以直接应用，以提升管理安全系数。

详细评估的缺点是资源耗费较高，包括时间、精力和技术，从而导致较大的成本支出。所以，采用这种途径前，企业应仔细设定待评估的信息系统范围，明确商务环境、操作范围和信息资产的边界。

3. 组合评估

基线评估与详细评估存在各自不同的缺点，所以在实际应用中，企业多会采用二者结合的评估方式测算风险。选择哪一种风险评估作为主要途径，需要企业对所有的系统进行一次初步的高级风险评估，着眼于信息系统的商务价值和可能面临的风险，识别出组织内具有高风险的或者对其商务运作极为关键的信息资产（或系统）。重点的资产（或系统）采用详细评估的方式进行测评，而其他资产（或系统）则可以通过基线评估进行测评。

组合评估能够结合基线评估和详细评估的优势，有效节约资源，还能够建立全面的评价体系。所以在多数情况下，企业都应以组合评估作为主要的风险评估途径。

16.1.7 风险评估的三大环节

风险评估的三大环节是风险辨识、风险分析、风险评价。三大环节环环相扣，组成完整的风险评估体系。

1. 风险辨识

风险辨识是对企业进行深度分析，确定企业各业务单元、各项重要经营活动及其重要业务流程中有无风险、有哪些风险，这是企业当前必须特别关注的。

2. 风险分析

风险分析是对完整的风险分析报告进行整理与归纳，对辨识出的风险及其特征进行明确的定义和描述，并分析和描述风险发生的可能性的高低、风险发生的条件。

3. 风险评价

风险评价是评估风险对企业实现目标的影响程度、风险的价值等，尤其要对风险可能造成的后果进行完整的说明，为解决问题提供思路，避免风险造成极大的恶果。

16.2 风险评估的常用方法

风险评估的方法很多，可将其分为如下几类。

16.2.1 风险衡量方法

对风险进行衡量是风险管理的首要环节。风险衡量的方法很多，常见方法包括以下几类。

1. 生产流程分析法

生产流程分析法是指对企业整个生产经营过程进行全面分析，针对每一个环节进行风险分析，找出存在的隐患与可能出现的问题，并寻找风险产生的原因。这种方法可分为风险列举法和流程图法，详细列举出各个生产环节的所有风险，并制成可视化的流程图，便于企业发现存在的隐患。

2. 财务表格分析法

财务表格分析法主要应用于企业的财务流转分析，通过对企业的资产负债表、损益表、营业报告书及其他有关资料进行分析，尤其对现金流转、债权风险等进行详细的分析，识别和发现企业现有的财产、责任等面临的风险。

3. 保险调查法

保险调查法可以从另外一个角度分析企业存在的风险。采用保险调查法进行风险识别可以利用两种形式。

（1）通过保险险种一览表进行分析。企业通过保险公司或者专门保险刊物的保险险种一览表，选择适合本企业的险种。这种方法能够对可以保障的风险进行有效识别，但对于不可保风险则无能为力。

（2）委托保险人或者保险咨询服务机构对本企业的风险管理进行调查设计，找出各种财产和责任中存在的风险。

16.2.2　识别风险的技术

要想识别风险，企业需要采用合理的技术。企业可以利用以下几类风险识别技术有效找到企业的风险存在点。

1. 头脑风暴

头脑风暴的目的是借助群体的力量获得风险清单，集思广益解决问题。头脑风暴通常需要建立项目团队，团队以外的多学科专家也应参与其中。在主持人的引导下，每一个人针对企业提出自己的看法，畅所欲言，然后对每一个人的发言内容进行识别与分类，最终归纳出企业存在的风险，并进一步阐明风险的定义。

（1）德尔菲技术

德尔菲技术是组织专家达成一致意见的一种方法。采用德尔菲技术时，每一名参与者都会以匿名的身份参与其中，通过问卷调查的方式，对项目风险征询意见，然后对专家的答卷进行归纳，并把结果反馈给专家做进一步评论。这种方法的优势在于可以避免一个人过于强势地发言，有助于减轻数据的偏倚，防止个人对结果产生不恰当的影响。

（2）专家访谈

专家访谈采用公开的方式，邀请各位专家、项目参与者、核心技术人员进行风险讨论，使其根据以往经验和专业知识客观地指出可能的风险。

2. 核对单分析

核对单分析法是指根据以往类似项目和其他来源的历史信息与知识，进行风险识别与核对。这种方式较为简单，有助于对基础风险、显而易见的风险进行有效辨别。在使用这种方法时，项目经理应该注意不要用核对单取代必要的风险识别，团队应该注意考察未在核对单中列出的事项，要随时对核对单进行调整，以便增减相关条目。核对单分析法是最常用的风险识别方法，应当将其贯彻于日常生产中，及时进行核对单审查，将相应数据进行记录汇总，供未来项目使用。

3. 假设分析

每个产品、项目的研发都是基于假象模型而开展的，所以，在进行项目规划时，同样需要假设存在各种风险，以确定项目的有效性，并识别因项目中的不准确、不稳定、不一致或不完整而导致的项目风险。

4. SWOT 分析

SWOT 分析法会从项目的优势（Strength）、劣势（Weakness）、机会（Opportunity）和威胁（Threat）出发，分析存在的问题在哪里、机会在哪里，该方法具有更加客观和科学的特点，能把产生于企业内部的风险都分析出来，从而使企业能更全面地考虑风险。

SWOT 分析法不仅可以找到企业存在的风险，还能够识别出由企业优势带来的各种项目机会，便于企业将劣势转化为优势，所以企业在日常工作中应当长期使用该方法。

16.2.3 风险的定量分析

进行风险识别后，企业需要对风险造成的后果进行定量估算分析。数值越精准，解决风险的方法就会越完善。

1. 风险定量分析的作用

进行风险定量分析会给企业带来如下帮助。

（1）为风险管理部门编制预算提供依据

企业在开展项目业务前，会进行预算核算。而风险定量分析工作会在既定的预算范围内进行，为整个预算提供合理的建议与帮助，保证项目开展后遇到的问题能够得到有效解决。

（2）为估计当前决策的未来效果提供数据基础

风险定量分析会让数据量化，能对未来效果进行分析，并制定多种决策方案，以帮助企业找到最优的决策。

2. 风险定量分析的方法

风险定量分析的具体方法主要包括以下两类。

（1）损失导出法

损失导出法是常见的风险定量分析方法，它通过对历史数据的捕捉，用历史数据的平均值来估计赔偿案件数和金额，具有较高的参考性。

例如，一家企业发现企业内 1/3 与产品质量相关的索赔案件都发生在其产品售出后的 1 年内，剩余的发生在随后的 10 年内。数据显示，2002 年该企业的产品 1 年内被索赔 10 次；2003 ～ 2012 年该企业发生了 20 次索赔事件。风险管理经理根据科学的统计认为产品在售出时已经发生了质量问题，只是在以后 10 年里才陆续报赔，所以制定了完善的风险预估方案，取得了非常好的效果。

这就是典型的损失导出法，由于有数据做支撑所以具有极高的参考性，有助于企业制定具有针对性的风险应对方案。

（2）向外部机构获取数据

外部机构包括咨询机构、保险机构等，企业可通过第三方的数据，对风险进行定量分析。这种方法的优势是能弥补企业自身搜集信息周期长的缺点，尤其是新进领域相关数据积累不足的缺陷。但使用这种方法需要注意外部机构的专业能力与权威性是否达标，距离企业业务主要发生点是否过远、信息是否具备广泛性，否则关键问题很容易被遗漏。

3. 风险定量分析的注意事项

进行风险定量分析时，企业需要注意以下3个细节。

（1）大多数的风险，尤其是独立风险都不服从正态分布，但是风险费用占企业收入的比例服从正态分布，需要在计算时特别注意。

（2）尽可能客观、完善地进行分析，假设概率分别服从某一理论分布时，应对假设的合理性进行验证。

（3）企业风险的相互依赖性会影响企业赔偿费用的支出，必须计算风险发生时可能产生的费用。

16.2.4 影响和频率积分卡

影响和频率积分卡是进行风险评估时常见的方法。它以企业战略为导向，通过财务、客户、内部业务流程和学习与增长4个方面及其业绩指标的因果关系，全面管理和评价企业综合业绩，既可以体现企业的战略规划，也可以反映企业的绩效评价，具有非常高的应用价值。

1. 影响和频率积分卡的优势

影响和频率积分卡具有以下几个优势。

（1）风险绩效管理工具。影响和频率积分卡能够为企业提供可量化、可测度、可评估的绩效指标报告，能够使企业有效发现存在的风险，促进企业战略与愿景目标达成。

（2）克服财务评估方法的短期行为。影响和频率积分卡可以帮助企业建立长期的财务评估模块，并分析可能存在的隐患。

（3）战略管理与执行工具。影响和频率积分卡能够对目标、指标与实施步骤进行有效结合，形成完善的战略体系，将企业的战略转化为具体的行动，为企业的战略搭建执行平台。

（4）促进有效沟通。影响和频率积分卡能够有效促进企业的沟通，包括各管理层乃至每个员工之间的沟通，使企业所有员工都能够理解企业战略与愿景规划，并及时给予有效的反馈。

2. 影响和频率积分卡的实施步骤

影响和频率积分卡贯穿于企业战略管理的全过程，在实施影响和频率积分卡时，应当将企业战略和一整套的衡量指标相联系，这能弥补制定战略和实施战略间的差距，使企业战略得以有效实施。在实施过程中，有多个数据指标是重点。

（1）定性数据。对于指标体系中的定性数据，需要设计调研问卷，指标分为 7 个档次（很好，好，较好，一般，较差，差，很差），分别对应 7 ~ 1 分。根据档次的不同，进行平均值计算。

（2）定量数据。对于定量指标的数据值，应当根据指标的内容和量纲不同进行分门别类的计算，避免直接综合计算。针对不同行业的企业，进行权重不同的打分。例如，高科技企业技术更新快，那么学习创新的权重应当增大；而对于传统企业，则应当增加运作流程的权重。

表 16.2-1 所示为美国 PIONEER 石油公司的影响和频率积分卡，它从不同维度进行打分，并设定了相应的权重，具有极高的参考价值。

表 16.2-1　美国 PIONEER 石油公司的影响和频率积分卡

指标构成	第1层指标权重 %	具体指标内容	第2层指标权重 %
财务	60	利润与竞争者比较	18
		投资者报酬率与竞争者比较	18
		成本降低与计划比较	18
		新市场销售成长	3
		现有市场销售成长	3

指标构成	第1层指标权重 %	具体指标内容	第2层指标权重 %
顾客	10	市场占有率	2.5
		顾客满意度调查	2.5
		经销商满意度调查	2.5
		经销商利润	2.5
内部运营	10	社区／环保指数	10
学习与成长	20	员工工作环境与满意度调查	10
		员工策略性技能水准	7
		策略性信息供应情况	3
总计	100%		100%

通过对影响和频率积分卡的应用，企业可以找到自身发展的重点，找到其存在的隐患与风险，并根据相关数据，进行风险处理与管控，以实现企业经营风险的降低。

16.2.5 情景分析法

在风险评估方法中，情景分析法是常见的方法，它是指在假定某种现象或某种趋势将持续到未来的前提下，对预测对象可能出现的情况或引起的后果做出预测的方法。这是一种直观的预测方法，多数企业都可以灵活应用。

1. 情景分析法的作用

情景分析法的作用如下。

（1）分析环境和形成决策。企业要想发展壮大，必须"知己知彼"，同时要观察大行业环境的变化。情景分析法就是从企业自身出发，结合社会、行业的发展趋势，并分析自身与竞争对手的核心竞争力，从而测算企业存在的风险、制定相应对策。情景分析法会对每一种环境进行测算，具有广泛的应用价值。

（2）提高企业的战略适应能力。情景分析法的关注点是未来，该方法能帮助企业找到未来存在的不确定因素，具有战略预警的效果，能提高企业或组织的战略适应能力。通过对风险的分析，企业可以发现自身的劣势、威胁与机会，从而提高企业的竞争力。

（3）实现资源的优化配置。企业发展依靠思想，而执行则依靠人。情景分析法是面向企业所有员工的方法，各个层级的人员都会参与其中，能激发每个人的责任感和成就感，从而提高团队的总体能力。当员工的积极性得到提升，企业的资源也会得以优化，并能实现重新配置。

2. 情景分析法的执行

执行情景分析法时，企业应当按照如下步骤进行。

（1）确定主题。首先，企业要确定目的和任务，包括对象、区域和时间范围。例如，"华南地5五年服装业"，"华南"就是区域，"5年"就是时间范围，"服装业"就是对象。主题的确定是一个专业性很强的工作，并不是由高层管理人员直接提出，而是竞争情报人员经过具体调研，同时结合企业的自身状况、发展目标所做出的规划。

（2）主要影响因素的选择。影响因素是指影响企业未来发展趋势的因素，其会对企业未来的发展、存在的风险产生影响。例如，政策支持、收入水平、旅游倾向、竞争对手等都属于影响因素的范畴。

进行影响因素选择时，企业无法做到面面俱到、事无巨细，但需要遵循一个原则：以直接影响企业发展的因素为主。这需要企业情报机构进行大规模的调研和分析工作，制定出最初的影响因素列表。对于主要影响因素，企业可以通过头脑风暴邀请专家与核心人员进行讨论，并对讨论内容进行汇总，选出企业所在领域的影响主题的10个左右的因素作为主要影响因素。

针对最终的10个主要因素，企业要进行分析，判断每个因素最积极、最消极和最有可能发生的3种状态，分析每一种状态可能会给企业带来的风险。为了降低难度、提升效率，在实际的操作中，要进一步将主要影响因素提炼压缩至5个或5个以下，并进行重要性排序和权重分析。这5个或低于5个的因素，就是影响企业的关键因素。

（3）方案的描述与筛选。对关键因素进行组合后，企业已经获得初步的描述方案。接下来企业应利用图 16.2-1 所示的情景分析区域图，按照"发生概率"

和"战略重要性"横纵坐标对方案进行归类。

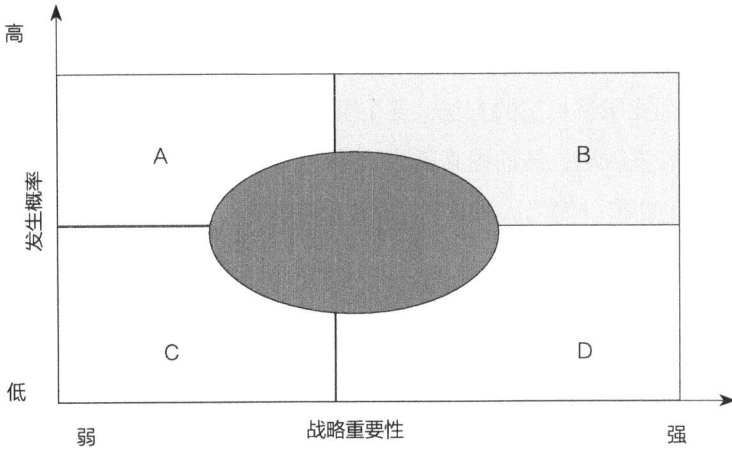

图 16.2-1　情景分析区域图

在图 16.2-1 所示的情景分析区域图中，A 区域表示具有较高发生概率和较弱战略重要性，适合稳定发展的企业；B 区域相比于 A 区域，战略重要性明显提高，是企业制定战略的重要依据和创造核心竞争力的关键；C 区域表示低发生概率与弱战略重要性，通常容易被忽略，但有时也能给企业带来出其不意的效果；D 区域与 B 区域相似，但其发生的概率较低，通常不对其做过多关注。

每一家企业的资源、行业特点可能有所不同，企业需要根据情景分析区域图选定最适合自身的方案，并对多种方案进行筛选。这个过程需要特别谨慎，应邀请信息专家、经济专家、管理专家等相关领域的专家一起对产生的所有方案进行评估，避免错误的决策影响企业发展。

进行方案筛选时，企业的第一原则是选择战略重要性高同时发生概率高的方案，即 B 区域，这是企业发展的重点方向。当然，有一些企业倾向于选择战略重要性高、发生概率相对低的方案，即 D 区域。

（4）模拟演习。方案筛选完毕后，还需要进行模拟演习，邀请企业管理层进入场景应对可能出现的状况，并做出决策。每一个场景都应当用形象的手法详细描绘出来，并列举出该情景之下可能出现的问题，尽可能让人读起来有身临其境的感觉。

模拟演习应当分组进行，尽可能隔离开来，并抛开日常工作，让测试人员真正处于清净的状态中。信息工作人员应当将管理人员的选择积极记录下来，不得加入自身的主观意见，并以此作为反馈对未来工作进行指导。

（5）制定战略。通过对模拟演习的信息记录，企业可分析每一组所制定的战略，确认其真实性与准确性。模拟演习结束后，将所有人的数据汇总，形成总战略，找出决策的重心。通常情况下，在几个情景之中管理人员做出的相同决策就是将来的决策重心之一。

通过情景分析法，企业能够有效发现存在的风险，并找到最适合企业的发展战略，并以此进行规划，这样将会大大提升企业的风险抵御能力与战略规划能力。

16.2.6　压力测试法

压力测试法是风险评估的另一种常见方法，尤其适合检测金融机构的产品组合在极端市场条件下的表现。

1. 压力测试法的步骤

压力测试法的第 1 步是产生合理的极端市场变化情景；第 2 步是在不同情景下对产品组合进行定价。

压力测试的关键是通过极端市场数据进行测试，并以此得出最终数据。有时在压力测试中考虑的极端市场变化是以标准差来定义的。如果每天的变化服从正态分布，那么 5 个标准差所对应的事件将会每 7 000 年才发生 1 次，但在实际情况中，每 10 年发生一两次 5 个标准差所对应的市场变动并非罕见。

2. 多变量压力测试情景

通常情况下，当市场发生变化时，往往会呈现多个变量共同变化的情形。压力测试法需要根据这样的情形进行分析。流行的做法是采用市场变量在历史上曾出现过的极端变化情景。这个时间可以为一天，但如果波动过大，那么可以采用若干个星期甚至若干个月的数据。一般来讲，当利率及汇率有剧烈变动时，其隐含波动率以及其他波动率也会增加。有些情景往往会涉及商品价格的剧烈变化。有些情景也许会涉及择优而栖的现象以及随之而来的流动性枯竭，从而使信用溢差增大。

3. 完善压力测试情景

在进行压力测试时，管理人员应当分析情景的现实性，确认是否所有的不利情景均已被考虑，这些情景应包括市场变量对金融机构自身产品组合的即时效应。

进行压力测试时，应尽量选择动态测试方法，要考虑被测试金融机构的反应，还要考虑其他竞争对手对于同一压力测试的反应。

16.2.7 风险结果描述方法

风险评估后，企业要对风险结果进行详细描述。风险描述需要遵循"清晰、直观、可视化"的原则，保证每一名员工能够快速理解，并在实际工作中得以应用。

风险分级是风险结果描述的有效途径。例如，表 16.2-2 所示的事故发生的可能性分析、表 16.2-3 所示的事故发生的后果严重性分析，一方面进行了细致的分级，另一方面对每一个级别进行详细说明，能够快速传达与共享，对企业具有极高的参考价值。

表 16.2-2 事故发生的可能性分析

级别	说明	描述
Ⅰ	极有可能发生	全国范围内发生频率极高
Ⅱ	很可能发生	全国范围内发生频率较高
Ⅲ	可能发生	全国范围内发生过，类似区域／行业也偶有发生；全国范围内未发生过，但类似区域／行业发生频率较高
Ⅳ	较不可能发生	全国范围内未发生过，类似区域／行业偶有发生
Ⅴ	基本不可能发生	全国范围内未发生过，类似区域／行业也极少发生

表 16.2-3 事故发生的后果严重性分析

级别	说明	描述
1	影响特别重大	造成 30 人以上死亡或 100 人以上重伤（包括急性工业中毒，下同），巨大财产损失，造成极其恶劣的社会舆论，产生重大的政治影响
2	影响重大	造成 10 人以上、30 人以下死亡或 50 人以上、100 人以下重伤，严重财产损失，造成恶劣的社会舆论，产生较大的政治影响
3	影响较大	造成 3 人以上、10 人以下死亡或 10 人以上、50 人以下重伤，需要外部援救才能缓解事故，较大财产损失或赔偿支付，在一定范围内造成不良的社会舆论，产生一定的政治影响
4	影响一般	造成 3 人以下死亡或 10 人以下重伤，现场处理（第一时间救助）可以立刻缓解事故，中度财产损失，造成较小的社会舆论，一般不会产生政治影响
5	影响很小	无伤亡，财产损失轻微，不会造成不良的社会舆论，不会产生政治影响

注：本表所称的"以上"包括本数，所称的"以下"不包括本数

企业还可以通过更完善的风险矩阵模式，描述更加复杂的风险隐患。表 16.2-4 所示的风险分级（风险矩阵）能够实现矩阵化风险管理，使企业对应矩阵发现存在的风险，根据影响指数确定应对方案，避免风险对企业产生影响。

表 16.2-4 风险分级（风险矩阵）

风险等级	后果				
	影响特别重大	影响重大	影响较大	影响一般	影响很小
可能性 极有可能发生	25（红色）	20（红色）	15（橙色）	10（黄色）	5（蓝色）
很可能发生	20（红色）	16（橙色）	12（橙色）	8（黄色）	4（蓝色）
可能发生	15（橙色）	12（橙色）	9（黄色）	6（蓝色）	3
较不可能发生	10（黄色）	8（黄色）	6（蓝色）	4（蓝色）	2
基本不可能发生	5（蓝色）	4（蓝色）	3	2	1

图例：重大风险（红色，1级）较大风险（橙色，2级）一般风险（黄色，3级）低风险（蓝色，4级）

注：分级结果为无颜色区域的风险点不列入清单管理

16.3　风险评估操作实战

风险评估是一项需要落地实施的重要工作，对企业战略规划、产品研发、财务稳定有着重要作用，使其具备实操性是解决企业发展问题的关键。

16.3.1　风险记录

企业风险评估小组对项目进行可行性定量评估后，应采用风险图、数量表等方式将信息记录下来，便于管理者针对不同的风险类型采用不同的风险管理策略。以图表形式呈现有利于管理者的分析与阅读。图 16.3-1 所示为风险记录图，对可能性和影响程度进行了定性评估，风险①发生的可能性为"低"，风险发生后对目标的影响程度为"极低"；风险⑨发生的可能性为"极低"，风险发生后对目标的影响程度为"高"，这样就能使记录一目了然，便于后期管理。

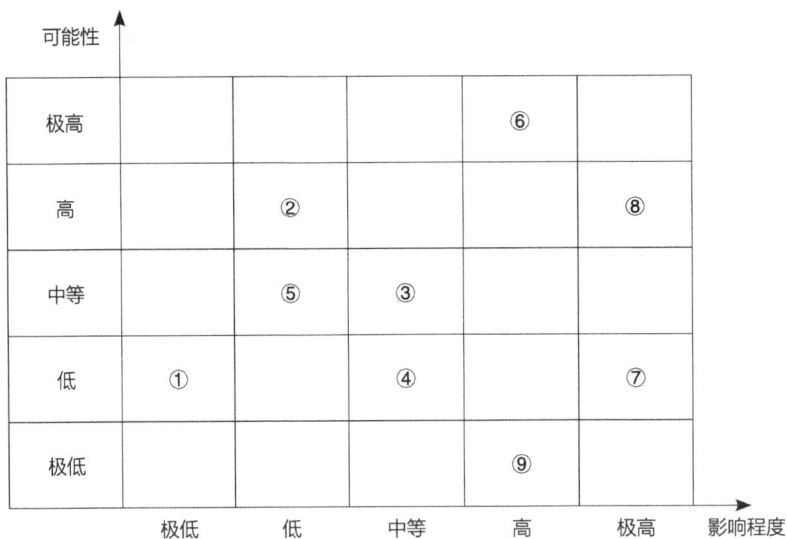

可能性

	极低	低	中等	高	极高
极高				⑥	
高		②			⑧
中等		⑤	③		
低	①		④		⑦
极低				⑨	

影响程度

图 16.3-1　风险记录图

通过图 16.3-1 所示的风险记录图，能够直观地看到风险发生的可能性和影响程度，以便由此确定风险管理的优先顺序。对于风险①，企业可以用风险接受的方式，即不再增加相应的管理措施；对于风险⑥、⑧应给予高度重视，可以采用风险规避或风险转移策略；对于其他风险可以通过优化控制流程等管理方式来减少或控制风险。

16.3.2　内在风险评估

内在风险是指在管理者不采取相应的风险管控措施的情况下可能存在的风险。表 16.3-1 所示为某企业内在风险的评估，进行内在风险评估有利于企业发现问题，以为随后的风险预案提供数据支持。

表 16.3-1　某企业内在风险的评估

运营目标		1. 制造部门新聘合格员工 200 名 2. 人工成本占产品成本的比率维持现有水平（约 20%）
衡量指标		1. 合格的新员工数 2. 产品成本中人工成本的占比
风险承受度		1. 合格的新员工数为 180 ~ 200 名 2. 产品成本中人工成本的占比为 20% ~ 22%
内在风险评估	可能性	合格员工招聘不足的可能性有 40%
		学历要求过高，人员结构失衡的可能性有 50%
	影响	员工招聘数短缺 25%，24 个岗位的需求无法满足
		高学历人员比例提高 30%，人工成本占产品成本的比例提高 3%

内在风险评估并未提出解决问题的方案，但会将内在风险细致地体现出来，并具体量化到每一个细节，这是解决问题的前提。

16.3.3　剩余风险评估

剩余风险是指管理者采取对策后剩余的风险。

正确的风险评估流程，应当是先进行内在风险的评估；在内在风险评估结束后，开始进行剩余风险的评估。这一点是很多企业容易忽视的：内在风险评估始终是一种事前评估与预防。随着企业工作的正常开展，一些不容易被发现的风险逐渐暴露，由于没有提前进行风险评估，所以一旦风险发生且缺乏有效的解决机制，就会造成企业出现经营风险。

剩余风险评估就是为了进一步挖掘可能存在的风险，尤其是在风险评估后依然会存在的风险。剩余风险通常是由大行业等决定的，具有不可控性。例如，某药品制造与销售厂商，计划期药品出口的收入约为 100 万美元，如果汇率发生变化，势必会影响外汇收益。如果能提前发现问题，就可以做出相应准备。

16.3.4　风险评估反应

所谓风险反应，就是指在对风险从单独或关联角度、业务层次和企业总体层次进行评估后，根据各类风险的大小而采取的相应的管理策略。企业管理层根据风险评估的结果制定相应的风险策略，保证剩余风险在可承受的范围内。

风险评估反应主要分为 4 种类型，企业可以根据实际情况灵活应用。

1. 风险回避

风险回避是最常见的风险评估反应类型。面对可能到来的风险，企业选择回避，例如，放弃风险较大的业务，关闭始终处于亏损的分公司，或在竞争中暂时放弃等。

2. 风险减少

风险减少是指通过降低风险发生的可能性的方法进行反应。例如，当企业研发存在较大风险时，企业没有直接停止研发，而是对研发投入设计一个上限，避免因为过大的投资而造成亏损；或是完善研发流程，招聘更多的员工，尽最大可能提升研发效率，使上市时间提前。

3. 风险分散

通过转移或共享风险来降低风险发生的可能性。例如，当企业急需采购某款设备，但存在较大风险时，企业通过购买相应的财产险来降低风险；在汇率变动较大的时期，采用相应的套期管理办法来降低风险。与其他企业成立合资公司等都属于风险分散的手段。

4. 风险接受

风险接受，即对风险不作处理，使风险顺其自然发生。这类风险多为对企业发展不会产生明显影响的风险。例如，企业有一批使用多年、尚未进行处理的电脑，其市场价值已经较低，继续保管在仓库得不偿失，因此，企业以低于市场价的价格将其出售，以此降低人工管理、失窃等风险。

4种不同的风险评估反应，需要企业根据自身的风险承受度决定选择哪一种。风险是无法被完全消除的，将其降至企业的风险可承受范围内是进行风险评估反应的目的。

案例：中航油风险评估

2002年3月，中航油（新加坡）启动背对背期权交易；3月底，正式开启投机性期权交易。这项业务仅由两名交易员负责。当年第3季度，由于对石油市场的判断准确，中航油（新加坡）购买"看涨期权"，出售"看跌期权"，由此产生盈利。

但从2003年年底开始，中航油（新加坡）错误判断走势，导致期权盘位到期时面临亏损。为了避免亏损，中航油（新加坡）分别在2004年1月、6月和9月先后进行了3次挪盘，即买回期权以关闭原先盘位，同时出售期限更长、交易量更大的新期权。每一次挪盘，中航油（新加坡）都产生了较大的风险。最终，中航油（新加坡）因此负债，被要求进行债务偿还。尤其是9月的挪盘，中航油（新加坡）不再与某个期权对家一对一地进行交易，而是同5个期权对家同时交易，直接导致风险剧增，公司现金耗尽，滚动损失已达到3.1亿新元。

中航油（新加坡）这次出现明显失误的原因正在于其风险评估工作漏洞百出。

首先，中航油（新加坡）从事石油衍生品交易前，没有对该项目进行完整的风险分析，没有意识到此项目具有高杠杆、风险大的特点，尤其没有针对其复杂性进行评估考量，风险意识非常低。

同时，中航油（新加坡）没有对自身进行风险评估。中航油（新加坡）自身缺乏合理定价的衍生产品，再加上选择一对一的私下场外交易，整个交易过程密不透风，因此中航油（新加坡）承担的风险要比场内交易承担的风险大得多。

而当风险开始逐渐出现时，中航油（新加坡）并没有做出风险评估反应，通过回避、减少或者分散等手段降低风险，而是在亏损的前提下，连续几次选择延期交割合同，导致风险和矛盾像滚雪球一样加倍增大，最终达到无法控制的地步。从这起事件可以看出，风险评估应当贯穿整个项目过程，从项目立项到最终实施需要不断进行，这样才能保证企业的正常运转。

后记

全书至此，本已结束，但笔者还意犹未尽。任何一家企业的运营和控制都是一项浩大的工程，如何才能深入、全面地理解企业内部控制与风险管理的细节，就需要企业仔细学习和实践。

希望本节能够帮助企业家、创业者、企业管理者更好地管理自己的企业，并帮助各企业在激烈的市场竞争中赢得发展机遇，获得一席之地。

在这里，笔者会再呈现一点内容，即企业管理者必备的十大实施理念。这些内容在笔者长期的实践、培训中得到了诸多企业家的认可，分享在此，以飨读者。

企业管理者必备的十大实施理念

一、"三驾马车""一条马鞭"理念

即企业财务管理制度、企业内部控制制度、企业内部审计制度和企业会计政策。

二、"三力"理念

即沟通能力、协调能力、组织能力。

三、7:2:1理念

即用 70% 的时间和精力完成日常工作，用 20% 的时间和精力提升企业管理能力，用 10% 的时间和精力提升个人综合素质。

四、制度创新理念

即增强企业各项制度的可操作性，提高企业各项制度的执行力。

五、3个文件夹理念

即在工作电脑里建立3个文件夹，分别为国家层面的法律法规、地方政府层面的各项法规、企业层面的各项制度、办法、流程。

六、建议三层次理念

即从本部门层面提出建议，从各部门层面提出建议，从企业层面提出建议。

七、内部信息反馈理念

即企业内部投资、融资、采购、生产、销售、技术、财务、服务等各种信息，规定传递岗位、时限和具体要求。

八、价值理念

即做每一件事都应考虑该如何为企业创造价值。

九、三全管理理念

即企业管理要求全员参与、全过程管理、全方位受控。

十、大数据理念

即建立岗位大数据库、部门大数据库、企业大数据库。